O cavaleiro, a mulher e o padre

FUNDAÇÃO EDITORA DA UNESP

Presidente do Conselho Curador
Mário Sérgio Vasconcelos

Diretor-Presidente / Publisher
Jézio Hernani Bomfim Gutierre

Superintendente Administrativo e Financeiro
William de Souza Agostinho

Conselho Editorial Acadêmico
Danilo Rothberg
Luis Fernando Ayerbe
Marcelo Takeshi Yamashita
Maria Cristina Pereira Lima
Milton Terumitsu Sogabe
Newton La Scala Júnior
Pedro Angelo Pagni
Renata Junqueira de Souza
Sandra Aparecida Ferreira
Valéria dos Santos Guimarães

Editores-Adjuntos
Anderson Nobara
Leandro Rodrigues

GEORGES DUBY

*O cavaleiro,
a mulher e o padre*

Tradução
Jorge Coli

Le Chevalier, la femme et le prêtre, de Georges Duby
© 2010 Librairie Arthème Fayard / Pluriel
© 2022 Editora Unesp

Direitos de publicação reservados à:
Fundação Editora da Unesp (FEU)
Praça da Sé, 108
01001-900 – São Paulo – SP
Tel.: (0xx11) 3242-7171
Fax: (0xx11) 3242-7172
www.editoraunesp.com.br
www.livrariaunesp.com.br
atendimento.editora@unesp.br

Dados Internacionais de Catalogação na Publicação (CIP) de acordo com ISBD
Elaborado por Vagner Rodolfo da Silva – CRB-8/9410

D821c	Duby, Georges
	O cavaleiro, a mulher e o padre / Georges Duby; traduzido por Jorge Coli. – São Paulo: Editora Unesp, 2022.
	Tradução de: *Le Chevalier, la femme et le prêtre*
	Inclui bibliografia.
	ISBN: 978-65-5711-090-4
	1. História. 2. História medieval. 3. Casamento. 4. França Feudal. I. Coli, Jorge. II. Título.
2021-3257	CDD 944.02
	CDU 944"10/11"

Editora afiliada:

Asociación de Editoriales Universitarias
de América Latina y el Caribe

Associação Brasileira de
Editoras Universitárias

Sumário

Abreviações . 7

I. Os casamentos do rei Filipe . 9
II. Moral dos padres, moral dos guerreiros . 33

SÉCULO XI

III. O casamento segundo Bourchard . 73
IV. Roberto, o Piedoso . 97
V. Príncipes e cavaleiros . 111
VI. Os heréticos . 137

POR VOLTA DE 1100

VII. Vidas de santos e de santas . 157
VIII. Guiberto de Nogent . 177
IX. Ivo de Chartres . 203

SÉCULO XII

X. Na casa real . 237

XI. Literatura . 263

XII. Os senhores de Amboise . 283

XIII. Os condes de Guines . 315

Referências bibliográficas . 357

Abreviações

Publiquei um primeiro esboço desta obra sob o título: *Medieval Marriage: Two Models from Twelfth-Century France*. Baltimore; Londres: Johns Hopkins University Press, 1978.

AASS	*Acta sanctorum*
Anjou	*Chroniques des comtes d'Anjou et des seigneurs d'Amboise,* Paris, 1913
BN	Bibliothèque Nationale
C.	*Recueil des chartes de l'abbaye de Cluny,* ed. Bernard; Bruel
HF	*Recueil des historiens de la France*
M.	*Cartulaire de Saint-Vincent de Mâcon,* ed. Ragut
MGH SS	*Monumenta Germaniae Historica. Scriptores*
MGH Cap.	*Monumenta Germaniae Historica. Capitularia*
MGH Ep.	*Monumenta Germaniae Historica. Epistolae*
PL	*Patrologie latine*

I
Os casamentos do rei Filipe

No outono de 1095, o papa Urbano II está em Auvergne, em Clermont, nos limites meridionais da área de influência capetiana. Expulso de Roma, há meses ele percorre, com grande pompa, escoltado por seus cardeais, o sul da Gália. Sente-se à vontade ali. Tinha sido grande prior de Cluny: uma rede tecida com os priorados da congregação recobre a região. Ali se desdobra, com completa eficácia, o empreendimento que o papado conduz há mais de vinte anos: reformar a Igreja, ou melhor, purificar a sociedade inteira. Trata-se de preparar os homens para enfrentar as tribulações que os aguardam, o fim do mundo, trazê-los, quer queiram, quer não, para o bem, retificar os desvios, definir as obrigações de cada um. Sobretudo, afirmar aquilo que cada um está proibido de fazer. Esse notável rearranjo teve início com a depuração do corpo eclesiástico. Era preciso começar por aí, por essas pessoas que, servindo a Deus, mostram o exemplo; curá-los de uma dupla corrupção: a simonia — os eruditos da época chamavam assim a intrusão dos poderes profanos e, em particular, do poder exercido pelo dinheiro na escolha dos dirigentes da Igreja; o nicolaísmo – que compreende os maus costumes, o gosto pelos prazeres do mundo e, em primeiro lugar, evidentemente, o gosto pelas mulheres. Agora, contudo, é chegado o momento de coagir os leigos, de lhes impor as maneiras de viver que os padres dizem ser as que agradam a Deus. A tarefa torna-se ainda mais difícil. Pois, de todos os lados, os homens resistem, e os príncipes da terra apoiam essa resistência. Primeiramente, o imperador, os outros reis, cada um no território que os Céus submeteram a seu jugo, encarregando-os – como se dera com Carlos Magno, de quem se dizem os herdeiros – de manter a ordem social aqui embaixo. Eles têm dificuldade em aceitar que outros, perturbando as regras costumeiras, se metam a ditar aos guerreiros suas condutas.

Nenhum rei foi a Clermont. Mas vários bispos, abades e a alta nobreza das regiões vizinhas vão. Muitos fidalgos, o suficiente para que o papa tenha a sensação de se sentir entronizado no meio do povo cristão reunido, de agir como guia supremo, de ocupar o posto do imperador, no apogeu de sua soberania terrena. Nessa posição, Urbano II fala ao mundo inteiro. Legisla, julga, pune. Das decisões que toma, a mais célebre é o apelo à cruzada: toda a cavalaria do Ocidente lançada, abrindo caminho para a grande migração, e todos os crentes instados a avançar rumo a Jerusalém para, libertado o Santo Sepulcro, esperar, perto desse túmulo vazio, o juízo final, a passagem para qual a reforma se pretende preparação, a ressurreição do gênero humano no assomo das luzes. Essa grandiosa mobilização faz esquecer uma outra sentença que, nesse mesmo espírito, o papa decretou. Ele excomungou o rei da França, Filipe, o primeiro com esse nome. O primeiro soberano dos francos ocidentais que, aos olhos das autoridades eclesiásticas, foi demérito o

O cavaleiro, a mulher e o padre

bastante para incorrer nessa sanção terrível. Ela o isolava da comunidade dos fiéis, ele, cuja vocação era dirigi-la. Ela lançava sobre ele a maldição divina. Condenava-o à danação eterna caso ele não se corrigisse.

Excomungado, Filipe já o estava de fato havia um ano. Em 15 de outubro de 1094, em Autun, 32 bispos tinham se reunido à volta do legado pontifício, o arcebispo de Lyon, Hugo de Die, para condená-lo. Com isso, anulavam as decisões de um concílio que o próprio rei tinha presidido em Reims. Conflito. Oposição entre as duas partes do reino da França: a do Norte, que o soberano domina, e a do Sul, que lhe escapa. Sobretudo, oposição irredutível entre duas concepções da Igreja: uma, tradicional, carolíngia, que agrupa os prelados de cada nação sob a égide do sacro rei, confrade e protetor; a outra, perturbadora, aquela dos reformadores, a de Urbano II, que proclama que o espiritual é superior ao temporal, submetendo, em consequência, os monarcas aos bispos, e estes à autoridade unificadora do bispo de Roma. Para fazer essas novas estruturas serem aceitas, era preciso dobrar os reis e, para que um rei da França se dobrasse, os condutores da reforma o condenaram à excomunhão, primeiro em Autun, depois em Clermont.

As atas do concílio de Clermont foram perdidas. Nós as conhecemos pelo que disseram os historiadores da época, esses homens que, nos mosteiros, anotavam, ano após ano, os acontecimentos que os haviam impressionado. Quase todos falaram dessa assembleia bastante solene. Mas quase todos evocam, a respeito dela, somente a expedição para a Terra Santa: ela os fascina. Alguns, no entanto, relataram marginalmente que o rei da França fora punido, e por que o fora. Revelam que Filipe I não foi castigado por ter, como o imperador Henrique IV, outro excomungado, atacado a Santa Sé com todas as suas forças. O papa escolheu condená-lo por sua moral. Mais precisamente, por seu comportamento matrimonial. Segundo Sigeberto de Gembloux, foi censurado por ter, "com sua mulher estando viva, tomado por mulher a mais (*superduxerit*) a mulher de um outro que, ele também, estava vivo". Bernoldo de Saint-Blasien vai ao ponto: "Tendo expulsado sua própria mulher, uniu-se pelo casamento com a esposa de seu vassalo", e o motivo da punição foi o "adultério". Os *Anais* de Saint-Aubin de Angers acrescentam a esse delito o de incesto.[1]

São informações muito exíguas. Felizmente, são complementadas pelo que diz do caso, cerca de quinze anos depois, um bispo da França do Norte, Ivo de Chartres. Com o intuito de embargar o projeto do rei da França de realizar um casamento entre primos, Ivo fez chegar ao bispo de Sens, uma genealogia que provava o parentesco deles.[2] Essa genealogia, diz ele, eu a conheço bem; eu a ouvi com meus ouvidos, recitada duas vezes seguidas em 1095 diante da corte do papa Urbano; a primeira vez por um monge de Auvergne, a segunda, pelos enviados do conde de Anjou. Tratava-se, portanto, do rei Filipe. Acusavam-no de ter "raptado a mulher do conde de Anjou, que era sua prima, e de retê-la indevidamente [...]. O rei foi excomungado no concílio de Clermont por causa dessa acusação e da prova de um incesto". Eis a lembrança que um homem inteligente, de memória segura, intimamente envolvido com essa história, conservava depois de quinze anos. O escândalo não se dera por ele,

---

1 MGH SS, VI, 367; V, 461, 463; *Recueil d'annales angevines et vendômoises*, p.42.

2 Carta 212, PL, 162.

com uma esposa viva, ter tomado outra mulher; não dizia respeito à bigamia. O escândalo não consistia em ter ele se apropriado da mulher legítima de um outro; não se relacionava ao adultério. O escândalo resumia-se a ter ele se unido com uma parente. Não se tratava sequer de uma prima de sangue; esposa de um primo, um primo muito distante, aliás: o bisavô do conde de Anjou era trisavô do rei. Isso valeu a excomunhão, o anátema, ao capetiano. E, como ele não cedeu, como "voltou ao comércio com a dita mulher, foi excomungado [ainda] no concílio de Poitiers [em 1099] pelos cardeais João e Bento". Filipe I preocupava-se com sua salvação. Temia o pecado como todo mundo. Obstinou-se. É que sua moral não era aquela que os clérigos reformadores se esforçavam para aplicar. Pensava de modo diferente do deles a respeito do casamento. Estava convencido de não ter cometido nenhuma transgressão.

Com 20 anos, Filipe havia esposado Berta da Frísia. Seu primo em primeiro grau, o conde de Flandres, a havia dado a ele: era uma filha de sua mulher, de uma primeira união. Esse casamento arranjado selava uma reconciliação entre o rei e seu vassalo. Durante nove anos, Berta permaneceu estéril. Ela orava. Enfim, nasceu um menino, Luís, o futuro Luís VI. O céu havia ouvido as súplicas de Arnulfo, um recluso* que diziam santo e que vinham consultar de todos os lugares, em Saint-Médard de Soissons, por problemas de família; flamengo, ele temia que essa esposa, inútil por não lhe dar um herdeiro, fosse devolvida; havia intercedido por ela. Berta foi, mesmo assim, repudiada,

---

* Pessoa que, por espírito de penitência, se trancava em celas, por vezes emparedadas. (N. T.)

ainda que apenas mais tarde, em 1092, vinte anos depois do casamento. Seu marido, então, a instalou, melhor dizendo, a aprisionou, no castelo de Montreuil-sur-Mer. Essa fortaleza dependia de seu dote, como se dizia então — entende-se por isso o que o esposo dava à esposa quando do compromisso matrimonial, e que servia também para isso, se livrar de sua mulher, deixando-lhe sua parte, mas mantendo-a encerrada ali. Logo o rei se uniu com Bertranda, da linhagem dos senhores de Montfort. Ela era casada com o conde de Anjou.

Filipe seduziu essa mulher? Foi seduzido por ela? Tomou-a à força? Acolheu-a? Entendeu-se, o que é mais provável, com o marido dela? Qual foi, no gesto que fez, a parte daquilo que chamamos amor? Devo dizer imediatamente, e bem alto, que não sabemos nada a respeito, que ninguém nunca saberá nada. Pois dessas pessoas que viviam na França há aproximadamente um milênio, ignoramos quase tudo: as imagens que tinham no espírito, como falavam, como usavam suas roupas, o sentimento que tinham de seus corpos. Nem sequer conhecemos seus rostos. Como Bertranda seduziu Filipe? Que caminhos tomava seu desejo? É possível adivinhar a que tendia o desejo de Carlos VI, ou de seu tio, o duque de Berry, no final do século XIV. Mas trezentos anos antes, nesse tempo de que falo, a pintura, a escultura que nos restam não apresentavam ao olhar nenhuma silhueta feminina, a não ser a da Virgem — hierática: um signo, o argumento de uma teologia. Ou esses fantoches desarticulados, repintados, descabelados, que serviam aos padres, levantando os espectros da luxúria, à ilustração de seus sermões. Ao tratar do casamento, sou obrigado a permanecer na superfície social, institucional, dos fatos, dos gestos. Dos movimentos da alma e do sangue nada posso dizer.

A decisão de Filipe causou sensação. Vê-se nas menções a seu segundo casamento nos poucos escritos que subsistem. Clarius de Sens, Hugo de Flavigny, Sigeberto, os melhores cronistas da França do Norte testemunham. Como bodas verdadeiras, solenes, consagradas. O senhor de Beaugency, que outorgava nesse momento um protocolo, escolheu datá-lo não, como de costume, pelo ano da encarnação, pelo reino de um soberano, mas por esse acontecimento: "O ano em que Filipe tomou por mulher Bertranda, mulher de Fulque, conde de Anjou".[3] Surpresa, portanto. Mas nenhum sinal de reprovação. Tudo teria terminado bem, não fosse pelos partidários implacáveis da reforma. Não fosse por um bispo, o de Chartres, Ivo.

Com 50 anos, havia acabado de se instalar numa sede episcopal. Não sem dificuldades. Tomava o lugar de um desses prelados que o papa destituíra ao expurgar o alto clero. A ingerência da cúria romana nos negócios locais tinha chocado, em particular, o metropolitano, o arcebispo de Sens, que se recusou a sagrar o novo eleito. Ivo se fez sagrar em Cápua por Urbano II. Falou-se de ofensa à majestade real: em 1091, um sínodo depôs o intruso. Ivo resistiu, agarrando-se nos legados, no Santo Padre, clamando pela superioridade das decisões pontificais. Rigorista de formação, ele já se inclinava na direção dos reformadores. Suas tribulações propeliram-no para o partido deles. Compôs com eles uma frente, contra os prelados da velha guarda, seus confrades, com reputação de simoníacos e nicolaítas, contra o rei, cúmplice deles. O bispado de Chartres foi o posto avançado do combate, como uma cunha enfiada nas estruturas tradicionais da Igreja real.

---

3 *Cartulaire de Marmoutier pour le Dunois*, ed. Mabille, n.60.

As segundas núpcias de Filipe foram, para Ivo, uma boa oportunidade para lançar o ataque. O rei almejava que elas fossem muito solenes. Convocou todos os bispos. O de Chartres declinou o convite e tentou persuadir os demais a fazerem o mesmo. Contra seu inimigo, o arcebispo de Sens, lançou o pretexto de que cabia ao de Reims não apenas sagrar os reis, mas também abençoar o casamento deles. Escreve a este:[4] não irei a essas bodas, "a menos que tu não sejas o consagrador e o agente delas, e teus sufragâneos, assistentes e cooperantes". Mas, atenção: o "caso é tão perigoso; pode atingir tanto a tua reputação quanto a honra do reino". Aliás, "outras razões secretas, a respeito das quais devo me calar por ora, me impedem de aprovar esse casamento". Outra missiva, mais franca, dirigida ao próprio Filipe:[5] "Tu não me verás em Paris, com tua esposa, a qual não sei se pode ser tua esposa". Tomemos cuidado com as palavras: esses homens, excelentes retóricos, as manipulavam como virtuoses. Empregando o termo *uxor*, Ivo reconhece que Filipe e Bertranda já são marido e mulher: para ele, a cerimônia nupcial é apenas uma solenidade complementar. "Não irei", continua ele, "antes de saber se foi decidido por um concílio geral um divórcio legítimo entre ti e tua esposa, e a possibilidade de um casamento legítimo entre ti e aquela que queres desposar." Ivo afirma aqui que somente as pessoas da Igreja são competentes nessas matérias, que a autoridade dos bispos está submetida à do concílio e que o inquérito abarcará duas questões distintas: Filipe tinha o direito de repudiar sua primeira mulher – presunção de bigamia? Tinha o direito de tomar a segunda – presunção

---

4 Carta 13, ed. Leclerc, p.56.
5 Carta 15, ed. Leclerc, p.60.

de incesto? E até que isso se esclareça, nada de "casamento legítimo": um concubinato. Ora, é decente que um rei viva em concubinato? Ivo insiste nesse último ponto para se justificar. Ao recusar-se a assistir às bodas, ele não falta com seus deveres. Bem ao contrário. No âmbito temporal, age como fiel conselheiro quando declara esse casamento prejudicial à coroa. No espiritual, porta-se como escrupuloso diretor de consciência quando declara tal casamento prejudicial à salvação do monarca. E a carta termina com um pequeno sermão sobre a concupiscência, apoiado em três exemplos, o de Adão, o de Sansão e o de Salomão: todos os três foram perdidos pelas mulheres.

Filipe ignorou. A união foi festejada como mandava o costume, abençoada pelo bispo de Senlis na presença de todos os bispos do domínio real. O arcebispo de Reims estava de acordo, bem como estava, ao que parece, o cardeal Rogério, legado no norte da França. Mas Ivo teimava. Preparava um dossiê "para fazer um divórcio entre Filipe e sua nova esposa".[6] Ele o endereçava ao papa, obtinha dele cartas, uma circular aos prelados do reino proibindo que Bertranda fosse coroada, uma reprimenda dirigida ao arcebispo de Reims, uma advertência ao rei: se não cessar todas as relações com essa mulher que ele tem "no papel de esposa", será excomungado. O bispo de Chartres escolhera romper. Recusou o serviço vassálico, não foi, como deveria, com sua cavalaria, à grande reunião em que o rei arbitrava uma querela entre os filhos de Guilherme, o Conquistador. Culpado de felonia, ele fugiu. No final de 1093, é visto no séquito pontifical. Nesse momento, tudo podia se arranjar: Berta tinha morrido, não havia mais bigamia. Filipe, não esqueçamos, estava

---

6 Carta 23, ed. Leclerc, p.94.

angustiado com o destino de sua alma: um rei vive menos tranquilamente que um outro qualquer com relação àquilo que lhe dizem ser o pecado. Reuniu em Reims o maior número de prelados que pôde: dois arcebispos e oito bispos. Todos confirmaram o casamento real. Foram ainda mais longe: falaram de julgar Ivo de Chartres. O concílio de Autun foi a resposta.

Era muito grave excomungar o rei da França. Esse ato se insere num plano geral, a ofensiva que a cúria romana lança a fundo para concluir a reforma. Prepara-se a turnê pontifícia na Gália do Sul. Para ganhar o jogo na Gália do Norte, é preciso controlar, de qualquer jeito, o capetiano. Ivo de Chartres, bem informado, assevera: é possível contar com um duplo apoio. Primeiro, talvez, na própria casa real, com o príncipe Luís. Com treze anos, ele está bem perto da maioridade. Filipe, quando se casou, estabeleceu um apanágio a seu filho. Como todos os herdeiros, então, da nobreza, Luís morde seu freio, impaciente para suceder. E, por trás dele, não se advinham já Suger, da mesma idade, e os monges reformados de Saint-Denis? O segundo apoio é mais seguro, é Anjou. Anjou é o grande trunfo num jogo de reformadores.

Até agora, não se tratou do conde Fulque Réchin, o marido. Nem, aliás, de Bertranda. O que está em causa, o que está sendo julgado, é o comportamento de um homem, Filipe. Bertranda não é menos adúltera, mas seu caso não é de direito público. Cabe ao esposo traído obter, se quiser, vingança. Fulque, fora encontrar substitutas, nada fez. Mas ele está nas mãos do papa. Quase trinta anos antes, um legado pontifício, deserdando seu irmão mais velho, culpado por atentar contra o direito das igrejas angevinas, entregou-lhe, "por parte de são Pedro", o principado. Extraordinário, esse gesto de um mandatário da Igreja romana dispondo de um condado da Frância. Extraordinário, mas explicável: em 1067, o rei é muito jovem. É um momento de extrema fraqueza da monarquia capetiana. Fulque, aliás, comprou o assentimento de Filipe cedendo a ele o Gâtinais. Desde esse acontecimento, em todo caso, se estende na região de Anjou uma espécie de suserania apostólica. O conde está amarrado. De modo ainda mais estreito porque também se encontra excomungado. Não sem razão: capturou seu irmão, recusou libertá-lo e o mantém numa prisão tão estreita e há tanto tempo que seu cativo perdeu a razão. Pode ser usado. Em junho de 1094, alguns meses antes do concílio de Autun, no mesmo momento em que ocorre o de Reims, o legado Hugo de Die vem pessoalmente a Saumur desexcomungar o conde. Verificando que seu irmão está realmente louco, reconcilia Fulque, confirma-o na posse do condado, exigindo dele, entretanto, "não mais se casar sem o conselho dos legados".[7] Ele havia, é verdade, ultrapassado os limites da poligamia permitida. Mas, sobretudo, o que se buscava era impedi-lo de tomar outra mulher, tornando reservado[*] o caso de sua atual esposa legítima, Bertranda.

Com efeito, é possível, por ele, relançar o caso que a morte de Berta resolvia. Dócil, Fulque faz o que se espera dele; não tinha aberto a boca: eis que agora vocifera. No dia 2 de junho de 1095, entregando uma carta de doação em favor de Saint-Serge de Angers, ele a faz datar "do tempo em que a França estava maculada pelo adultério do indigno rei Filipe".[8] Em novembro, manda provar em Clermont o parentesco que o liga

---

7 HF, XIV, 791.

* Caso reservado: pecado que pode ser absolvido apenas por um bispo ou pelo papa. (N. E.)

8 BN, ms. lat. 11792, fol. 143.

ao rei da França, a fim de sustentar a acusação de incesto. No inverno, Urbano II, prosseguindo sua viagem, contornando as regiões solidamente ocupadas pelo capetiano, chega a Anjou. Preside em Angers as cerimônias de consagração da igreja de São Nicolau, onde está enterrado o pai do conde. Em 23 de março, faz-se coroar em Tours e, durante a procissão que o leva a São Martinho, entrega a rosa de ouro a Fulque com um gesto que se poderia interpretar como um rito de investidura. É então que o conde de Anjou, enquanto os bandos de cruzados começam a se formar, dita, no latim dos eruditos, um curioso texto para justificar seus direitos hereditários.[9] Lembra que seu ancestral recebeu o condado do rei da França, mas de um rei carolíngio "que não era da raça de Filipe, o ímpio". A impiedade de Filipe, mácula que irrompe da pessoa real sobre todo o reino, atraindo sobre este as pragas, não o autoriza a romper o vínculo vassálico e a colocar inteiramente o Anjou no âmbito da Igreja de Roma? A tática da cúria pontifical é clara: retirar a excomunhão do primeiro marido de Bertranda para jogá-la no segundo. De Tours foram efetivamente expedidas as cartas do papa aos arcebispos de Reims e de Sens, condenando os prelados que manteriam relações com o rei e que ousariam liberá-lo do anátema sem que ele tivesse rompido com "essa mulher, pela qual nós o excomungamos".[10] Todas as críticas, explosões indignadas, maldições fulminantes ganham sentido quando as situamos em seu verdadeiro lugar, no coração do principal caso político da época, a luta ardente que o poder espiritual travava para dominar o temporal.

---

9 Anjou, 232.

10 *Regesta pontificarum romanorum*, ed. Jaffé, n.5636, 5637.

O cavaleiro, a mulher e o padre

Filipe envelhecia. Suportava cada vez pior o anátema. Em 1096, fingiu ceder e "abjurar o adultério". Urbano II lhe concedeu logo o perdão. Mas, como se verificou que Bertranda não havia deixado os aposentos reais, os cardeais, zelosos, arregimentaram em 1099 os bispos em Poitiers. Renovaram a excomunhão. Apressadamente, pois o conde de Poitiers, duque de Aquitânia, Guilherme, o Guilherme das canções de amor, inimigo dos angevinos e vassalo do rei, dispersou esse concílio que desonrava seu senhor: outra prova de que, para a maioria, Filipe não parecia tão culpado. Enfim, com o passar dos anos, pôs-se um ponto final no caso. O capetiano não era mais o adversário que era preciso enfraquecer a qualquer custo. No reino, o que chamamos a querela das investiduras se acalmava. O próprio Ivo de Chartres trabalhava para a conciliação. Em 1105, os arcebispos de Sens e de Tours, os bispos de Chartres, Orléans, Paris, Noyon, Senlis, se reuniram em Paris nos próprios locais em que as indevidas bodas haviam sido celebradas. Cartas pontifícias foram lidas (era preciso passar por isso, reconhecer a autoridade superior do papado). Os bispos de Orléans e de Paris perguntaram a Filipe se ele estava pronto "para abjurar o pecado da copulação carnal e ilícita". Diante dos abades de Saint-Denis, de Saint-Germain-des-Prés, de Saint-Magloire e d'Étampes, o rei, com roupa de penitente, descalço, prestou juramento: "Não terei mais com essa mulher relação ou conversa, exceto na presença de pessoas insuspeitas", e Bertranda fez a mesma promessa. Quem poderia se enganar? Os dois esposos continuaram a viver juntos. Foram vistos em Angers em 1106, muito bem acolhidos pelo conde Fulque.

O acontecimento permaneceu na lembrança. Meio século mais tarde, entre 1138 e 1144, Suger redigia a biografia de Luís VI. Uma apologia que deveria marcar profundamente a memória coletiva dos franceses: quando eles se lembram, consideram Luís VI, o "pai das comunas", um bom rei, enquadrado por dois medíocres, seu filho Luís VII, seu pai Filipe I, tanto um quanto outro indolentes, e por culpa das mulheres. Suger, com efeito, para realçar o prestígio de seu velho amigo, desacreditou prudentemente o predecessor – que não tinha boa reputação em Saint-Denis, pois havia escolhido ser enterrado em outro lugar, em Saint-Benoît-sur-Loire. O abade informa a razão dessa deserção: Filipe tinha renunciado a essa honra por penitência, envergonhado por sua conduta.[11] Do segundo casamento não é dito quase nada. Mas Suger toma o cuidado de distinguir Luís, nascido da "mui nobre esposa", de seus dois irmãos. Faz questão de não considerar verdadeiros herdeiros esses dois, e de não dar o título de rainha à mãe deles, "a condessa de Anjou, *super ducta* [casada em excesso]".

Nessa época, a grande história é anglo-normanda. Portanto, anticapetiana. Guilherme de Malmesbury mostra Filipe I como um homem de prazer. Tirou, diz ele, de sua cama sua primeira mulher, que ele achava "gorda demais"; Bertranda, corruptora, esposa infiel, ambiciosa, o seduziu; ele se entregou à paixão, "queimando", esquecendo da máxima: "Não andam bem juntos nem moram num mesmo lugar a majestade e o amor".[12] *Amor*:* o desejo masculino. O rei da França, foi sua culpa, não o soube

---

11 *Vita Ludovici*, ed. Molinier, XII.

12 *De gestis regnum anglorum*, III, 235, 257.

  * Em latim no original. (N. T.)

O cavaleiro, a mulher e o padre

controlar e cessou, por causa de uma mulher, de se conduzir como cabe aos soberanos. Orderic Vital é mais duro para com Bertranda, que ele diz lasciva e volúvel. Tomou em suas redes o rei da França: "Assim, a petulante concubina abandonou o conde adúltero e se colou (*adhesit*) com o rei adúltero, até a morte deste". Filipe não foi um novo Davi, um sedutor, como os reis podem se glorificar de o ser. Foi um novo Adão, um novo Sansão, um novo Salomão: "Seduzido", como as mulheres o são, mas, como é indecente para os homens sê-lo, atirou-se na fornicação. Surdo às admoestações dos bispos, "enraizado no crime", "persistindo em sua maldade", "foi apodrecido pelo adultério": morreu torturado por dores de dentes, furioso.[13] Os cronistas da Turene, muito vinculados às virtudes dos francos, viram o rei como menos inerte; a crônica dos senhores de Amboise devolve a ele a iniciativa: "libidinoso", "luxurioso" decerto, mas tentador, seduzindo Bertranda, raptando-a, enfim, à noite. Abdutor.[14] No entanto, todos os historiadores desde aí conservaram essa imagem do rei Filipe: um homem maduro, concupiscente, se espreguiçando numa cama.

Desconfiemos: ouvimos só um lado. Todos os juízos que então foram dados, e cujo eco nos chegam, porque foram confiados à escrita, vêm dos padres e dos monges. Pois a Igreja detinha, nessa época, um monopólio exorbitante: só ela podia criar objetos culturais duráveis, capazes de atravessar os séculos. Acrescento que esses padres, esses monges, nossos únicos informadores, contavam entre os mais cultos, quer dizer,

---

13 *Historia ecclesiastica*, VIII, 387, 389, 390.
14 *Anjou*, 127.

segundo esse critério, o da cultura erudita, escolar, eclesiástica, os melhores. E todos eram, além disso, conformistas: os escritos que foram conservados, copiados, foram aqueles que não se afastavam da linha. Sabemos, por sua correspondência, cuidadosamente preservada, o que pensava o bispo de Chartres. Quanto àquilo que pensava seu confrade de Senlis, que abençoou a segunda união do rei, ignoramos tudo. Sou obrigado a nunca ver o que me interessa, as maneiras de pensar e de viver dos guerreiros, a não ser pelos olhos dos padres, e dos mais conformistas, de homens que a Igreja transformou em santos — santo Ivo de Chartres. Eram tão numerosos aqueles que, como eles, em nome dos mesmos princípios, julgaram má, pecaminosa, a conduta do rei, perniciosa para sua alma, para seu corpo e, para além de seu corpo, para todo o reino? É preciso sobretudo não esquecer que a condenação dos rigoristas não era sobre uma sem-vergonhice, sobre o que se passava entre esse homem e essa mulher — ou, antes, sobre os desregramentos sexuais desse homem, já que se tratava somente dele. Ela visava certa maneira de formar um casal, de se apresentar como esposo. Voltava-se para aquilo que era considerado por todos um casamento, considerado ruim ou não. Não teria sido tão severa se se tratasse apenas disso, da união solene, oficial, portanto necessariamente submetida a regras cuja transgressão, escandalosa, deveria ser solenemente repreendida. Em consequência, essas fontes, muito parciais, que nos informam revelam só uma coisa: as exigências da Igreja rigorista, muito precisas, a respeito do *legitimum matrimonium*, do "casamento legítimo".

É claro que essas exigências não eram, na época, e nessa região, as da maior parte dos clérigos. Vemos, reunidos em Paris para a bênção do segundo casamento real, os bispos, todos os bispos menos um – e a respeito dos quais é difícil acreditar que fossem meros aventureiros, bajuladores ou vendidos –, cooperando com os ritos e muito satisfeitos de estarem associados a eles. Consideremos o pouco-caso que fizeram na sequência da excomunhão, o cuidado que tiveram de a anular, apesar das críticas e das ameaças pontificais. A moral deles não era a mesma. Ela não impunha que Filipe e Bertranda se separassem a qualquer custo. Do que pensava a nobreza não conhecemos quase nada. Podemos imaginá-la mais rigorosa quando seus interesses não estavam diretamente em jogo? Basta, para recusarmos isso, observar a atitude de Guilherme da Aquitânia ao expulsar de sua cidade os cardeais reformadores; a de Fulque de Anjou durante o todo tempo em que ele não foi o instrumento das intrigas papais. Quanto ao interessado, Filipe I, como julgá-lo "ímpio", ou simplesmente desatento ao que repisava a equipe sacerdotal que nunca o abandonava, como julgá-lo negligente da "majestade" real na luta que travava, dia após dia, contra os príncipes feudais, seus concorrentes? Ora, ele resistiu durante doze anos. Salvando as aparências, nunca abandonou sua mulher – sua esposa, não sua concubina. Não respeitava ele próprio princípios, diferentes dos de Ivo de Chartres, mas cujo rigor não era menor?

Não digo que se deva desconsiderar o *amor*.[*] Sugiro que Filipe não se deixou levar por uma paixão senil qualquer; que, mandando embora a primeira mulher, tomando uma outra e a conservando, ele aplicava os preceitos de certa moral. Essa moral era aquela da linhagem. Ele se sentia responsável por um patrimônio. Do "domínio", das senhorias que seus ancestrais tinham possuído, está claro. Da "coroa" também, que se

---

[*] Em latim no original. (N. T.)

tinha incorporado a essa herança. Mais ainda da glória de sua raça. Esse capital, que recebera do pai, ele deveria entregá-lo a seu filho legítimo. Em 1092, tinha apenas um menino de onze anos, e a morte espreitava os meninos dessa idade. Esse mesmo era frágil. Nós o sabemos por Suger: na biografia de Luís VI, ele lembra que Guilherme, o Ruivo, rei da Inglaterra, "aspirava ao reino da França, se por algum infortúnio o único herdeiro viesse a morrer".[15] Filipe não podia esperar mais filhos de Berta. Era o momento oportuno para repudiá-la: o homem que a havia entregado a ele vinte anos mais cedo, o conde de Flandres, Roberto, o Frisão, se preparava para a morte no mosteiro de Saint-Bertin; o "ódio",[16] suscitado desse lado pelo repúdio, era, no momento, menos perigoso. De fato, ele não durou. Filipe tomou Bertranda. Era uma boa escolha. Num tempo de extremo encolhimento da monarquia capetiana, enquanto a tarefa urgente era consolidar o exíguo principado que o rei governava como podia a partir de Paris e Orléans, o primeiro interesse não era mais o de concluir alianças brilhantes nas grandes casas de ascendência real. Era, antes, o de reduzir as forças políticas invasoras que se avolumavam à volta dos castelos da Île-de-France. Montfort era a principal fortaleza nas proximidades da Normandia, quer dizer, no flanco mais ameaçado. Era mantida por Amaury, irmão de Bertranda; ela própria descendia, por parte de mãe, dos príncipes normandos, de Ricardo I, "conde dos piratas"; essa mulher havia provado sua fertilidade: tinha dado meninos ao conde de Anjou; a Filipe ela dera três crianças, das quais dois filhos. Mas ainda era indispensável que esses dois filhos

---

15 *Vita Ludovici*, I.
16 HF, XIV, 745.

O cavaleiro, a mulher e o padre

fossem legítimos. O destino da linhagem dependia, portanto, do estatuto atribuído à companheira do rei. Se fosse considerada mera concubina, seus filhos seriam bastardos, e todas as esperanças permaneceriam intactas para os rivais dos capetianos, para Guilherme, o Ruivo, que, segundo Suger, "contava como nulo o direito dos filhos de Bertranda à sucessão". Mas, se o segundo casamento fosse considerado legal, o perigo de não haver herdeiros desaparecia – e compreende-se que Filipe, que podia muito facilmente satisfazer de outro modo o apetite que talvez tivesse por Bertranda, tenha feito tanto para que suas bodas fossem refulgentes, devidamente consagradas, e que ele tenha recusado afastar, mesmo em aparência, a mãe de seus caçulas antes que seu filho mais velho tivesse dado provas de vigor corporal. Pode ser que a paixão o levasse a conservar essa mulher. É certo que seu dever, seu dever de príncipe, o obrigava a conservá-la apesar de tudo. Como imaginar que esse homem, com seus cinquenta anos, entrando na idade em que morreram, na época de que falo, todos os reis da França, sem exceção, não temesse o inferno, não desejasse que o pecado da relação carnal a que ele se entregava – e, sem dúvida, não sem prazer – lhe fosse oficialmente expurgado pela intervenção de prelados? Ao não se considerar culpado, não o considerariam culpado.

O acontecimento que acabo de narrar ao modo dos historiadores antigos não me interessa por si mesmo. Eu o utilizo pelo que ele revela. As agitações que ele provocou, como ocorre comumente com tais abalos, fazem surgir da obscuridade aquilo que, de hábito, ela dissimula. O acontecimento remexe as profundezas. Falando muito a respeito dele, do insólito, terminamos falando também, de passagem, sobre as coisas habituais da vida, das quais não se diz nada, sobre as quais não se escreve e que o historiador, por causa disso, não pode atingir. Minha narração — essa narração crítica — me serve para propor de modo conveniente a questão que me importa: como se casava, há oito ou nove séculos, na Europa cristianizada?

Considerando-a por diversos ângulos, busco descobrir como funcionava a sociedade que chamamos de feudal. O que me leva naturalmente ao casamento. Pois seu papel é fundamental em toda formação social, em particular nessa que observo há anos. Com efeito, é pela instituição matrimonial, pelas regras que presidem às alianças, pela maneira como essas regras são aplicadas, que as sociedades humanas, as mesmas que se querem as mais livres e que oferecem a ilusão de o serem, governam seu futuro, tentam se perpetuar na manutenção de suas estruturas em função de um sistema simbólico, da imagem que essas sociedades fazem de sua própria perfeição. Os ritos do casamento são instituídos para assegurar, dentro da ordem, a repartição das mulheres entre os homens, para disciplinar em torno delas a competição masculina, para oficializar, para socializar a procriação. Designando quem são os pais, eles acrescentam outra filiação à filiação materna, única evidente. Distinguem das demais as uniões ilícitas, atribuem aos filhos que nascem o estatuto de herdeiros, quer dizer, ancestrais, um nome, direitos. O casamento funda as relações de parentesco, funda toda a sociedade. Institui a pedra angular do edifício social. Como posso compreender a feudalidade se não percebo claramente as normas pelas quais o cavaleiro tomava uma esposa?

Necessariamente ostensivo, público, cerimonioso, envolto numa abundância de gestos e de fórmulas, o casamento, no seio do sistema de valores, se situa na junção do material com o espiritual. Por meio dele, a transmissão das riquezas de geração a geração se encontra regularizada; sustenta, em consequência, as "infraestruturas"; não é dissociável delas – e isso faz o papel da instituição matrimonial variar segundo o lugar ocupado pela herança nas relações de produção, que também não é o mesmo em todos os níveis da hierarquia das fortunas, que, no limite, não deixa sobrar nada para o escravo ou para o proletário, os quais, não possuindo patrimônio, naturalmente se acasalam, mas não se casam. Entretanto, já que o casamento ordena a atividade sexual – ou, antes, a parte procriadora da sexualidade –, participa também do domínio misterioso, tenebroso, das forças vitais, das pulsões, ou seja, do sagrado. A codificação que o rege depende, em consequência, de duas ordens: a profana e, digamos, a religiosa. De hábito, os dois sistemas de regulação se ajustam entre si e se apoiam mutuamente. Mas há momentos em que deixam de se harmonizar. Essa discordância temporária obriga as práticas matrimoniais a se modificar, a evoluir na direção de um novo equilíbrio.

A história de Filipe I ensina: por volta de 1100, duas concepções do casamento se opuseram violentamente na cristandade latina. Nesse momento chegou à sua acuidade plena um conflito cuja conclusão foi instalar usos que permaneceram mais ou menos estáveis até nós, até essa nova fase dos debates, de mutação que estamos vivendo. No tempo do rei Filipe, uma estrutura se instalava com dificuldade. Busco descobrir por que, como. E já que essa crise procede do mesmo movimento coletivo que então faz as relações sociais se transformarem, tanto no vivido como no sonho, já que minha pesquisa prolonga diretamente a que conduzi sobre as três "ordens", as três categorias funcionais da sociedade, já que ela forma seu complemento, eu a situo no mesmo quadro: a França do Norte nos séculos XI e XII. Desta vez, restrinjo meu campo de observação à "boa" sociedade, ao mundo dos reis, dos príncipes, dos cavaleiros — convencido, entretanto, de que os comportamentos e talvez os ritos não eram de todo semelhantes entre o povo do campo e o dos burgos. Mas, para uma primeira abordagem do problema que proponho, as condições do trabalho histórico me obrigam a me limitar assim: desde que abandonamos essa fina camada social, a obscuridade se torna impenetrável.

Ela permanece, nesse nível, muito espessa. O objeto de meu estudo — a prática do casamento — se deixa apreender muito dificilmente por três razões principais. Primeiro, porque o uso da escrita — pelo menos daquela cautelosa, da qual se esperava que resistisse aos desgastes do tempo — permanecia excepcional. Servia, sobretudo, para fixar rituais, ditar o direito, enunciar princípios morais. Portanto, só a superfície me é revelada, não por completo, o mais duro da carapaça ideológica que justifica os atos confessados e sob os quais se dissimulam as ações escondidas. O que entrevejo deriva exclusivamente da boa consciência. Segundo obstáculo: todos os testemunhos que ouço são, já disse, de gente da Igreja. São homens, machos, solteiros ou se esforçando por se passarem como tais, manifestando por profissão repugnância em relação à sexualidade e, mais particularmente, em relação à mulher, que não têm a experiência do casamento, ou não dizem nada sobre isso, e que propõem uma teoria capaz de fortalecer o poder que reivindicam. O testemunho deles não é, portanto, o mais seguro com relação ao amor, ao casamento, às práticas, nem mesmo com relação a essa outra moral que os leigos aceitavam. Ou os eclesiásticos a demonstram como idêntica à deles; ou, falando de imoralidade, negam a existência dela. Devo me resignar: o que podemos perceber das condutas matrimoniais vem do exterior, no mais das vezes em negativo, por meio de condenações ou admoestações que pretendem uma mudança de hábitos. Felizmente, entre o ano 1000 e o início do século XIII, os textos que me informam se tornam pouco a pouco mais numerosos, mais loquazes; pelo efeito de uma progressiva laicização da alta cultura, deixam filtrar cada vez mais o que pensavam, o que faziam os cavaleiros. Seguirei, portanto, em minha pesquisa, o fio da cronologia, e esse movimento que faz a imagem se tornar mais precisa e mais colorida. Sem esperar, contudo, atingir, para além dos quadros formais, muito mais do que o anedótico. Último obstáculo: o perigo de anacronismo. Interpretando esses traços incertos, devo atentar para não transportar ao passado, preenchendo os vazios com a imaginação, o que o tempo presente me ensina. Pois esses homens cujos costumes examino são meus ancestrais, e esses modelos de comportamento, cuja instalação tento perseguir, resistiram até chegar a mim. O casamento de que falo é o meu, e não estou inteiramente seguro de me desprender do sistema ideológico que eu deveria desmistificar. É relativo a mim. Estou livre de paixão? É necessário, sem cessar, fazer o esforço para restituir a diferença, para não esmagar, entre mim e meu objeto, o milênio que me separa dele, essa espessura de tempo da qual devo aceitar que recubra de opacidade insondável quase tudo o que eu gostaria de ver.

II
Moral dos padres, moral dos guerreiros

Já que vejo tudo pelos olhos dos padres, parece oportuno dispor, de início, a tela sobre a qual se projeta, inelutavelmente, a imagem que busco discernir: a concepção eclesiástica da instituição matrimonial. À primeira vista, parece complexa: não havia uma atitude comum a toda a Igreja; nas assembleias dos prelados, no tempo de Filipe I, elevavam-se vozes discordantes. Com efeito, a teoria se construiu lentamente, por meio de um trabalho sinuoso, hesitante, durante o qual, ao longo dos séculos, textos contraditórios se acumularam em estratos sucessivos. Essa teoria, porém, fundamenta-se numa base: a mensagem, a palavra de Deus, um pequenino número de palavras. Essas palavras, todos os bispos do século XI as conservavam na memória.

Algumas são tiradas do Antigo Testamento, do Gênesis. Podem ser lidas na segunda narrativa da criação. Enunciam quatro proposições maiores:

1. "Não é bom que o homem esteja só." Deus quis a espécie humana bissexuada e a união desses dois sexos.

2. Mas ele criou esses sexos desiguais: "É preciso que eu lhe faça uma ajudante (*adjutorium*) que se assemelhe a ele (*simile sibi*)". O homem a precedeu; conserva a prioridade. Ele próprio é a imagem de Deus. Dessa imagem, a mulher é apenas um reflexo secundário. "Carne da carne de Adão." O corpo de Eva foi formado lateralmente. O que a põe numa posição menor.
3. Esses dois corpos estão destinados a se confundir: "O homem deixará seu pai e sua mãe e se ligará à sua mulher e eles [re]tornarão a ser uma única carne" – o casamento conduz à unidade.
4. Entretanto, o casamento não abole a desigualdade: menor, a mulher é frágil. Por ela o homem se perdeu, foi expulso do Paraíso. O casal está, a partir desse momento, condenado a cópulas imperfeitas, a não mais se amar sem vergonha, e a mulher sofre um castigo suplementar, a dominação do homem e as dores do parto.

O ensinamento de Jesus se apoia nesse texto inicial. Algumas palavras citadas pelos evangelhos sinóticos dão resposta, a propósito da prática do casamento, a duas questões precisas. O costume que autorizava o marido a rejeitar sua mulher deixava os discípulos perplexos: referindo-se ao Gênesis, Jesus proclama o casamento indissolúvel: "O que Deus uniu, o homem não deve separar" (Mateus, XIX, 6); o repúdio encontra-se assim formalmente proscrito, exceto em um caso: "Não falo, disse Jesus, da fornicação [da mulher]". Tal como são transcritas por Mateus, essas palavras levam a pensar que Jesus, como todos os homens de seu tempo, julgava o adultério da esposa com maior consequência. Entretanto, se nos voltamos para o Evangelho segundo Marcos (X, 12), é possível dizer que, para ele, a responsabilidade dos dois cônjuges era igual. Logo que o princípio da indissolubilidade é enunciado, os discípulos se interrogam de novo: "Se tal é a condição do homem em relação à mulher, convém casar?" (Mateus, XIX, 10). Questão aparentemente muito pontual, mas cujos limites podem recuar indefinidamente. Já que o Reino dos Céus se identifica com o Paraíso reencontrado, aquele que quiser trabalhar para seu restabelecimento na terra não deve comprimir as solicitações da carne, restringir sua atividade sexual, renunciar ao casamento? A resposta do mestre foi ambígua: "Há eunucos que se tornaram assim em vista do Reino dos Céus. Compreenda quem puder".

Os primeiros dirigentes da seita retiveram essas palavras. Seguindo as prescrições de Jesus, acomodaram-se com o mundo como ele é, dando a César o que é de César. "Que cada um continue a viver na condição em que o apelo de Deus o encontrou"; "estás ligado à mulher, não procures romper; não estás ligado, não procures mulher" (I Coríntios, VII, 17 e 27). Paulo acrescenta, entretanto (I Cor., VII, 19): "O que conta é observar os mandamentos de Deus". Fundada nesses mandamentos, uma regra se instaurou no seio da *ecclesia* primitiva. Apoiava-se nesse fato posto em evidência pela narrativa da criação: a subordinação inicial, necessária, do feminino. Pedro e Paulo concordam, ao repetir às mulheres: "Sejam submissas" (Pedro, I, III, 1; Efésios, V, 21; Colossenses, III, 18). Uma das funções do casamento é precisamente ordenar essa desigualdade: entre o marido e a mulher se deve transpor, num grau mais baixo, como se dá entre superior e inferior nos diferentes níveis das hierarquias celestes e terrestres, a relação entre Deus e Adão. O homem domina a mulher, ele deve se "afeiçoar" a ela, ela deve "reverenciá-lo".

Maridos, sejam "compreensivos" com um ser "frágil" (Pedro, I); amem suas mulheres "como seus corpos"; "amar sua mulher é amar a si próprio" (Efésios, V). Seria preciso que, no casal conjugal, chegasse à perfeição o movimento da *caritas*, essa circulação plena do amor se expandindo e voltando à sua fonte, pela qual o universo inteiro é chamado a existir; o casamento, então, mostrar-se-ia como a refração daquilo que une o Criador e o criado, o Senhor e sua Igreja. São Paulo o afirma: as mulheres são "submetidas a seu marido como ao Senhor; com efeito, o marido é o chefe de sua mulher como Cristo é o chefe da Igreja. Maridos, amai vossas mulheres como Cristo amou a Igreja". Mais do que de metáfora, trata-se de sublimação. Confere-se mais rigor ao princípio da indissolubilidade. Falando em nome do Senhor, Paulo ordena "que a mulher não se separe de seu marido; em caso de separação, que não se case de novo, ou então que ela se reconcilie, e que o marido não repudie sua mulher" (I Cor., VII, 10, 11).

Entretanto, "os tempos são curtos". A humanidade deve se preparar para o retorno de Cristo. Por consequência, "é bom para o homem se abster da mulher" (I Cor., VII, 1). "É bom permanecer como eu", diz Paulo aos solteiros (VII, 8); a viúva "será feliz se permanecer como está" (40); "aquele que não casa sua filha faz melhor" (38); "por causa do infortúnio presente, [a virgindade] é o estado que convém" (26). Não chegou o momento de "apegar-se sem compartilhamento com o Senhor"? Ora, "aquele que se casou preocupa-se com os negócios do mundo, em agradar à sua mulher e ei-lo compartilhado" (33, 55). Decerto, o casamento não é proibido. Mas é apenas tolerado, como um mal menor. É uma "concessão" (6), feita "em razão da impudicícia" (2), àqueles que "não conseguem se conter". "É melhor casar do que queimar" (8), já que Satã "aproveita a incontinência" (5).

O cavaleiro, a mulher e o padre

O homem está autorizado a tomar mulher para não pecar: isso o obriga a se servir do casamento com precaução. "Que aqueles que têm mulheres vivam como se não tivessem" (2). Que se abstenham ao menos "por um tempo, a fim de se consagrarem à oração" (5). Tal é o ensino da Escritura.

Na Igreja primitiva, que tomava corpo dentro da formação cultural helenística, a tendência ascética se acentuou, e de início sob a influência dos ritos sacrificais em uso por outras seitas. Desde que a celebração eucarística foi pensada como um sacrifício, afirmou-se a necessidade de purificações prévias para os participantes e, para o oficiante, da continência, se não da virgindade. O que era conselho na primeira Epístola aos Coríntios torna-se exigência. Interveio também a moral própria aos filósofos: ela os autorizava a usar as mulheres para satisfações ocasionais; mas ela os desviava do casamento, pois este incomoda a contemplação, perturba a alma: melhor uma cortesã do que uma esposa. Enfim, e sobretudo, o pensamento cristão foi arrastado pela forte corrente que, nas cidades do Oriente, levava os intelectuais a representar o universo como um campo de batalha entre o espírito e a matéria, a expressar todo o carnal como disposto sob o império do mal. A repugnância tornou-se assim mais viva com relação à cópula, aos humores corporais, à procriação e, em consequência, ao casamento. Era possível se elevar em direção à luz sem se destacar de seu corpo? Pequenos grupos de perfeitos, os monges ganharam o deserto, fecharam-se, professando o horror às mulheres. Os escritos atribuídos ao apóstolo André, a Tito, discípulo de Paulo, propagaram essa moral da recusa. Celebrando a pureza de santa Tecla, eles alimentavam o sonho de uniões desencarnadas, de cópulas espirituais como aquelas dos anjos.

Os Patronos da Igreja latina herdaram essas atitudes. São Jerônimo não tinha dúvida: Adão e Eva permaneceram virgens no Paraíso. Seus corpos só se uniram depois da queda, na maldição. Todas as bodas são, portanto, malditas. Nada justifica o casamento, a não ser o fato de que ele serve para repovoar o céu, engendrando virgens. "Se não houvesse casamento, não haveria virgindade." Mas, em si, o casamento é o mal. Forçosamente fornicador, o marido se torna, além disso, adúltero, se lhe acontece de amar sua mulher com algum furor: faz dela uma prostituta. No *Adversus Jovinianum*, todas as armas de um combate furioso contra a mulher e o casamento foram acumuladas por Jerônimo. Deste, Gregório, o Grande, está muito próximo, e sua influência foi incomparavelmente mais forte. Foi, sem cessar, lido e relido nos mosteiros e nos círculos dos bispos. Para Gregório, a sociedade humana, sob a direção dos "prelados" que a guiam, se divide em duas partes: uma elite, o grupo dos "continentes", daqueles que se contêm, que resistem às seduções da carne; e um detrito, formado por todos os "cônjuges", os homens e as mulheres que não recusaram o casamento. Inferiores, desprezíveis, pois o casamento é inelutavelmente maculado. Pelo prazer. Desde o pecado de Adão, porque o homem se entrega, porque seu espírito perdeu o domínio de seu corpo, só existe, infelizmente, a cópula sem prazer; desde então, a lei primitiva do casamento foi "transgredida".[1] Casar é um erro. O limite entre o mal e o bem passa entre os "cônjuges" e os "continentes".

Santo Agostinho é menos severo. Sem dúvida, ele está persuadido de que no homem a luta é constante entre a vontade que ilumina a inteligência e as pulsões libidinosas. E, quando

---

1 *Regula Pastoralis*, III, 27; PL, 77, 102.

ele medita sobre o texto do Gênesis, como Santo Ambrósio ele reconhece em Adão a parte espiritual da condição humana, em Eva a parte da sensualidade. Satã triunfou quando chegou a se assenhorear do espírito, enfraquecendo-o pela carne. Toda uma vertente do pensamento agostiniano está dominada pelo dualismo: o mal vem do corpo, portanto, da mulher, inferior e carnal; como Jerônimo, como Gregório, Agostinho situa os "cônjuges" bem abaixo dos continentes, no ponto mais baixo da hierarquia dos méritos. Entretanto, ele admite que o homem, entregue pelo pecado original à concupiscência, inelutavelmente má, conserva o poder de resistir a essa invasão maléfica. Ele o consegue pelo casamento, forma menos imperfeita da copulação. Esse pecado que é o ato sexual, mortal na fornicação, se torna venial no casamento: pode ser redimido. Agostinho desloca assim o limite entre o mal e o bem: ele não separa mais os cônjuges dos continentes, mas os fornicadores dos cônjuges. Há algo de bom no casamento. O casamento é bom, primeiro porque faz os homens se multiplicarem e permite assim repovoar o Paraíso, substituindo por eleitos os anjos decaídos; ele é bom sobretudo porque é o meio de refrear a sensualidade, ou melhor, a mulher. No Paraíso, escreve, o mal veio porque o desejo penetrou "essa parte da alma que deveria estar submetida à razão, como a mulher a seu marido". Pelo casamento, a hierarquia primitiva pode ser restabelecida, a dominação da carne pelo espírito. Desde que, é claro, o esposo não tenha a fraqueza de Adão e que reine sobre sua esposa.

Enraizou-se o sentimento, obsessivo, de que o mal vem do sexo. Isso explica tantas proibições terem sido logo estabelecidas pelos dirigentes da Igreja latina. Qual foi a penitência, senão, principalmente, a decisão de recusar o prazer sexual? O estado de penitente, essa "ordem" particular na qual Filipe I e Bertranda se introduziram em Paris em 1105, quando avançaram, descalços, em direção aos prelados, impõe em primeiro lugar essa abstinência. Fora dessa situação de exceção a que são lançados os grandes pecadores, os esposos são convidados, sem descanso, a se conter, e ameaçados, se forem negligentes, de engendrar monstros, ou pelo menos crianças doentias. É preciso que eles fiquem afastados um do outro; durante o dia, é evidente, mas também durante essas noites que precedem os domingos e dias de festa, por causa das solenidades, às quartas e sextas, por causa da penitência, e, além disso, ao longo das três quaresmas, três períodos de quarenta dias antes da Páscoa, antes da Santa Cruz de setembro, antes do Natal. O marido não deve também se aproximar da mulher durante a menstruação, nem três meses antes de ela dar à luz, nem quarenta dias depois. Para que aprendam a se controlar, é pedido aos recém-casados que se mantenham puros durante as três noites que sucedem as bodas. Enfim, o casal ideal é, está claro, aquele que, por decisão comum, se obriga à total castidade. Nos primeiros séculos, os dirigentes da Igreja latina se desviaram quase todos do casamento como se se tratasse de algo repugnante. Eles o afastaram tão longe quanto puderam do sagrado.

A época carolíngia foi, na região que escolhi observar, um momento de viva fertilidade cultural. A reflexão sobre os textos patrísticos recomeçou, e esse impulso tomou tanta amplidão que ele ainda conduzia os melhores dentre os membros da Igreja no ano 1000. Na época carolíngia se constituíram as reservas de livros que Ivo de Chartres e seus confrades utilizavam. Esse momento foi também o de pôr as coisas em ordem na sociedade, por meio da cooperação, mais estreita do que nunca na história de nossa cultura, entre o poder espiritual e o poder temporal. Desde o momento em que o rei dos francos foi sagrado, incorporado por esse rito ao colégio dos bispos, ele se sentiu obrigado a fazer valer os princípios enunciados por estes. Mas moderando-os. Obrigando seus confrades, os prelados, a conservar os pés no chão. A conjunção dos dois poderes fez, assim, diminuir a vaga de ascetismo e esse nojo que a instituição matrimonial inspirava. Os eruditos continuavam a ler, a copiar, Jerônimo e Gregório. Mas nós os vemos abandonar o *Adversus Jovinianum*, consagrar sua atenção aos textos agostinianos, meditar sobre o que o casamento pode ter de bom. Preocupados em conduzir ao bem os leigos, os bispos perceberam que eles não conseguiriam isso inculcando a aversão ao estado conjugal e que, ao contrário, celebrando esse estado, propondo-o como o quadro possível de uma existência virtuosa, eles atingiriam o objetivo. Para reforçar as bases da sociedade secular, eles se dedicaram a moralizar o casamento.[2]

Em Paris, em 829, os dirigentes da Igreja franca se reuniram em torno do imperador Luís, o Piedoso. O filho de Carlos Magno ocupa, no centro, o lugar de Cristo. Dez anos antes ele trabalhou para reformar o corpo eclesiástico. Cuida agora de ordenar a parte profunda da sociedade. Tomando Roma, a Roma de Constantino, por modelo que se pretende então reviver, o imperador ouve a opinião dos sábios. Ele transmitirá essas prescrições aos "poderosos", aqueles que empunham o gládio em seu nome e que obrigarão o povo a se comportar bem. Assim, o corpo social regenerado voltará às formas desejadas por Deus.

---

2 Toubert, La Théorie du mariage chez les moralistes carolingiens, em *Il matrimonio nella società alto medioevale*.

Iluminados pelo espírito, os bispos falam. Seu discurso, destinado aos laicos, trata, evidentemente, do casamento. O resumo foi conservado, um *aide-mémoire* em oito propostas. Ei-las aqui:[3]

1. "Os leigos devem saber que o casamento foi instituído por Deus" (já de início a instituição matrimonial é levada para o sagrado, por referência ao texto do Gênesis).

2. "Não deve existir casamento por causa da luxúria, mas antes por causa do desejo de progenitura" (a referência aqui é a Santo Agostinho: a procriação justifica o casamento).

3. "A virgindade deve ser conservada até as bodas."

4. "Aqueles que têm uma esposa não devem ter concubina" (mas é claro que os homens que não são casados podem).

5. "Os leigos devem saber como amar suas esposas na castidade e eles devem honrá-las como a seres fracos."

6. "Não devendo o ato sexual com a esposa ser realizado com a intenção de gozar, mas de procriar, os homens devem se abster de realizá-lo com suas esposas quando estiverem grávidas."

7. "Como diz o Senhor, exceto por causa de fornicação, a mulher não deve ser repudiada, mas antes apoiada, e aqueles que, com sua mulher repudiada por fornicação, tomam uma outra, são considerados adúlteros segundo a sentença do Senhor."

8. "Os cristãos devem evitar o incesto."

A moral matrimonial que os padres ensinam aos leigos, ou melhor, aos "grandes", é moral de homens, pregada para os varões,

---

3 MGH Cap., II, 1, 45, 46.

únicos responsáveis. Ela cabe em três preceitos: monogamia, exogamia, repressão do prazer. O resto, a obrigação de permanecer virgem até a cerimônia nupcial, de amar sua mulher, de honrá-la, parece supérfluo.

Esse texto muito simples foi logo desenvolvido pelo bispo de Orléans, Jonas, no tratado *Da instituição dos leigos*: o livro é um desses espelhos que se dispõem diante dos olhos dos príncipes para que estes reconheçam seus defeitos, corrijam-nos e sejam mais capazes de cumprir sua missão: dar exemplo ao povo. A obra é de pedagogia muito boa. Aos *bellatores*, cuja função é militar, Jonas propõe um combate, lutar contra os vícios, e promete essa alegria que se sente nas noites de vitória. Para ele, o casamento é uma das armas que é preciso usar em tais batalhas: a mais útil, já que ela é dirigida contra o pior adversário, o apetite sexual. O casamento é um remédio, instituído para curar a luxúria. Remédio eficaz, mas perigoso, que convém usar com prudência. O guerreiro, se abusar dele, enfraquece. Jonas prega, discretamente, a moral do Estado adaptada a certa categoria da sociedade. Ela não impõe, como aos monges, como aos clérigos, a abstenção, mas o comedimento. Nada de proibição: moderação. Caso de higiene do corpo e, em consequência, da alma.

Jonas de Orléans se interroga sobre os valores conjugais. Leitor de Santo Agostinho, mas também de Cícero, ele coloca entre esses valores a *amicitia*. Amizade, quer dizer, fidelidade, essa virtude dos bons súditos que faz a força do Estado. Da amizade ele passa às bodas, ao amor, reconhece no casamento a imagem da união mística entre Deus e a criatura. Mas sem esquecer que é também a imagem, e o suporte, da ordem política. Realismo desses pastores, trabalhando em concerto com os príncipes, para reprimir as turbulências.

Portanto, o estado conjugal é bom. Porém, nem tanto. Jonas distingue três graus. No mais baixo, disciplinando as paixões primárias, o casamento é simples concessão à natureza pecadora; é tolerado por causa disso. Vai-se além: é aconselhado quando seu objetivo é engendrar. Seria levado às nuvens se, com todo o aspecto sexual sendo dissipado, ele se tornasse "sociedade fraterna". Mas essa forma perfeita está fora de alcance: neste baixo mundo, a volúpia não pode ser totalmente banida do ato procriador, nem o casamento ser "sem culpa". É inevitável a transgressão que Gregório, o Grande, menciona. Pelo menos o mal pode ser expiado por penitências adequadas. Pode ser reduzido à custa de exercícios. Admoestado por seu bispo, o bom príncipe deve ultrapassar a si mesmo, aproximando-se da *honesta copulatio*, treinando, com esse manual à mão, para viver o casamento de maneira sempre mais conforme à vontade divina e, por isso, sempre mais útil na manutenção da ordem pública.

Trinta anos mais tarde, essa ordem vacilava. Na França do Norte, o renascimento cultural estava em seu apogeu, o edifício político se desagregava. Esse renascimento e essa desagregação estimulavam a reflexão dos homens da Igreja. Ela era estimulada principalmente pelo aumento dos perigos. Assim, quando Incmaro, arcebispo de Reims, tratou de modo muito abundante do casamento, ele o descreveu, em primeiro lugar, como muralha contra as violências desencadeadas. Assinalo duas de suas obras: *Do divórcio* e *Da repressão do rapto*. Este é um discurso sobre a paz, reflexo da Jerusalém celeste na terra, a paz que o rei e os bispos estão conjuntamente encarregados de restaurar. Nós a vemos dilacerada, feita em pedaços pela irrupção da cupidez, pelo gosto de se apropriar. É um defeito propriamente masculino, como é masculina a virtude da força, da qual ele é a forma desviada: o homem é naturalmente raptor – de bens e sobretudo de mulheres. O retorno à ordem exige, assim, que o "pacto conjugal" seja solidificado, porque por meio dele se opera pacificamente a distribuição das mulheres, e que sejam, portanto, exaltados os ritos civis, profanos, pelos quais a operação se conclui: as formalidades dos esponsais – o que o latim chama de *desponsatio*, primeiro ato dos procedimentos matrimoniais, o acordo entre o prometido e a prometida, ou, antes, entre seus respectivos pais. Incmaro o afirma, e particularmente no outro tratado, *De divortio*:[4] a união se faz segundo as "leis do mundo", conforme os "costumes humanos". O arcebispo vê no casamento o que ele efetivamente é: uma instituição social, derivada da lei natural; uma "associação" cujos participantes são desiguais: "Entre o marido e a mulher se estabelece uma relação sentimental (*dilectio*) excelente, primordial, salvo que, nessa conjunção, a direção (*praelatio*) cabe ao homem; a submissão (*subjectio*), à mulher". O homem é "prelado": ele comanda. Entretanto, da hierarquia procede a complementaridade. Com efeito, como a Lua e o Sol, como a água e o fogo, os princípios feminino e masculino se corrigem pela reunião, mútua, de suas deficiências. No casamento, a malícia da mulher se atenua tal como ocorre com a brutalidade do homem. Assim pode nascer a harmonia. A prole é o fruto dela, fonte de alegria e perpetuação do casal. Reaparece aqui o princípio religioso, a moral agostiniana, mas se inserindo no interior de uma armadura puramente profana.

---

4 PL, 125, 658.

Essa concepção, muito "renascente", impregnada de lembranças romanas, mantém, com efeito, o casamento no âmbito da jurisdição civil. Incmaro lembra[5] um caso do qual foi testemunha no palácio de Attigny, no tempo de Luís, o Piedoso. Diante dos grandes reunidos, uma mulher veio se acusar; ela confessava seu pecado, mas reclamava justiça do imperador com relação às "coisas desonestas" – Incmaro não explicita mais – ocorridas entre ela e seu marido. Luís pensou que devia submeter a causa aos bispos então reunidos em concílio. Eles a recusaram, abandonando-a "aos leigos e aos cônjuges [...]. Isso agradou aos nobres", acrescenta Incmaro, "porque o julgamento de suas esposas não era retirado deles". De fato, na França do Norte, no século IX, o casamento era um desses casos em que os padres não se metiam ainda, a não ser de longe. Nenhuma menção de bênção nupcial nos textos, a não ser com relação às rainhas, e constituindo, nesse caso, apenas um elemento do ritual da sagração, da consagração: assim, por ocasião das bodas de Judite, filha de Carlos, o Calvo, que se casou em 856 com um rei saxão (Incmaro foi o organizador dessas liturgias), e das de Ermentrude, que se casou em 866 com o próprio Carlos, o Calvo. O bispo de Bruges proibiu os clérigos dependentes de sua jurisdição de participar das bodas. As "bodas", é verdade, sucedendo ao acordo de esponsais, celebravam, com risos e bebedeiras, a união dos corpos. Mas, por ocasião da *desponsatio*, da conclusão do pacto, cerimônia muito mais decente, não constatamos, a não ser na diocese de Orléans e na de Basileia, que a presença dos padres fosse solicitada. Os ritos instituindo o casamento se situavam na "camada popular", ou,

---

5 PL, 125, 655.

antes, na vertente profana da cultura: as crônicas carolíngias, a propósito dos casamentos principescos, evocam apenas festejos e o cortejo que leva a noiva até seu leito. Incmaro, excelente conhecedor do direito, define o casamento por suas formas civis, referindo-se à tradição romana clássica: a *copula* do casamento legítimo, diz ele, se estabelece "entre pessoas livres e de categoria igual [...], a mulher livre sendo entregue ao homem por decisão paterna, dotada segundo a lei e honrada por bodas públicas", e a *commixtio sexuum*, a fusão dos sexos, conclui a união.[6] Nenhuma referência é feita a preces, nem a qualquer intervenção eclesiástica.

Ora, durante esse período da história cristã, a reflexão teológica procedia diretamente da liturgia. Ela foi fecunda no que se refere ao batismo, à eucaristia, à penitência. A respeito do casamento, ela permaneceu bloqueada, já que não existia liturgia matrimonial. Nem Incmaro, nem seus contemporâneos se interrogaram sobre o valor do consentimento; não privilegiaram a afirmação dos votos em relação à união dos corpos. Nota-se neles, entretanto, uma aspiração a preencher esse vazio: os eruditos que forjaram as *Falsas decretais* acharam bom incluir textos relativos à bênção nupcial, atribuídas aos papas Calisto e Evaristo. E vemos Incmaro avançando, tateando, para além das "bodas legais", como ele diz, as quais, unindo os corpos, instituem o casamento na sociedade "natural", em direção a outra coisa, a esse "mistério" que se realiza em outras bodas "místicas", que são "signos" da relação espiritual entre Cristo e a Igreja. Ele busca, insatisfeito. Mas o vocabulário, os instrumentos mentais que ele possui não lhe permitem ir mais longe. O peso de uma longa tradição de recusa o paralisa.

---

6 PL, 126, 137, 138.

Na França carolíngia, a instituição matrimonial permanecia, com efeito, relegada às margens da sacralidade. Entretanto, como ela formava o principal alicerce da paz pública, e como as estruturas do Estado associavam intimamente os bispos à manutenção dessa paz, os dirigentes da Igreja foram levados a se preocupar mais com ela do que seus predecessores, e a cuidar mais dela, com menos repugnância. Preparada pela sacralização do reino, ou melhor, do poder de ordenar a sociedade terrestre, a lenta, a muito progressiva sacralização do casamento tomou, nesse momento, seu ponto de partida. O aspecto ritual permanecia inteiramente profano, mas certa moral começou a se infiltrar nele. Solicitados a exaltar os valores do matrimônio, os prelados aproveitaram a oportunidade para acentuar duas exigências. De um lado, "a lei evangélica de uma única esposa",[7] como diz Remígio de Auxerre, foi altamente proclamada contra príncipes que, como o rei Lotário II ou o conde Estêvão, tinham trocado de mulher. Por outro lado, foi afirmada mais vigorosamente a proibição de casar-se com uma prima aquém do sétimo grau de parentesco – graus contados à maneira germânica, ingênua, corporal *per genicula*, partindo dos ombros e avançando em linha reta, de articulação em articulação, até a última falange.

Desdobrada em sete gerações, o domínio de consanguinidade recoberto por uma tal concepção do incesto era desmedido, no sentido pleno do termo – sem medida –, e tantas pessoas ficavam excluídas que era quase impossível respeitar a proibição. A regra nos surpreende. Ela surpreendia, visivelmente, os eruditos da época. Eles buscavam em vão o que podia fundamentá-la. Nada nas Escrituras a justifica: as prescrições do Levítico 18 e

---

7 PL, 131, 87.

20 são cem vezes menos exigentes. Na lei romana, encontrava-se decerto alusão aos sextos e sétimos graus, mas a propósito da herança, e a maneira romana de contar os graus, em ida e vinda, reduzia mais ou menos a seu vigésimo o número dos primos proibidos. No concílio de Paris, em 829, a proibição foi enunciada sem explicação. Ninguém, nem mesmo Isidoro de Sevilha, último recurso, fornecia uma que fosse satisfatória. É notável também que essa segunda exigência contradizia radicalmente a primeira, a de indissolubilidade: a presunção de incesto não apenas autorizava, tal como a da fornicação, o divórcio, mas o impunha.

A insistência dos bispos, obrigados a repetir sem cessar que não se pode repudiar a esposa, que não se pode casar com uma parente, atesta que, a respeito desses dois pontos, suas exortações topavam com um obstáculo. Eles colidiam com maneiras diferentes de conceber o casamento e de vivê-lo. A resistência não vinha, como os padres fingiam acreditar, de uma indocilidade maligna, da desordem. Vinha de uma outra ordem, de um outro conjunto de regras, de princípios, conjunto nativo, nada preocupado com como tinha sido o cristianismo, venerável, e do qual não sabemos nada, senão por essa mesma resistência que vemos se opor, já que não estava conservado pela escrita, mas nas memórias, e manifestado unicamente pelas disposições do cerimonial, por palavras, por gestos fugazes. O historiador que, sondando a obscuridade, palpando o obstáculo, busca, tateando, representar a configuração dele, de adivinhar o que era a moral dos guerreiros, deve desconfiar do maniqueísmo. Também ele ameaça o historiador.

Essa moral não se opunha à outra, como a selvageria à civilização, nem, simplesmente, como a matéria ao espírito. O sistema simbólico coberto pela moral laica e pelas práticas do casamento não tinham por único fundamento valores materiais; a produção, o dinheiro, o mercado não constituíam a chave deles, como o são em nossa cultura. Os homens sobre os quais busco saber como se casavam não raciocinavam primordialmente em termos de interesses econômicos. Na consciência dos cavaleiros, esse tipo de preocupação permanecia ainda marginal no final do período que estudo, no início do século XIII – embora, pela invasão progressiva de atitudes mentais formadas em nível inferior da sociedade aristocrática, em suas bordas, entre esses auxiliares que os príncipes recrutavam na massa do povo e que se elevavam, os *ministériaux** e os fornecedores das cortes, a *cupiditas*, a avidez, o desejo de possuir, compartilhado por todos os detentores do poder, tendeu a mudar insensivelmente para *avaritia*, em desejo de dinheiro. A chave do sistema de valores aristocráticos era, sem dúvida, o que se chama, nos textos redigidos em latim do século XII, de *probitas*, a qualidade do valente, essa coragem do corpo e da alma que conduz, ao mesmo tempo, à proeza e à generosidade. Todo mundo estava então persuadido de que essa qualidade superior se transmitia pelo sangue. Transmissão – e eis a função do casamento: assegurar convenientemente, "honestamente", na honra, a relação, de uma geração para a outra, dessa bravura, valor viril; propagar o sangue sem que sua qualidade se altere, evitando, como se dizia então, que ele degenere, que venha a perder suas qualidades genéticas. A função do casamento era unir a um genitor valoroso uma esposa tal que seu filho legítimo, esse ser que

---

* No palácio, funcionários ministeriais, ou seja, funcionários públicos com capacidade para praticar determinados atos autenticados, tais como notários, solicitadores, oficiais de justiça, escriturários. (N. T.)

O cavaleiro, a mulher e o padre

levaria o sangue e o nome de um ancestral valoroso, fosse capaz de revivê-lo em sua pessoa. Da mulher tudo dependia. Ela não era, com efeito, considerada apenas um simples meio, como o é hoje em certas culturas da África negra. Na Europa carolíngia e pós-carolíngia, acreditava-se na existência de um esperma feminino, em todo caso, na participação equivalente do homem e da mulher no momento da concepção, e se acreditava também que o efeito imediato das relações sexuais era o de misturar indissociavelmente os dois sangues. Tais são, ao que parece, as bases primárias sobre as quais se erigia a moral matrimonial entre os guerreiros, esses homens de que nada do que pensavam nos é comunicado diretamente.

Pelo menos conhecemos um pouco do que pensavam os reis, que eram guerreiros em metade de suas pessoas. As prescrições que editavam nos foram transmitidas pela escrita, cuja sacralização do poder civil determinava o renascimento. E, como esses soberanos, intermediários entre as potências espirituais e temporais, de hábito mantinham apenas das instruções episcopais aquelas cujo conteúdo não contradizia de maneira violenta demais a moral profana, discernimos, pelas decisões reais registradas nos capitulários, alguns traços dessa moral, aqueles que concordavam mais com o que reclamavam os homens da Igreja. Quer dizer, quase tudo: vemos isso, em particular, no que diz respeito à repressão do que então se chamava de rapto.

Cabia ao rei perseguir os raptores como perseguia os incendiários, os assassinos e os ladrões: o rapto é, na época feudal, um dos quatro casos da justiça de sangue, herdeira direta da justiça real carolíngia. O soberano, respaldado pelos bispos, devia desunir os casais que não se tinham formado na paz, segundo os ritos prescritos: tais uniões não eram casamentos.

Era necessário dissolvê-los, restituir a mulher raptada, devolvê-la às mãos das quais havia sido retirada por violência, a fim de que o tecido social não se rasgasse, que, pelo encadeamento das vinganças familiares, a perturbação não se estendesse na alta sociedade. Essa intenção é muito evidente nos capitulários do início do século IX. Declaravam ilícita a cópula do raptor e daquela que ele usurpou; se a moça já estivesse prometida a outro homem, este poderia aceitá-la, fazer dela sua esposa legítima; se ele não a quisesse mais, os pais conservavam o direito de ceder essa moça em casamento a quem a quisesse, exceto ao homem que a raptou, o essencial sendo evitar que o clã do noivo, frustrado, atacasse o clã do raptor; com efeito, se a moça ainda estivesse livre, se não tivesse sido precedentemente submetida aos gestos da *desponsatio*, bastava que o pai consentisse, e uma leve penitência, para que o casal ilegalmente constituído fosse estabelecido entre os casais legítimos. O fato é claro: o casamento é assunto de livre decisão – não dos cônjuges, certamente: a livre decisão dos pais da mulher.

Ora, no pequeno número de textos que subsistem do século IX, vê-se o rapto por toda parte. Viúvas, freiras enclausuradas, moças, prometidas ou não, esposas, todas aparecem como presas caçadas por matilhas de rapazes. É preciso imaginar que muitas dessas capturas eram simuladas: elas permitiam escapar do que o direito ou as conveniências impunham. O rapto era um meio para os maridos se liberarem de suas mulheres, arranjando para que elas lhes fossem raptadas, um meio para os irmãos privarem suas irmãs de herança, para os pais pouparem os pesados custos da cerimônia nupcial. Entre as causas dessa formidável violência se encontra também, certamente, o prazer de capturar, essa cupidez selvagem da qual Incmaro se queixava. Intervinham, enfim, e ao que parece de modo determinante, os ritos sociais. O rapto não era um jogo, o jogo dos jovens, como o era certamente o estupro coletivo nas cidades francesas do pré-renascimento que Jacques Rossiaud estuda? Tratando do casamento no sistema cultural indo-europeu,[8] Georges Dumézil distingue quatro maneiras de esposar, que se reduzem a duas formas contrastadas. Em uma, a moça é objeto de uma troca legalizada; ela é dada por seu pai, ou comprada pelo marido; muito abertamente, cerimoniosamente, ao longo de solenidades exaltando a paz pública. Em outra, essa paz é negada, rompida por um ato individual, livre, fugindo de todo controle: a moça se entrega ou é tomada por um herói da epopeia. A distinção entre esses dois tipos parece-me corresponder àquela que se nota na época que estou estudando e muito nitidamente no século XII, quando a cultura profana sai da sombra, aquela situada entre dois modelos de conduta propostos aos homens da aristocracia, caso fossem "velhos" ou "jovens". Se entendemos, claro, como se fazia então, por velhice e juventude não duas classes de idades, mas a refração sobre a prática social de dois sistemas de valores, valores de ordem, de sabedoria – de primeira função – de um lado, valores de impetuosidade, de força viva – de segunda função – de outro lado. Quando Guilherme de Malmesbury acusa Filipe I de ter esquecido que a "majestade" e o "amor" não caminham juntos, ele evoca duas maneiras de se comportar diante das mulheres, uma conveniente às pessoas seguras, assentadas, outra aos jovens; romanceando a partir de um acontecimento, ele põe no coração da intriga essa ação insólita, indecente: um rapto noturno, cometido por um rei quadragenário. Na alta sociedade

---

8 Dumézil, *Mariages indo-européens*.

do século XI europeu, ou do IX, o antagonismo maior não era o que opunha os jovens varões aos mais idosos. O código de conduta seguido pela "juventude" não procedia dessa situação conflitual? Esse código não convidava a raptar brutalmente as mulheres nas barbas dos maridos ou dos promotores do casamento? As relações são evidentes entre esse exercício e a caça, da qual sabemos o papel que tinha na educação dos rapazes nobres. Esse ritual de rapina foi, pouco a pouco, recuado para o simbólico, o lúdico; nós o vemos, no século XII, reduzido a esse jogo controlado: o amor cortês. Mas, com toda a aparência, esses ritos eram praticados, de verdade, pela aristocracia carolíngia. Já disse que nem todas as pessoas da Igreja compartilhavam, no final do século XI, da mesma concepção de bom casamento. Os guerreiros também não eram unânimes. As regras proclamadas contra o rapto pelos reis carolíngios correspondiam à expectativa apenas de uma parte deles, os *seniores*, os chefes de família: de acordo com os bispos, falavam de ordem para que a turbulência juvenil não lhes viesse subtrair seus poderes.

Se considerarmos esses poderes, essa ordem, a parte assentada da sociedade, os casais socialmente reconhecidos, estáveis, formados de acordo com a circunspeção, na paz, descobre-se outra característica: havia mais de uma maneira oficial de viver conjugalmente. Incmaro fala de uma delas quando descreve sumariamente seus ritos, evocando o dote, os gestos pelos quais a moça é concedida; ele lhe dá o nome específico de "uma cópula com casamento legal" – quer dizer, conforme a "lei", a lei romana. Assim, distingue essa forma de outras cuja existência reconhece implicitamente. Já em 829, o relatório que os bispos apresentavam a Luís, o Piedoso, levava em conta essa diversidade. Opunha a "concubina" à "esposa". Os eruditos do século IX pretendiam levantar a Roma antiga de suas ruínas. Dos códigos promulgados pelos antigos imperadores, eles exumavam um modelo de casamento, o *connubium legitimum*, com estipulações estritas, exigindo particularmente que os cônjuges sejam livres e tenham o mesmo estatuto. Mas, nesses textos, eles descobriam os traços de uma união, também perfeitamente oficial, mais simples, infinitamente mais difundida, a concubinagem. A Igreja tinha, outrora, considerado válido esse tipo muito comum de conjunção e, de maneira formal, em 398, no cânone 17 do concílio de Toledo. Os bispos francos, intransigentes no que concerne à monogamia, afirmavam, em 829, que um homem deve ter apenas uma companheira. Mas toleravam, na falta do casamento pleno, o concubinato. Era necessário. Não queriam destruir a sociedade. E esse desdobramento não vinha sem vantagem, pois permitia aplicar os preceitos com flexibilidade: era possível recusar uma esposa ao padre, mas deixar a ele sua concubina; admitir que o guerreiro que expulsava a sua para contrair um "casamento legítimo" não era bígamo por isso. Bastava citar outro texto canônico, a carta do papa Leão I:[9] "O homem que casamos depois de ter repudiado sua concubina não se casa de novo: não se tratava de um casamento pleno [...], qualquer mulher que se una (*juncta*) a um homem não é a esposa (*uxor*) desse homem". Essas palavras autorizavam a não se abalar os usos.

Conhece-se mal o direito matrimonial franco. Sabe-se, pelo menos, que ele reconhecia, abaixo da *Muntehe*, equivalente do "casamento legítimo" romano, e bem acima da simples união, a *Friedelehe*. Utilizava-se essa união de zona intermediária para disciplinar a atividade sexual dos rapazes sem comprometer

---

9 PL, 54, 1204.

definitivamente o destino da "honra". Desses casais, com efeito, nasciam herdeiros menos assegurados do que os filhos de casais legítimos; se o pai viesse a contrair uma aliança de categoria superior, os filhos da segunda união suplantavam os da primeira. Menos sólida, a união conduzida dessa maneira era frequentemente temporária. Ainda que oficial, era concluída ritualmente: o *Morgengabe*, preço da virgindade, pago na manhã seguinte à noite de núpcias, constituía o sinal público. A moça era mais emprestada do que dada. Mas seus pais a haviam emprestado solenemente, por contrato, por livre decisão, na paz.

Que houve duas maneiras de tomar mulher é algo que se observa com bastante clareza no comportamento de Carlos Magno, o qual, muito mais tarde, é verdade, foi canonizado. O imperador havia engendrado meninas. Ele não as casou, não as cedeu, por medo de multiplicar os pretendentes à sucessão real; conservou-as em sua casa e em seu *Munt*, em seu poder. Emprestou-as em *Friedelehe*; assim, teve netos cujos direitos não contavam diante daqueles dos netos advindos de casamentos legítimos. Quanto a si próprio, além de quatro esposas legítimas (uma logo repudiada, as outras sucessivamente mortas) e, pelo menos, seis vínculos passageiros, privados, não públicos, contraídos nos períodos de viuvez, sabe-se que teve uma companheira, uma *Friedelfrau*, Himiltrude, que ele havia tomado antes de seu casamento pleno. O papa Estêvão II considerou legal essa união. O filho que dela nasceu recebeu um nome real, Pepino, designando-o para, eventualmente, o suceder. No entanto, quando, em 806, Carlos Magno procedeu à divisão de seus bens, não o contou entre seus filhos verdadeiros; não deixou reino para ele. Pepino se insurgiu; depois de sua rebelião, foi enclausurado num mosteiro, como os bastardos

O cavaleiro, a mulher e o padre

verdadeiros, originados de suas aventuras de velhice. Infelizmente para ele, as *Muntehen* ulteriores tinham sido fecundas.

O uso de laços matrimoniais tão flexíveis perdurou. As fontes escritas o mostram vigorosamente implantado na aristocracia do noroeste da França nos séculos X-XI. As migrações escandinavas o tinham, talvez, reavivado. Fala-se, em todo caso, como de um casamento "à moda dinamarquesa". Eis o que diz a respeito, mais tarde, por volta de 1040-1048, Raul Glaber, no livro IV de suas *Histórias*:

> Desde sua chegada às Gálias, os normandos tiveram, quase sempre, príncipes nascidos de uniões ilegítimas [era o caso, em particular, de Guilherme, o Conquistador, cuja mãe havia desposado *more danico* Roberto, conde dos normandos; Guilherme, por isso, levou o apelido de Bastardo; essa mulher tornou-se, em seguida, sem dúvida, a esposa legítima de um visconde]. Mas não encontraremos nada de extremamente repreensível nesse costume, se nos lembrarmos dos filhos das concubinas de Jacó [Raul Glaber é monge, sua moral é rigorosa; não julga, entretanto, que seja necessário condenar esse tipo de união, nem lançar o descrédito sobre os filhos nascidos dela; refere-se ao Antigo Testamento; descobrimos aí, com efeito, práticas matrimoniais pouco de acordo com aquelas que os bispos recomendavam; o que não deixava de apresentar problemas: os panegiristas deviam ser prudentes quando se punham a comparar o rei carolíngio a Salomão ou a Davi, e todos aqueles que feriam as exigências da Igreja em matéria sexual não tinham dificuldade de tirar da Bíblia argumentos contraditórios].

Pensemos, diz Glaber, nas concubinas de Jacó, cujos filhos, "apesar de seu nascimento, herdaram todas as dignidades do pai da mesma forma que seus outros irmãos e receberam o título de patriarca. É preciso não esquecer também que, sob o Império, Helena, mãe do imperador romano, era também uma concubina". Porém, como os filhos das *Friedelfrauen* da época franca, os filhos das esposas *more danico* eram considerados, nos séculos X e XI, herdeiros de segunda categoria. Guilherme, o Bastardo, teve de lutar arduamente para obter a sucessão de seu pai, e, preocupado com a devolução da coroa, Filipe I se obstinou, como eu já disse, em obter o reconhecimento da plena legitimidade de suas bodas.

A prática da concubinagem se mantinha porque servia aos interesses familiares: protegia as heranças sem reprimir abertamente demais a juventude e sem atentar contra o sistema de valores profanos. Esse sistema exaltava a proeza viril; mantinha, nesses guerreiros, nesses caçadores, o sonho de proezas difíceis; incitava a lançar os jovens na aventura. Traziam delas as companheiras. Este ou aquele acasalamento de acaso podia tornar-se regular se seu pai, ou seu tio, se entendia com os pais da filha conquistada, pacificava os rancores, pagava a *Morgengabe*. O pacto limitava as turbulências. Mas os chefes das famílias reservavam-se o direito de rompê-lo, de substituí-lo por um pacto de qualidade superior. Cuidavam que só fossem firmemente, definitivamente, introduzidas nas camas dos rapazes mulheres cujas vantagens fossem cuidadosamente consideradas. Apenas a estas cabia a categoria de esposas. Para lhes dar lugar, as concubinas eram eventualmente repudiadas.

O acordo de concubinagem não se concluía sem ritos. Mas aqueles pelos quais se realizava o casamento legítimo eram diferentes: de um lado, necessariamente preliminares; de outro, muito mais amplos e ostensivos. Importava que a futura esposa fosse primeiro solenemente cedida – eram os esponsais –, depois, solenemente conduzida até o leito do marido – eram as bodas. Em volta do leito nupcial se estendia a festa, barulhenta, reunindo multidão numerosa, chamada para constatar a união carnal, a se alegrar com ela e, pelos extravasamentos de seu próprio prazer, a captar os dons misteriosos capazes de tornar essa união fecunda. Tratava-se bem disso: carne e sangue. Para os guerreiros, como para os padres, a função do casamento era procriar. A mulher era levada em cortejo à casa para dar bons herdeiros. Recebida para isso. Plenamente absorvida com sua prole esperada. Isso vem de uma passagem do *Manual* de Duoda. No livro VIII, essa grande dama, contemporânea de Carlos, o Calvo, ensina a seu filho como orar, para quem ele devia cantar os Salmos: "Ora", lhe diz ela, "para os pais de teu pai que te deixaram teu bem como herança legítima" – aparece aqui claramente a ligação entre a memória dos ancestrais e a transmissão do patrimônio: ora pelos pais de teu pai, porque teu pai recebeu deles aquilo que vai te tornar rico e poderoso na tua vez. E Duoda continua: "Quem eram eles, quais eram seus nomes, encontrarás escrito no fim deste livreto". Os defuntos enumerados no livro X da mesma obra são efetivamente o avô e a avó paternos, os tios e tias paternos. Toda referência à outra descendência é afastada. E por essa esposa: ela nada diz a seu filho de seus próprios ancestrais.

A integração da mulher na casa do homem, que era o único a ter direito de fecundá-la ia, por vezes, a ponto de mudar seu nome pessoal (não havia, nessa época, nome de família, sobrenome transmitido de geração a geração): Matilde se tornava assim Branca, ou Rosa. Ruptura, captura. Entretanto, para que essa mulher mantivesse seu papel na casa, povoando-a de filhos legítimos, era bem preciso seu ventre, era bem preciso seu sangue. De sua prole, o que vinha pelo sangue de seus ancestrais se misturava, portanto, inelutavelmente, ao que seu marido, por seu sangue, herdava dos seus. Conjunção muito abertamente proclamada pela escolha que se fazia quando se dava nome a esses meninos e meninas. Escolhiam-se nomes de antepassados dos dois ramos. A família se tinha apropriado da esposa dando-lhe outro nome, mas ela via penetrar estrangeiros em seu interior, reencarnados na pessoa de seus descendentes homônimos. Essa intrusão inevitável impunha uma grande prudência e longas tratativas antes que a cerimônia nupcial viesse confundir os sexos e misturar os dois sangues. Cabia aos responsáveis pela honra de cada entidade familiar conduzir as negociações. Em seu termo, situavam-se outra cerimônia e outros ritos. Estes não eram, como, mais tarde, o foram as *nuptiae*, de alegre e ruidosa exaltação, mas de gravidade. Desenvolviam-se no domínio da sabedoria e das trocas de palavras, de fé jurada, de paz. Os pais do futuro marido iam à casa da futura esposa. Palavras eram trocadas. Elas empenhavam pessoalmente o homem e a mulher que se decidia unir, mas ainda mais os homens que tinham poder sobre eles, o *Munt*, como se dizia em tudesco. A assistência, menos numerosa que nas bodas, era demasiada, entretanto, para que todos ouvissem as palavras. Todos podiam, pelo menos, ver os gestos que as acompanhavam, gestos de investir e desinvestir, e os objetos que, passando de mão em mão, significavam a transferência da posse. Esse cerimonial de acordo era, por vezes, muito anterior à consumação do matrimônio, o que não deixava de oferecer algum risco: um homem empreendedor podia surgir, arrebatar a moça. A *desponsata*. Como traduzir? "Noiva", "prometida"? Essas palavras perderam a força em nossos dias. Ora, a *desponsatio* apertava vigorosamente o laço. A mulher já havia sido entregue.

O cavaleiro, a mulher e o padre

Introduzida depois de tantas precauções na casa, a esposa permanecia ali sob suspeita. Uma adversária. Os homens viviam a vida conjugal como um combate, rude, que requeria assídua vigilância. Adivinha-se, com efeito, oculto no mais profundo da psicologia masculina, o sentimento de que a mulher – embora a imagem global que se fazia então das estruturas do cosmos a situasse do lado da noite, da água, da Lua, de tudo o que é frio e azul – é mais ardente, devorante. Seu marido temia não poder, sozinho, enfrentar seu fogo. Quando Jonas de Orléans o alertava contra o esgotamento que o espreitava caso não se moderasse, estava seguro de ser ouvido. Mas o marido sabia também que a parceira com quem ele se defrontava no campo fechado do leito nupcial não jogava um jogo franco, que ela fingia, se furtava. Medo do golpe baixo, da traição.

A concordância entre a moral dos padres e a dos guerreiros, velhos e jovens, nunca era mais estreita do que nessa atitude em que se conjugavam a desconfiança e o desprezo pela mulher, perigosa e frágil. Atitude justificada por todos os meios e, puerilmente, pela etimologia que os eruditos da época manipulavam. A palavra latina designando o varão, *vir*, remetia, para eles, a *virtus*, quer dizer, a força, a retidão, enquanto o feminino *mulier* vinculava-se a *mollitia*, que fala de moleza, de flexibilidade, de esquiva. Desconfiança e desprezo faziam considerar necessário submeter a mulher, segurá-la pelas rédeas como convidam a fazê-lo as frases do Gênesis ou das Epístolas que a gente da Igreja repetia. Os leigos aplaudiam tudo o que podia levar a acreditar que o Senhor se mostrou mais severo com relação à fornicação feminina e que ele conclama a castigá-la. E os bispos sentiam-se obrigados a cuidar das viúvas e das esposas repudiadas porque o dever deles era proteger os fracos, os "pobres", como diziam, deixando aos machos da casa o cuidado de domar as mulheres, de castigá-las, como eram domados e castigados as crianças, os escravos e os animais. Tratava-se aí de um direito de justiça que ninguém punha em dúvida, primordial, absoluto, excluindo todo recurso ao poder público. Quando certa mulher ousou apresentar uma reclamação publicamente, em Attigny, contra seu marido a respeito do que se passava na casa, e talvez na cama, foi, repito, um escândalo. Os próprios bispos, escandalizados, remeteram a questão aos homens casados, os quais, sem dúvida, a mandaram de volta ao esposo e a seus próximos.

A honra doméstica, com efeito, dependia em larga medida da conduta das mulheres. O grande perigo era que elas se entregassem ao pecado, ao pecado da carne, ao qual o temperamento feminino se inclina. Para se proteger da vergonha, os laicos julgavam necessário controlar estritamente a sexualidade feminina. Como os padres, eles consideravam o casamento um remédio à fornicação. À fornicação que eles temiam: a das mulheres. O dever dos pais era, portanto, casar suas filhas para se proteger da desonra que elas arriscavam provocar. Mal havia morrido, Carlos Magno fora abertamente criticado: ele tinha cometido falta por não ter posto suas filhas sob o controle de um esposo, por meio de um casamento legítimo; assim, ele as havia abandonado à sua nativa perfídia; carregava a responsabilidade de suas condutas, que alguns julgavam que haviam embaçado um pouco a honra da casa real. Aos maridos cabia o dever de proteger a esposa da tentação: ela era ameaçada; não vivia afastada dos homens. Nas casas aristocráticas, a mulher do dono acolhia os hóspedes. Como a rainha da qual Incmaro descreve as funções no palácio carolíngio, ela cuidava das reservas da casa, do tesouro. Cabia-lhe estocar todos os benefícios, todas as oferendas e prever a redistribuição delas. Dirigindo um esquadrão de serviçais homens, ela mantinha relações cotidianas com o chefe do serviço, o camareiro. Que relações poderia ela manter com esse homem no reduto secreto, obscuro, onde se comprimiam as provisões, as joias, os instrumentos e os atributos do poder? Era deixada porta aberta às suspeitas, aos mexericos, tais como os que ocorreram, em todo o império carolíngio, a propósito de Judite, mulher de Carlos, o Calvo, e do camareiro Bernard. Grande perigo. O pior seria que fosse fecundada por outro que não seu marido, que filhos de um sangue diferente daquele do pai, o mestre, viessem um dia levar o nome de seus ancestrais e recolher sua herança. Os grandes prestavam um ouvido atento àquilo que os padres repetiam a respeito da culpa de Eva.

No fim das contas, tudo leva a pensar que os dirigentes da Igreja carolíngia eram ouvidos quando expunham sua concepção do casamento aos dirigentes das casas nobres, exceto quando chegavam a condenar o que chamavam de adultério masculino, quer dizer, o repúdio, e o que chamavam de incesto. Nesses dois pontos, as duas morais não podiam combinar. O maior cuidado da aristocracia, transmitir, de macho para macho, o valor ancestral, impunha, com efeito, repudiar a mulher que tardava em ter filhos homens e, por vezes, mudar de esposa quando se apresentava a oportunidade de uma aliança mais honrosa; impunha também, quando era necessário misturar dois sangues, escolher antes aqueles saídos de um mesmo tronco, tomando mulher na proximidade parental, desde que ultrapassado o terceiro grau de consanguinidade.

A cristianização das práticas matrimoniais, ao que parece, se deu com facilidade nas camadas inferiores da sociedade, entre as pessoas que não possuíam muito, sobretudo entre aqueles que não possuíam nada, todos os servos que não tinham sequer a liberdade de seu próprio corpo. No povo, do qual sabemos muito pouco, o casamento segundo a Igreja substituiu sem dificuldade as formas muito profanas do acasalamento, do concubinato. Os inventários levantados no século IX mostram os camponeses dos grandes domínios enquadrados em células conjugais bem assentadas. O estreitamento das ligações matrimoniais servia aqui aos interesses dos patrões: ajudava a fixar os dependentes, a enraizá-los em seus feudos; favorecia sua reprodução, quer dizer, o crescimento do capital dominial. Nesse nível da sociedade, a cristianização do casamento fortalecia as relações de produção. Ela incomodava quando, contrariando as estratégias das casas nobres, ameaçava enfraquecê-las. Eis por que os conflitos que observamos no século IX entre as duas morais se situam no pico da pirâmide social, opondo os prelados aos reis e aos maiores senhores.

Sob o reino de Luís, o Piedoso – esse apelido é revelador –, momento em que, em conjunto, tomavam consistência a noção de império e a dos deveres prescritos ao rei sagrado, o palácio carolíngio se tinha aberto grandemente às exortações episcopais. O imperador o havia purificado, expulsando as companheiras de seu pai, mandando para conventos suas irmãs cuja conduta ele julgava impudica. Quando Eginhardo escreveu sobre a vida de Carlos Magno, habilmente deixou filtrar no elogio um pouco de reprovação que era, naquele momento, conveniente assinalar no que dizia respeito ao comportamento sexual de seu herói; o texto da *Visio Wettini* propõe a ideia de que o grande imperador pecou, que está agora submetido à *purgatio*; a entrada no Paraíso lhe é recusada enquanto não se lavar de sua culpa – secreta, mas, sem dúvida nenhuma, de natureza sexual. E sabe-se a longa deriva dessa suspeita: Carlos Magno uniu-se com sua irmã; dessa cópula incestuosa nasceu Rolando, seu sobrinho, mas também seu filho.

A docilidade, contudo, logo deu lugar à insubmissão, e sentimos o confronto endurecer no tempo de Carlos, o Calvo. Contra os príncipes muito grandes que, menos "piedosos", não se privam de repudiar, Incmaro escreve no *Tratado do divórcio*: "O casamento unido legalmente não pode, por razão nenhuma, ser desfeito, a não ser por separação espiritual conjunta [quando o marido e a mulher decidem, juntos, entrar em religião] ou por fornicação corporal atestada por confissão manifesta ou convicção aberta [...], fora desses casos, é preciso que o homem conserve sua esposa", *volens nolens*, mesmo se ela é *iracunda*, megera insuportável, *malis moribus*, sem-vergonha, *luxuriosa*, *gulosa*, ávida pelos prazeres do mundo. E, "se o esposo se separa da esposa fornicadora, não deve se casar novamente". Assim, foi proibido ao rei da Lotaríngia que expulsasse sua mulher legítima, estéril, para se casar legitimamente com a concubina com quem ele já tivera filhos. Pela voz do papa João VIII, a Igreja começava a confundir, para privá-los de todos os direitos, os filhos nascidos de um concubinato com os verdadeiros bastardos, frutos de um encontro fugaz.[10] Esses rigores eram novidade. Acompanhavam o avanço da tendência ascética. Um período terminava, a bela época do episcopado, em que o realismo dos grandes prelados, sua discrição, seu sentido do possível, tinha autorizado acomodações entre a doutrina da Igreja e as práticas da nobreza.

Do palácio de Compiègne, junto a Carlos, o Calvo, que envelhecia, João Escoto Erígena, grandíssimo sábio, refletia sobre textos gregos que praticamente apenas ele era capaz de ler. Sonha

---

10 MGH Ep., V, 103, 115.

com o próximo retorno de Cristo. Persuade-se de que, para acolher a luz, é preciso dar as costas ao mundo visível, liberar-se de seu peso, ou seja, da carne. Quando, em seu tratado *De divisione naturae*, ele medita sobre Adão no jardim do Éden, sobre o homem em uma perfeição inicial, da qual seria despojado por sua falta, mas cuja lembrança lancinante permanece, e em direção da qual cada um deve tender com todas as suas forças, João Escoto não exclui que o corpo de Adão e o de Eva tenham podido se unir no Paraíso, mas sustenta que Adão foi capaz de mover seu sexo como os outros órgãos do corpo, por sua única vontade, sem perturbação e sem ardor: "Na tranquilidade do corpo e da alma, na corrupção da virgindade, o marido tinha, ou, antes, teria tido a possibilidade de fecundar o flanco de sua esposa".[11] Ele imagina assim uma reprodução da espécie humana não *sine coitu*, sem conjunção dos sexos, mas *sine ardore*, sem o fogo do prazer. Não se afasta aqui da linha agostiniana. Aventura-se muito mais longe quando anuncia que, "na ressurreição, o sexo será abolido e a natureza unificada".[12] No seio da *natura*, a fratura é aquela que separa os sexos; o fim do mundo anulará a bissexualidade; ela anulará mais exatamente o feminino: quando as luzes se desencadearem, essa imperfeição terá terminado, essa mancha sobre a limpidez da criação que é a feminilidade. João Escoto o diz formalmente: "Haverá apenas o homem como se ele não tivesse pecado". Por trás de seu pensamento se perfila a imagem do andrógino dos primeiros dias. Eva, costela de Adão. Ela teve, no Paraíso, uma existência própria? Ela foi verdadeiramente separada? Tê-lo-ia sido sem a falta? A queda é, para João Escoto,

---

11 PL, 122, 806.
12 PL, 122, 893.

outra coisa que não esse corte: a sexualização da espécie? E a reprodução com que sonha, a união dos corpos sem prazer, seria outra coisa que não uma volta às origens, uma re-imbricação? Mas aqui, neste baixo mundo, a reunificação não pode se produzir. É preciso esperá-la, aguardá-la, como se espera o fim do mundo carnal. Preparar-se para isso. Abstendo-se. Renunciando a continuar por mais tempo essa busca inútil pelo ato sexual, por essas posturas grotescas, esses gestos frenéticos, como os dos danados. Da cópula paradisíaca o casamento do homem e da mulher é um simulacro irrisório. De novo, ele é condenado.

A condenação do casamento ficou mais nítida ao longo do século X enquanto, no desmoronamento da ordem carolíngia, a vaga do monaquismo crescia pouco a pouco até fazer submergir todo o corpo eclesiástico. Quem são os monges, os puros, senão os "eunucos" dos quais Jesus fala? Eles cortaram, por si só, toda sexualidade: Eudes de Cluny, obcecado pela mácula, não cessa de repetir que, sem o sexo, o domínio do homem pelo demônio seria menos assegurado. No extremo fim do século X, Abão, abade de Saint-Benoît-sur-Loire, chega a fazer coincidir a hierarquia social e a escala das perfeições espirituais, na qual se sobe os degraus libertando-se do sexo. Os bons monges não são apenas continentes, eles são virgens. São eles que chegam em primeiro lugar. E, já que estão no primeiro lugar no cortejo que conduz a humanidade em direção à sua salvação, aqueles que seguem devem imitá-los. Quanto a esses homens e essas mulheres, desprezíveis, que decidiram se casar, encontram-se tão longe, no fim da procissão, mal saídos das trevas, que é difícil distingui-los daqueles que simplesmente fornicam. Adúltero ou não, o casamento pertence ao mal. Ouve-se, proferida novamente, a palavra de são Jerônimo: "Quem amar demais sua esposa é adúltero". Se querem se aproximar do bem, os cônjuges devem se separar. Muitos o fazem, arrastados pela corrente cada vez mais viva que, na espera do fim do mundo, conduzia à penitência.

Enquanto o desprezo pelo mundo e a recusa da carne se propagavam a partir dos mosteiros reformados, a vontade mais afirmada de se lavar de toda mácula explica, sem dúvida, que a proibição do incesto, formulada discretamente no século IX, tenha sido repetida cada vez mais alto nos concílios francos ulteriores. O de Trosly, em 909, para evitar os casamentos consanguíneos, convida a investigar atentamente se os futuros esposos não são parentes, e encarrega dessa *inquisitio* prévia um padre, necessariamente presente por isso nas cerimônias de esponsais. No concílio de Ingelheim, em 948, mesmas instruções: as famílias são exortadas a clarificar a lembrança de suas ascendências. Nesses anos começaram a se instalar lentamente os procedimentos que as cartas de Ivo de Chartres revelam: solicitar a memória genealógica, contar os graus de parentesco, comprová-lo por juramento.

O que se sabe da angústia dos homens que viam se aproximar o milésimo aniversário da Paixão de Cristo? Sabe-se, pelo menos, que se intensificou então o movimento penitencial. Raul Gabler, excelente testemunha, já que, como todos os seus contemporâneos, atribui aos fatores espirituais uma influência decisiva, insiste fortemente sobre o caráter de abstinência do movimento pela paz de Deus. Nas grandes assembleias, reunidas nos prados em volta das relíquias dos santos, onde se comprometiam a limitar as violências, a necessidade de reprimir todos os impulsos da carne e do sangue era proclamada ao mesmo tempo. Os prelados que conclamavam a depor as armas, a jejuar, conclamavam pela mesma voz a conter a impetuosidade do sexo. Para Glaber, com efeito, a desordem do mundo procede desse movimento luxurioso que se vê afetando tanto o alto clero quanto a nobreza. Para desarmar a cólera do céu, para que se refaça a aliança entre Deus e os homens, é importante se purificar. Renúncia. Mais do que nunca é preciso controlar o casamento. Remédio para a concupiscência, o casamento é, para Abbon, a forma mais elementar, o degrau mais baixo da ascese. E ainda seria preciso que o casamento fosse vivido como um exercício ascético.

Para seguir de perto a história de certa moral e a de certa prática em suas relações com a história das estruturas materiais, escolhi partir desse momento do início do século XI. No sentido mais forte da palavra, ele é crítico: a crise é essa verdadeira revolução que fez se instalar, com barulho e furor, o que chamamos de feudalidade. Esse abalo social, toda essa perturbação que os concílios de paz, que as macerações coletivas aspiravam conjurar, permaneceu, no entanto, mascarado durante o primeiro quarto do século XI pelo que sobrevivera das estruturas políticas e culturais carolíngias. Aparentemente, passados o choque das incursões normandas e a degenerescência dinástica, até produziu-se como um renascimento do carolíngio: essa época de ansiedade talvez tenha sido vivida como uma espécie de retorno à ordem monárquica. É, pelo menos, a impressão que deixa a leitura de Raul Glaber. Mostra a cristandade do ano 1000 levada à sua salvação por dois guias associados: o rei da França, Roberto, e o rei da Alemanha, Henrique. Os outros soberanos quase não contam: o povo franco conduz sempre a marcha da história. Esses dois reis têm o mesmo sangue, primos em primeiro grau; têm a mesma idade, com a diferença de poucos meses: no ano 1000, terão 27 ou 28 anos. Trabalham em concerto para a boa organização da sociedade cristã. Escolhi um depois do outro, Henrique, depois Roberto, para guiar os primeiros passos desta pesquisa.

SÉCULO XI

III
O casamento segundo Bourchard

Henrique foi apresentado como um modelo de esposo cristão. Pela maneira exemplar que tinha vivido o casamento, foi venerado como um santo. Muito mais tarde, é verdade: o papa cisterciense Eugênio III o canonizou em 1146. Nessa ocasião, escreveram sua biografia. Esse texto revela, por consequência, a concepção que alguns clérigos tinham do casamento no século XII, não no ano 1000. Mais recente ainda é a imagem oferecida de sua esposa, Cunegunda. De 1200 datam sua *Vita* e a bula que a canonizava.[1] Lê-se aí o elogio da castidade conjugal absoluta. Cunegunda, está escrito, "consagrou sua virgindade para o rei dos céus e a conservou até o fim com o consentimento de seu casto esposo"; a biografia dessa célebre suposta virgem, "aqueles que se castram por causa do Reino dos Céus", e a bula de Inocêncio III relatam que, quando do processo de canonização, testemunhos, fundando-se "no renome e nos escritos", vieram

---

1 AASS, mar. I, 280.

afirmar que Cunegunda "tinha bem se unido maritalmente com santo Henrique imperador, mas nunca tinha sido conhecida carnalmente por ele"; a bula narra também o discurso que Henrique teria proferido em seu leito de morte, aos pais de sua esposa: "Eu a vos devolvo tal como vós a confiastes a mim, vós m'a destes virgem, e virgem eu a devolvo"; a bula, enfim, apresenta um milagre: suspeita de adultério, Cunegunda, para se desculpar, se submete ao julgamento de Deus, ao ordálio do ferro em brasa: ela caminhou sobre ele, descalça, sem se queimar.

Os primeiros traços dessa história de casamento branco não são anteriores ao final do século XI. A lenda, evocada particularmente por Leão de Óstia na crônica do mosteiro beneditino do monte Cassino, parece se ter formado entre os promotores da reforma eclesiástica. Ela traz um excelente testemunho sobre a imagem que se podia fazer então, nesses meios rigoristas, da ideal relação entre cônjuges. Mas, de tudo isso, nada é dito por aqueles que escreviam no tempo de Henrique e de Cunegunda, ou algum tempo depois de suas mortes. Nem Dietmar de Merseburgo, nem Arnaldo de Alberstadt fazem a menor alusão a isso. Quanto a Raul Glaber, longe de glorificar a castidade dos dois esposos, deplora a esterilidade da união deles. Esse acidente foi a origem da narração lendária. O imperador Henrique morreu sem filhos e a realeza germânica recaiu mais tarde a Henrique IV, a Henrique V, adversários encarniçados dos papas reformadores: contra eles foi celebrada a santidade do imperador do ano 1000.

Aqueles que a proclamaram teriam podido apenas sublinhar que o soberano não havia repudiado sua esposa estéril. Essa docilidade às injunções eclesiásticas começava a se tornar comum na metade do século XII. No ano 1000 ela era sinal de uma excepcional devoção. Com efeito, Henrique havia sido educado por homens da Igreja na catedral de Hildesheim; foi amigo dos grandes abades Odilon de Cluny e Ricardo de Saint-Vannes, que purificavam os mosteiros; herdando de seu pai a dignidade ducal na Baviera, tinha sido necessário que se casasse. Ele se decidiu tarde, com 23 anos; tivera muito cuidado para evitar o incesto, aceitando, para tanto, escolher mulher num nível inferior da *nobilitas*. Em 1002, quando os bispos tiveram de dar um sucessor a Oto III, o fato de que Henrique, seu primo em primeiro grau, não tivesse filhos depois de oito anos de casamento e se recusasse a se separar de sua esposa fazia dele um excelente candidato: a esperança de uma nova sucessão sem herdeiros seduzia os eleitores.

Subindo ao trono, Henrique regrou sua conduta a partir de uma concepção mística da função real cuja expressão soberba se vê nas obras de arte sacra que ele encomendou, os manuscritos dos Perícopes, o altar de ouro da Basileia e esse manto extraordinário cujos bordados, por ocasião das solenidades maiores, envolviam o corpo do soberano nas constelações do firmamento. Levado pela corrente milenarista, persuadido de ser o imperador do fim dos tempos, ele se dedicou, na espera do último dia, a restabelecer a ordem neste mundo, a restaurar a paz no seio do povo de Deus, a purificá-lo. Para cumprir essa missão, era importante que ele mesmo fosse muito puro, e isso o impediu ainda mais de repudiar Cunegunda. Conduziu a obra de renovação em conjunto com os bispos. Aumentou o poder temporal deles, deixando a eles, em suas cidades, as prerrogativas monárquicas. Teve cuidado em escolhê-los bem, pela sabedoria, entre os melhores clérigos de sua capela. Recrutava os homens mais capazes de cumprir suas tarefas pastorais, de reunir o rebanho dos leigos, de vigiar seus atos, de desviá-los do mal. Na iminência do Juízo Final, a política e a ética se confundiam.

Um de seus bispos, o de Worms, Bourchard, interessa diretamente à pesquisa que estou fazendo. De nobreza muito alta, de grande cultura, educado no mosteiro de Lobbes, na Lotaríngia, em região românica – e sentimos, sob o latim que ele maneja, a marca tenaz dessa primeira formação –, não monge, servindo a Deus no século, Henrique II, quando subiu ao trono, o encontrou estabelecido em sua catedral. Como os prelados carolíngios, ele se batia contra o mundo carnal; não lhe dava as costas; impedia seus cônegos de fugir para os mosteiros. Seu papel, ele pensava, era de reformar a sociedade cristã pela palavra, pelo sermão, por suas excursões de controle e de ensino através de sua diocese. Bourchard, entre 1107 e 1112, concluiu o instrumento de uma tal pastoral, um conjunto de textos normativos, o *Decretum*.[2] É por isso que me volto para esse prelado renano: a obra composta em sua catedral me permite penetrar nas trevas e perceber um pouco melhor as práticas do casamento.

Bourchard não trabalhou sozinho nessa compilação. Seu vizinho, o bispo de Espira, o ajudou; seu amigo, o bispo de Liège, lhe procurou a assistência de um monge de Lobbes. A obra, entretanto, numa época em que as sedes episcopais eram autônomas, em que a preeminência de Roma era apenas doutrinal, era pessoal: o bispo forjava para ele próprio, para sua própria ação, sua ferramenta, sem nenhuma intenção de constituir um código aplicável a toda a Igreja. Quando o prelado deve dar

---

2 Fournier, Le *Decretum* de Bourchard de Worms, *Revue d'Histoire Ecclésiastique*, 1911.

O cavaleiro, a mulher e o padre

um julgamento, punir, distribuir essas penitências que apagam o pecado neste baixo mundo, se é consciencioso, sente a necessidade de se referir a precedentes, às sentenças dos antigos, portanto, de ter à mão, para cada caso, um texto *auctoritativus*, como se dizia na época, que funcione como autoridade. Busca então nos livros que estão à volta dele; reúne fichas, classifica-as da maneira que lhe parece a mais cômoda; organiza, do modo que se convencionou chamar uma coleção canônica, um conjunto de "cânones" de preceitos tirados das Escrituras, das obras dos Pais da Igreja, das atas dos concílios e dos papas. Era antigo o uso desses manuais, estreitamente ajustados às necessidades de seus autores, mas podendo ser utilizados por outros.[3] Havia algumas décadas, eles tinham sido melhorados, particularmente na província em que Bourchard tinha estudado. Adquiria-se o hábito de decupar os grandes textos regulamentares, de repartir sistematicamente esses trechos, de colocar, lado a lado, as disposições restritivas e permissivas, de recorrer amplamente, enfim, às decisões dos concílios recentes, dos séculos IX e do X. Assim se apresenta a coleção de Bourchard de Worms: para cada caso, sob uma rubrica que expõe sumariamente as razões da escolha, há um pequeno dossiê capaz de ajudar o bispo, pela confrontação de autoridades discordantes, a corrigir com *discretio*, quer dizer, distinguindo prudentemente se lhe convém ser indulgente ou severo.[4] Livremente, pois não existe ainda legislação geral.

---

3 Fransen, *Les Collections canoniques*.

4 Chiovaro, Discretio pastoralis et scientia canônica au XIe siècle, *Studia Moralia*, v.15, p.445-68, 1977.

Bourchard é, com efeito, muito livre; ele recorta segundo seus próprios critérios os escritos anteriores. Vai mais longe? Marc Bloch o critica por isso: "A coletânea canônica, compilada entre 1008 e 1012 pelo santo bispo Bourchard de Worms, pulula de atribuições enganosas e de remanejamentos quase cínicos".[5] Com efeito, decisões recentes são, por vezes, colocadas sob a responsabilidade de autoridades veneráveis; aqui e ali palavras são suprimidas, acrescentadas, para tornar o enunciado mais preciso, acomodá-lo. Pode-se falar de cinismo? Simplesmente, a época não professava um respeito cego para com à letra. Importava-lhe o espírito do texto, aquele que a própria época lhe atribuía. E Bourchard se preocupava com a eficácia prática. Por meio de pequenos empurrões, ele aperfeiçoava o instrumento, reservando-o para empregá-lo do melhor modo possível, com fé e caridade.

Não tardou para que, ele lhe fosse tomado de empréstimo. O manuscrito do *Decreto* foi copiado. As cópias, retocadas para se adaptarem às condições locais, se expandiram por todos os lados nas bibliotecas episcopais; elas serviram até meados do século XII, antes que se difundisse a coleção de Graciano. Seu sucesso foi imenso no Império, na Alemanha, na Itália, mas também na Lotaríngia. A partir dali, ganhou a França do Norte. O *Decreto* teve ali um emprego corrente: Ivo de Chartres foi buscar nele grande parte de suas referências. Esse texto sustentou, portanto, a reflexão e a ação dos dirigentes da Igreja na região sobre a qual trabalho. É por essa razão que eu o considero. E ainda com mais atenção por dar grande espaço ao casamento.

---

5 Bloch, *La Société féodale*, p.142.

Ele aparece desde as primeiras páginas, no capítulo 94 do livro I. Nesse ponto, Bourchard trata do sistema de delação que ele instituiu na sua diocese para preparar as visitas pastorais. Em cada paróquia, sete homens eleitos se empenham por juramento a denunciar os delitos ao bispo quando ele vier. Para ajudar esses jurados a levar a bom termo essa *inquisitio*, Bourchard estabelece a lista das questões que eles devem fazer a si próprios e a seus vizinhos.[6] Oitenta e oito infrações estão assim classificadas por ordem de gravidade decrescente, desde o homicídio até faltas muito veniais, como não ter oferecido o pão bento. As catorze primeiras interrogações concernem ao assassinato, falta maior e que, pelo cruzamento das vinganças que provoca, abala profundamente a ordem social. Mas, logo depois, no segundo nível, estão as 23 questões, mais de um quarto do conjunto, que se referem ao casamento e à fornicação. Aqui ainda, partindo do mais grave, o adultério (questão 15), para chegar (questão 37) a esta suspeita: tal homem não teria favorecido o adultério em sua casa ao não vigiar de perto o bastante as criadas ou as mulheres de sua família – negligência leve, rapidamente desculpada pela obrigação, esta primordial, de tratar da melhor maneira possível seus hóspedes. Revela-se assim uma escala regressiva de culpabilidade. O mais culpado é o homem casado que toma a mulher de um outro; menos é aquele que mantém em casa uma concubina; vêm depois aqueles que repudiam e se casam de novo, depois aqueles que apenas repudiam. De consequência bem menor, a simples fornicação vem depois: dois graus ainda – um dos parceiros é casado, ou nenhum o é. Muito venial, enfim, pois muito frequente nas casas cheias de camareiras, o

---

6 PL, 140, 573-9.

jogo ao qual se entregam juntos adolescentes e mulheres solteiras. A primeira exigência, como vemos, é a monogamia: a atenção repressiva diminui desde que a união conjugal não está mais em causa. O casamento é concebido como um remédio à cobiça sexual. Ele ordena, disciplina, mantém a paz. Por ele, o homem e a mulher são afastados da região onde se copula livremente, sem regra, na desordem. As questões seguintes referem-se ao rapto, sobre a ruptura da *desponsatio*, sobre o incesto – espiritual, primeiro (segundo essa hierarquia, o espírito precede a carne): casar-se com sua comadre ou com sua afilhada, de batismo ou de crisma; depois carnal –, sobre as cópulas contra a natureza e, por fim, bem embaixo na escala, sobre a prostituição. Se acrescentarmos o que, em outras partes do questionário, se refere ao assassinato do cônjuge, ao aborto, ao infanticídio, às maquinações pelas quais as mulheres esperam ganhar o coração de seus maridos, ou então impedi-los de procriar (a questão relativa às manobras anticoncepcionais ou abortivas intervém a propósito do homicídio, mais abaixo na lista, antes do assassinato de um escravo e do suicídio, mas – a hierarquia é reveladora – depois do parricídio, que aparece em primeiro lugar, o assassinato de um padre, o de seu próprio filho, o de seu cônjuge), são trinta questões, dentre 88, que têm relação com a sexualidade. No cerne da noção de pecado, de mácula, depois do sangue derramado, mas antes das "superstições", está o sexo. No cerne do dispositivo de purificação está o casamento.

Esse questionário tem intenção moral: ele pretende esclarecer as consciências e, designando onde está o mal, manter nelas o sentimento salutar do pecado. Tem também intenção policial: serve para descobrir os delinquentes para que sejam castigados pelo bispo. O bispo escolherá a pena, consultando os textos normativos que formam a maior parte do *Decreto*. Essa obra é monumental: espécie de catedral que repousa sobre a ideia de um progresso em direção à salvação. Vinte seções marcam o caminho que leva da terra ao céu. As cinco primeiras tratam dos homens incumbidos de guiar a marcha, de reprimir, corrigir: o bispo e seus auxiliares, padres e diáconos, depois do cenário da ação purificadora: a paróquia; por fim, dos instrumentos dessa ação: os dois sacramentos que o clero distribui, o batismo e a eucaristia. No ponto de chegada: o *Liber speculationum*, meditação grandiosa sobre a morte e o além, imediatamente precedido pelo capítulo mais longo, número 19, intitulado, segundo os manuscritos, *Corrector* ou *Medicus*. Aqui se encontra justamente a chave do outro mundo, os remédios que preparam para a boa passagem, capazes de curar de suas últimas fraquezas aquele que vai se apresentar não mais diante desse homem, o bispo, mas diante da luz de Deus. Essa lista de remédios não é, como era o interrogatório prévio dos paroquianos, diretamente destinada aos pecadores. O pecador não pode curar a si próprio. O livro XIX oferece aos que corrigem, ao prelado e seus ajudantes, uma lista de sanções, um penitencial.

Pode ser que, na efervescência do milenarismo, essa parte do *Decreto* parecesse a mais útil, e, em primeiro lugar, ao próprio autor. Bourchard de Worms, com efeito, ao redigir o prólogo de toda a coleção, retomou o prólogo de um penitencial precedente. Tais listas de pecados, que estipulavam para cada um a punição compensadora, abundavam: facilitavam a tarefa dos pastores. Em demasia. Evitavam que eles pensassem. Em 813, o concílio de Châlon tinha advertido contra esses pequenos livretos, "cheios de erros e de autores incertos". Eram, entretanto, indispensáveis por causa das formas que a penitência tomava ainda e das funções que ela preenchia na cristandade do ano 1000.[7] Para expiar sua falta, o pecador devia, durante um tempo determinado, mudar de vida, se "converter", se transferir para um setor particular da sociedade e manifestar sua conversão por sinais ostensivos – se conduzir, se vestir, se alimentar de outro modo. Ao dar, com esse comportamento, satisfação à sociedade, assim liberada do membro podre que arriscava contaminá-la, a penitência contribuía para a ordem social, para a paz. Trabalhando para reformar a sociedade, Bourchard quis compor um *bom* penitencial. Ele conclui sua obra por esse instrumento de renovação.

Entre o prelúdio eclesiástico, sacramental, e esse fim, estão classificados os textos canônicos referentes aos costumes do povo leigo que, na revivescência do espírito carolíngio, o bispo, em concerto com o rei, tem a missão de retificar. A ordem seguida me parece ir do público ao privado. No início são elencados os casos que, rompendo ruidosamente com a paz, necessitam das solenes purificações, das quais o bispo é o administrador. São os casos de sangue: o *Decreto* trata, em primeiro lugar (livros VI e VII), do homicídio e do incesto. Mais adiante, o bispo é requerido para intervir na qualidade de protetor titular de alguns grupos mais vulneráveis: primeiro, esses penitentes profissionais, cuja "conversão" é definitiva, os monges e as monjas (livro VIII), depois as mulheres que não são "consagradas" (livro IX). Aqui se fala do casamento, a propósito, notemos bem, do feminino, zona de fraqueza do edifício social. Das mulheres, passamos imediatamente às encantações,

---

7 Vogel, *Le Péché et la pénitence au Moyen Âge*.

O cavaleiro, a mulher e o padre

aos sortilégios, daí ao jejum, à intemperança, tudo isso (livros X a XIV) referindo-se, não de tão perto, à ordem pública. Nos casos enumerados em seguida (livros XV e XVI), o bispo não age senão como auxiliar, como conselheiro dos príncipes temporais. Enfim, no mais privado, no mais íntimo, pouco antes do penitencial, são postos os textos que reprimem a fornicação. Considero muito notável que uma tal disposição separe tão nitidamente o que concerne à relação entre cônjuges do que concerne à sexualidade. É, na minha opinião, a prova de que o bispo Bourchard, na tradição de Incmaro e de seus predecessores carolíngios, considera primeiro o casamento no âmbito da sociabilidade. O prelado é convidado a cuidar dele como mantenedor da ordem pública. A instituição matrimonial aparece sob a mesma luz no livro XIX, o *Medicus*.

Trata-se ainda de uma série de questões. Mas a inquisição não alcança mais o conjunto de uma comunidade paroquial; ela não é pública; ela é interior, pessoal: é um diálogo entre o confessor e o penitente. Muito breve, deste jeito: "Fizeste isto? Mereces aquilo", de vez em quando com uma explicação curta que mostra a gravidade do ato. Ao interrogatório comum acrescenta-se um suplemento dirigido às mulheres. Tratando-se delas e de pecados, é bom ir mais longe na inspeção. Bourchard de Worms está persuadido: o homem e a mulher constituem duas espécies diferentes, a feminina sendo fraca e flexível, e não devendo ser julgada como se devem julgar os homens. O *Decreto* convida decerto a levar em conta a fragilidade das mulheres: "A religião cristã condena da mesma maneira o adultério de ambos os sexos. Mas as esposas não acusam facilmente seus maridos de adultério e não têm a possibilidade de obter vingança. Enquanto os homens, por sua vez, têm o costume de arrastar suas mulheres diante dos padres por causa de adultério".[8] O *Decreto*, sobretudo, conclama incessantemente a levar em conta a perfídia feminina; naturalmente enganadora, a esposa deve ser mantida, mesmo na justiça, sob estreita tutela de seu homem: "Se, depois de um ano ou seis meses, tua esposa diz que tu não a possuíste ainda, e se tu dizes que ela é tua mulher, devemos acreditar em ti porque és o chefe da mulher".[9] Nem o peso, nem a medida poderiam ser os mesmos. Por essa razão, o *Medicus* escruta de modo mais atento a alma das mulheres. O "médico", o "corretor", é um homem. Esse anexo do penitencial apresenta o interesse de mostrar como, nesse tempo, os homens viam a mulher.

Aos olhos deles, ela é a própria frivolidade, tagarela na igreja, esquecida dos defuntos por quem deve orar, fútil. Ela leva a inteira responsabilidade do infanticídio, porque o cuidado da prole cabe apenas a ela. Uma criança morre? Foi a mãe que a suprimiu, por negligência, verdadeira ou fingida, e essa questão é esmiuçada, por exemplo: "Não deixaste teu filho perto demais do caldeirão de água fervente?". O aborto, é claro, é caso de mulher. Assim como a prostituição. Elas estão, como se sabe, prontas a vender seus corpos, ou então o corpo de suas filhas, sobrinhas, ou de outra mulher qualquer. Pois são luxuriosas, lúbricas. Nada figura no interrogatório referente ao prazer conjugal. As questões, ao contrário, se avolumam no que diz respeito ao prazer que a mulher pode ter sozinha, ou com outras mulheres, ou com crianças novas. Nesse mundo dela, o gineceu, o quarto das aias — esse universo estranho, inquietante,

---

8 PL, 140, 828.

9 PL ,140, 967.

do qual os homens são afastados, que os atrai e onde imaginam que ocorrem perversidades das quais eles não aproveitam. Atingimos, ao fim desse questionário, ainda o mais secreto. Pois o texto do penitencial foi construído com um plano parecido com o da coleção canônica: vai do público ao privado. No interrogatório comum aos dois sexos, as faltas que ressoam na ordem social, o homicídio, o roubo, o adultério e o incesto precedem os delitos que se cometem o mais das vezes dentro da casa, a fornicação fora do casamento, a magia, a intemperança, a irreligiosidade. E as penas são mais ou menos pesadas se o pecado abala ou não a paz pública.

A imagem menos confusa do sistema de valores ao qual se refere Bourchard – o qual, por discrição e por cuidado de eficácia, busca certamente se manter o mais perto da moral comum – é fornecida pela tarifa das penitências. A hierarquia das penas corresponde à hierarquia das faltas. Se o pecador é julgado mais ou menos culpado, a abstinência que lhe é imposta é mais ou menos severa, e a duração da purgação, mais ou menos longa. As sanções, das quais o *Medicus* fornece a longa lista, podem, parece-me, se dividir em três categorias. A punição do primeiro grupo é jejuar a pão e água – e, é claro, suspender toda atividade sexual – durante certo número de dias consecutivos, a unidade do sistema sendo a dezena, com múltiplos e submúltiplos. A punição do segundo tipo dura muito mais tempo: a unidade é o ano. Mas ela é a princípio mais leve, a abstinência incidindo somente sobre o consumo da carne e sobre os jogos do amor. Por outro lado, ela é entrecortada, concentrando-se nas *feriae legitimae*, os "dias legais", durante os quais a Igreja conclama ao recolhimento: as três quaresmas, as quartas-feiras, sextas-feiras e sábados de cada semana. Enfim, o que talvez mais importe, a penitência é mais discreta: como os devotos se infligem, por religiosidade, as mesmas privações, o pecador pode se dissimular entre os penitentes voluntários. O terceiro tipo se impõe ao pecador durante sete anos, o que o texto, latinizando uma palavra de língua vulgar, romana, chama de *carina*, uma quarentena, uma quaresma suplementar: jejuar a pão e água por quarenta dias consecutivos. Distribuamos nesses compartimentos as infrações à moral matrimonial e sexual.

Exceto por raras exceções, são os delitos considerados menores e de caráter muito particular que a abstinência do primeiro tipo, os dez dias a pão seco e água, paga. Essa pena se aplica à masturbação masculina, quando é praticada a sós (a dois, é triplicada). Fato notável, a sanção que pune o solteiro fornicando com "mulher vacante", ou com sua própria criada, não é mais pesada. Se o casamento não está em causa, a indulgência é grande em relação aos pecadilhos sexuais masculinos: para um homem, é a mesma coisa se masturbar ou possuir uma jovem doméstica, com a condição de que nem ele, nem ela sejam casados. Mas, quando ele estiver preso na camisa de força matrimonial, precisa se comportar bem: a mesma penitência, dez dias de jejum, pune toda infração à castidade conjugal.[10] Do que se trata? Amar sua mulher com ardor demasiado? O texto, em outra passagem, precisa: inflige dez dias ao marido que conheceu sua esposa numa posição proibida, ou então quando ela tem suas regras, quando está grávida – e a punição é dobrada se a criança já se mexeu. Ela é quadruplicada, tornando-se então uma *carina*, se ele se aproximou dela num dia proibido – benevolente, a Igreja reduz a sanção pela metade se o homem estiver em

---

10 PL, 140, 968.

estado de embriaguez. A unidade de mortificação permanece, nesse caso, a dezena: a falta é, com efeito, cometida no segredo do quarto e da noite. Mas a "lei do casamento" é transgredida, e o marido muito vivaz parece quatro vezes mais culpado do que um solteiro que colhe seu prazer aqui e ali. Pois este tem desculpas: não dispõe de uma esposa legítima para combater seu ardor. O casamento é o remédio para a concupiscência. Ele afasta do pecado – e é possível observar, prestes a surgir, a ideia de que ele é um sacramento. Mas exige a disciplina. O esposo que não consegue se dominar merece uma correção severa. E ela o é; furar os olhos de um outro homem, cortar-lhe a mão, a língua, não leva castigo mais duro: quatro turnos de dez dias de penitência.[11] E é também a punição das mulheres, concubinas abandonadas por causa de uma esposa legítima que, vingativas, fazem sortilégios para, no dia de núpcias, extinguir a virilidade do antigo companheiro.[12] Meditemos sobre essas equivalências.

Na outra extremidade da escala, a sanção mais prolongada, uma quarentena durante sete anos, pune, além da bestialidade, de um lado o rapto, de outro, o adultério. Sete anos de quaresma para o esposo que entrega sua esposa a outros homens, o mesmo para o homem que toma a esposa de outro ou uma monja, esposa de Cristo (se o faltoso, por acaso, for casado, a penitência é dupla; não porque o adultério seja duplo e o macho seja julgado o único responsável – é que ele tinha, à mão, com o que "acalmar a *libido*".[13] A mesma lógica inflige cinco dias de jejum ao homem casado que acaricia seios femininos, dois apenas para

---

11 PL, 140, 955.
12 PL, 140, 975.
13 PL, 140, 957.

o solteiro). Pelo rapto, pelo adultério, a atividade sexual masculina fere, com efeito, os ditames sociais. Os raptores de mulheres quebram os pactos conjugais. São os culpados desses crimes públicos que criam o ódio entre as famílias, suscitam retaliações, maculam a comunidade, dilaceram-na. É natural exigir deles uma penitência que os designe duravelmente aos olhos de todos. Inflige-se a mesma penitência que para o homicídio: da mesma maneira, ele rompeu a paz. De modo evidente, o código eclesiástico se encontra calcado sobre o código da justiça real. Nós o observamos com bastante clareza em todos os empréstimos que o *Decreto*, a propósito dessas faltas, toma dos capitulares carolíngios. O casamento, com efeito, apresenta duas faces. Uma voltada para a moral sexual, a outra, para a moral social, mas esta estende sobre aquela o seu domínio: se a sexualidade dos esposos é o objeto de uma vigilância mais atenta, é porque esses homens e essas mulheres se estabeleceram, ao se casar, no setor ordenado da sociedade.

A penitência da segunda categoria, intermediária, convém a infrações cometidas em privado, no interior da casa, mas que parecem mais malignas. Assim, ela serve principalmente para corrigir os pecados femininos. A graduação, ascendente, parte da unidade, o ano, que pune a masturbação — se a mulher é mais rudemente castigada do que o homem quando ela toma sozinha um prazer infecundo, é porque foge assim da dupla maldição do Gênesis, aquela que a condena a se submeter ao masculino e a dar à luz com dor? Ela abrange o infanticídio (doze anos). De grau em grau se passa do aborto, antes que a criança tenha se mexido, à negligência (asfixiar, sem querer, a criança em sua cama ao se virar durante o sono: três anos), à prostituição (seis anos). O mesmo gênero de pena se aplica também, por vezes, aos homens, aos sodomitas, àqueles que fornicam com parentes na casa familiar, àqueles que confiam nos sortilégios das mulheres. Do lado masculino, dessa maneira são expurgadas as faltas que conduzem o homem à moleza, que o desvirilizam, retiram-lhe sua *virtus*, fazem-no decair, adentrar o domínio das mulheres. Não há nada nas penitências desse tipo que toque diretamente no casamento.

Do *Decreto*, retenho alguns traços de costumes e de moral. E, em primeiro lugar, que o incesto é colocado inteiramente à parte. É tratado num capítulo especial, o sétimo, em que são reunidos todos os cânones dos concílios francos que proíbem a união entre os parentes aquém do sétimo grau de consanguinidade. Se um casal tiver tal laço de parentesco posto publicamente em evidência, os dois esposos devem comparecer diante do bispo e se comprometer por um juramento cuja fórmula é esta: "A partir desse dia, eu não me unirei mais com essa parente; eu não a terei nem pelo casamento nem pela sedução; não compartilharei mais sua refeição, não ficaremos mais sob o mesmo teto, exceto na igreja, ou num lugar público, diante de testemunhas",[14] são as próprias palavras que Filipe I e Bertranda tiveram de pronunciar antes de serem liberados da excomunhão, lançada sobre eles, como eu já disse, por incesto. Ruptura, e possibilidade de o homem e a mulher assim separados se casarem novamente com a permissão do bispo. O casamento incestuoso é, portanto, considerado nulo, não realizado. Não é um casamento. Não existe. É como se as carnes não se tivessem misturado para se tornar uma só, como se o parentesco do sangue

---

14 PL, 140, 784.

tivesse imposto um obstáculo a essa confusão. O incesto se situa numa outra vertente da moral.

As relações sexuais entre consanguíneos, contudo, oferecem oportunidade a uma mácula que é preciso limpar por penitência. A cópula entre parentes – não seu casamento, posto que ele é impossível – é tratada no livro XVII, consagrado à fornicação. Os textos reunidos provêm, eles também, dos concílios carolíngios, Verberie, Mogúncia, Trebur. Proíbem ao homem possuir a irmã ou a filha de sua esposa, a esposa de seu irmão, a *sponsa*, a moça prometida, já cedida a seu filho. Esses delitos reaparecem no penitencial, completados por penas do segundo tipo. A atenção com a qual esses erros domésticos são considerados no *Medicus*[15] incita-nos a representar a intimidade da casa aristocrática como uma área privilegiada do jogo sexual. Fora do quarto dos esposos, um espaço privado se estende, cheio de mulheres que é possível agarrar facilmente, criadas, parentes, mulheres ainda "disponíveis", um campo largamente oferecido ao desbridamento masculino. Nesse pequeno paraíso fechado, os homens, novos Adãos, os jovens, os menos jovens e, em primeiro lugar, o patrono, o chefe da casa, garantido em seus direitos, são, sem cessar, submetidos à tentação. É a cunhada que invade sub-repticiamente a cama, ou então a sogra, ou essa obsessiva futura nora, acolhida antes das bodas. As mulheres são retratadas aí como perversas, elas pervertem os varões. Vamos vê-las primeiro como presas. Na casa, a virgindade parece frágil. A um custo mínimo? Essa questão, proposta como sempre ao homem só quando se trata de um divertimento entre os dois sexos: "Corrompeste uma virgem? Se não é tua esposa, de

---

15 PL, 140, 966.

maneira que simplesmente violaste as bodas, um ano de abstinência. Se não te casas com ela, dois anos". Só isso.

Bourchard compôs um manual que serve para julgar, não um tratado de moral. Ele não admoesta os leigos. Exceto para dosar as penitências de acordo com a intenção dos maridos que infringem algumas proibições formais por questões de calendário ou de posturas, em matéria de casamento, não fala de sexo. Porém, nas entrelinhas, transparece um pouco das relações entre os esposos. Nós as adivinhamos quando Bourchard evoca os encantamentos, os casos de sortilégios das mulheres, sempre um pouco feiticeiras, fracas, empregando procedimentos dissimulados. O objetivo de tais manobras é agir sobre o amor, "transformar o ódio em amor, ou, inversamente, a *mens* do homem".[16] *Mens?* É, de fato, o espírito, o sentimento? Trata-se antes dessas pulsões que conduzem ao ato. As mulheres são suspeitas de empregar tais encantamentos por vezes fora do casamento; quando o *amator*, o amante, se prepara para bodas legítimas, aquela que foi sua concubina, ciumenta, faz de tudo para extinguir seus ardores. Mas, mais frequentemente, são procedimentos de esposas cozinheiras, preparando pratos ou bebidas capazes de governar o ardor de seus maridos. Acontece de empregá-los para que enfraqueçam as forças do homem e, assim, elas se furtam às maternidades. Bourchard nos faz ver mulheres untando, com esse objetivo, o corpo com mel, rolando na farinha, cozinhando com esse trigo os bolos destinados a seu marido importuno.[17] Mais frequentemente, essas práticas tendem a atiçar o fogo viril. Pois, como se sabe bem, as mulheres

16 PL, 140, 961.
17 PL, 140, 975.

são insaciáveis. A moral — essa moral de homens assombrados pelo medo da impotência e que, o penitencial o atesta, preocupados em se revigorar, se associam por vezes a essa magia — é então mais flexível. Dois anos apenas de abstinência caso se trate de pão amassado nas nádegas nuas da esposa, de peixe asfixiado no seu seio, mas cinco anos se o sangue menstrual foi despejado na taça do marido, e sete anos quando o esperma marital é bebido.

De toda forma, o casamento é essencialmente visto sob seu aspecto social. Bourchard se preocupa em expulsar a mácula. Porém, mais que tudo, em manter a ordem e a paz. Ele coloca então, no início do livro IX, as definições que distinguem o casamento legítimo do concubinato. Insiste sobre a publicidade das bodas. E o penitencial prevê uma pena — leve, privada, um terço do ano de abstinência — para aquele que tomou mulher sem dotá-la, sem ir com ela à igreja "para receber as bênçãos do padre, como está prescrito nos cânones".[18] Bourchard defende o casamento ostentoso. Mas passa rapidamente sobre o ritual da bênção, como, aliás, sobre a obrigação dos noivos de permanecerem castos nas três primeiras noites depois das bodas. São requintes de devoção. Na época, estão longe de os exigir de todos.

Igualmente breve é a alusão ao consentimento mútuo. O acento é posto no acordo entre as duas famílias. E, já que "os casamentos legítimos são ordenados pelo preceito divino",[19] convém que o acordo seja concluído na sacralidade, ou seja, na paz que vem de Deus. Toda violência deve ser banida, como toda atitude insidiosa. Quando a moça foi subtraída de sua família sem acordo prévio, por rapto ou sedução, roubada, o casal deve

---

18 PL, 140, 958.
19 PL, 140, 953.

O cavaleiro, a mulher e o padre

ser definitivamente separado. Ora, a propósito do *discidium*, da ruptura solene, oficial, e das possibilidades de segundo casamento, a propósito da indissolubilidade, Bourchard demonstra grande flexibilidade. Sabe bem que rigor demais contrariaria as relações sociais. Os textos reunidos autorizam, portanto, o prelado a dissolver, além das incestuosas, muitas outras uniões. A decisão cabe a ele, depois de, empregando a virtude da discrição, meticulosamente ponderar o que há de mau no casal. É claro, ele considera em primeiro lugar o comportamento da mulher, da qual vem, geralmente, a malícia. As mulheres são fornicadoras por natureza e, quando são acusadas, diante dele, de adultério, ele se vê no direito de pronunciar o divórcio: o Senhor Jesus previu o caso. Mas as mulheres são principalmente pérfidas e o bispo deve ter cuidado para não ser ludibriado. Seria o caso dessas esposas que se apresentam clamando que o marido delas, sem dúvida muito velho, não está em condições de consumar o casamento. Ele, primeiro, deve ter com o homem. Se este negar, ela permanecerá em sua cama. É nele que se deve acreditar. Porém, se alguns meses depois a mulher renovar sua queixa, proclamar que quer ser mãe, se a impotência de seu marido ficar provada pelo "reto julgamento", quer dizer, pelo julgamento de Deus, o bispo será forçado a anular o casamento. Mas permanecendo vigilante: não há um cúmplice, um amante? Da mesma maneira, se a esposa vem acusar seu marido de adultério, deve tratar o homem como trata as mulheres e romper essa união maculada. Contudo, quem, de fato, vê mulheres reclamarem justiça ao bispo e livrarem-se de seus esposos? A iniciativa vem sempre dos machos. Devemos acreditar cegamente neles quando se queixam, quando acusam? Não estão incitados pelo desejo de outra mulher? Quantos, para pegá-las na falta, atiram nos braços de outro homem aquelas de que se cansaram? Quantos, para reclamar, sob pretexto de incesto, a dissolução de seu casamento, atraem para sua cama a cunhada ou a enteada? Quantos se dizem bloqueados diante de sua esposa, incapazes de possuí-la?

Se o bispo tem o direito, e por vezes o dever, de romper os laços conjugais, ele é menos livre para permitir àqueles que ele desuniu que contraiam, com o cônjuge vivo, uma nova relação. É aqui que a discrição é necessária. O bispo não deve esquecer que os homens são mais inclinados à poligamia, que têm o poder, a força física, o dinheiro e que, talvez menos maliciosos, dispõem de meios mais eficazes para obter a separação legal e satisfazer sua luxúria. E impõe menos dificuldades ao segundo casamento das mulheres, pois não é prudente deixá-las sem um homem que as vigie e as corrija: casadas, elas são menos perigosas do que essas mulheres insatisfeitas que, nas casas, levam ao estupro, ao adultério e desfazem os bons casamentos. Tem-se, sobretudo, o direito de impedir que se utilizem, com vistas a efetivar novas alianças proveitosas, essas esposas vítimas de um marido e legitimamente divorciadas? Sozinhas, as viúvas são suspeitas. Talvez tenham maquinado a morte do esposo. Caso estejam despidas de toda suspeita de assassinato e se preparem para se casar novamente, homens se levantam para afirmar que elas se entregavam secretamente àquele que vão lhe dar como marido. Pode-se permitir tais segundas núpcias? No concílio de Meaux, os bispos disseram que sim. Em Trebur, que não. O prelado escolherá. Mas, com relação aos homens que foram libertados de uma esposa, é preciso se mostrar muito mais rigoroso. Sua sabedoria o impede de consentir em uma nova união. Em particular, quando a razão do divórcio — e é o pretexto mais comumente encontrado – é o adultério da mulher. É tão fácil acusar. Na promiscuidade das casas nobres, os mexericos pululam: encontramos sempre esses ciumentos prestes a testemunhar que entreviram, ouviram. Como um homem, mesmo que se trate de um bispo, não os ouviria, persuadido que está do voraz ardor feminino? O santíssimo imperador Henrique, por um momento, não desconfiou da santíssima Cunegunda, obrigando-a a caminhar sobre o fogo? Entretanto, o bispo se lembra das palavras de Paulo: é preciso fazer tudo que seja possível para reconciliar os casais desunidos; é preciso preparar a oportunidade de reuni-los um dia, quando os rancores tiverem arrefecido. Nada de casamento, portanto, para os maridos livres de sua esposa fornicadora, nem para aqueles que alegam o rapto de sua mulher ou a própria impotência. Mas, então, eles não correm o risco de arder por estarem privados do remédio à sua lubricidade? O perigo é mínimo: só o homem pode facilmente recorrer a essa forma depreciada da relação entre cônjuges que é o concubinato. Ele encontrará o conforto sexual. Ele estará apenas privado de verdadeiros herdeiros. Os preceitos episcopais contrariam menos os apetites pelo gozo do que as estratégias matrimoniais encetadas por interesses domésticos. Há, entretanto, no *Decreto*, dois motivos para um marido repudiar, não somente de modo legítimo, mas útil, de maneira a mudar de esposa. Se provar que sua primeira mulher atentou contra sua vida. Se provar que ela é sua parente.

Nesses dois casos, o tabu do sangue entra em jogo. Bourchard não se preocupava em limitar a liberdade sexual dos jovens varões. Não se preocupava com a continência. Para ele, o pacto conjugal unia menos indivíduos do que famílias. Isso direcionava sua atenção para os impedimentos da parentela – embora fosse muito consciente do uso perverso que o homem que não aguentava mais sua esposa poderia fazer de tal preceito. Mas sua primeira preocupação era a paz. Ele considerava o casamento a principal estrutura da ordem social. O espírito do *Decreto* é muito carolíngio. Vão me dizer, é germânico. O mosteiro de Lobbes, onde Bourchard tinha estudado, de onde lhe vieram referências e conselhos, não está situado na Germânia. Se as circunstâncias, se os problemas postos pela pastoral tivessem sido muito diferentes no norte do reino da França, os prelados dessa região teriam acolhido tão bem a coleção canônica reunida pelo bispo de Worms?

IV
Roberto, o Piedoso

Roberto, rei da França, tal como seu primo Henrique, não foi canonizado. Alguns de seus contemporâneos, contudo, se esforçaram para fazê-lo passar por uma espécie de santo. Isso é atestado pelo apelido com que ficou conhecido: *Pius*, o Piedoso. Atesta sobretudo o empreendimento do monge Helgaud, de Saint-Benoît-sur-Loire. Nos anos que seguiram a morte do soberano, escreveu sua biografia, análoga àquela que se fazia então para glória dos bem-aventurados.[1] Essa "leitura", proposta às pessoas da Igreja para dar suporte às meditações e para inspirar as predicações, descreve uma existência exemplar. Trata-se, sem cessar, das virtudes do rei, do poder que ele tinha de curar os doentes e o qual era devido a seus méritos. Sua "morte santíssima" abriu-lhe logo as portas do céu; ele reina ali; ninguém o igualou na santa humildade desde o santíssimo rei Davi. Humildade? É a maior virtude dos beneditinos. O rei Davi? O panegírico é construído. Claude Carozzi o mostrou, em volta

---

1 Helgaud de Fleury, *Vie de Robert le Pieux. Epitoma vitae régis Roberti pii.*

de um episódio central, a "conversão" do rei, que mudou sua vida, decidindo se conduzir até o fim dos seus dias como penitente. Queria assim pagar um pecado, o próprio pecado de Davi: uma infração contra a moral do casamento. Essa falta é discretamente evocada, mas é o centro exato da obra: ela constitui a articulação capital desse discurso.

Helgaud acaba de narrar os atos edificantes do soberano, de exaltar suas virtudes mundanas, o sentido da justiça, a generosidade, a mansuetude que Roberto comprovou no exercício do ofício real. Ele se refreia. Contra o elogio, "maledicentes" se levantaram: "Não, essas boas obras não servirão para a salvação do rei, pois ele não hesitou em cometer um crime, o do acasalamento ilícito, chegando a tomar por sua a mulher que era sua comadre e que, além disso, lhe era ligada pelo sangue". Notemos: o biógrafo não diz o nome dessa companheira ilegítima; ele fala de *copulatio*, não de casamento: trata-se, com efeito, de um incesto. Aos acusadores Helgaud responde: quem não pecou? Quem pode se gabar de ter "um coração casto"? Vejam Davi, o rei "santíssimo". Desenvolve então o paralelo: o "crime" de Davi consistia em concupiscência e em rapto; o de Roberto, de ter "agido contra o direito da fé sagrada". Davi cometeu um duplo pecado: o adultério e o assassinato de seu rival; Roberto, tomando a mulher que lhe era duplamente proibida, primeiro pela parentela espiritual, depois, pela parentela carnal. Mas Davi e Roberto foram, um depois do outro, curados, reconciliados, um por Natan, outro pelo abade de Saint-Benoît-sur-Loire. O rei da França reconheceu que sua "cópula" era detestável, confessou-se culpado, depois se separou dessa mulher cujo contato o maculava. Davi e Roberto pecaram, mas, "visitados por Deus, fizeram penitência". Como Davi, Roberto confessou sua

O cavaleiro, a mulher e o padre

culpa, jejuou, orou; sem abandonar o posto em que a providência o pusera, viveu como os monges, profissionais das macerações salvadoras. *Felix culpa*: alterando sua conduta, ele pôde avançar passo a passo rumo à beatitude. Por discrição, Helgaud não diz mais. De pronto, conta um episódio: o pai de Roberto, Hugo Capeto, saindo de seu palácio para ir às vésperas, viu, num canto, um casal ocupado com o amor; atirou sobre eles seu manto. Moral desse pequeno *exemplum*: glória àquele que não grita alto o pecado de outrem; essa discrição, a regra de são Bento a impõe, XLIV, 6: "Cuidar de suas feridas e daquelas dos outros sem as revelar, nem as tornar públicas". A obrigação de recato de Helgaud, boa testemunha, nos deixa com nossa curiosidade. Mais discreto ainda, Raul Glaber, outro beneditino, não diz absolutamente nada a respeito dos contratempos conjugais do rei da França. Embora, muito abertamente, Roberto tenha cometido não apenas incesto, mas adultério, tão culpado quanto seu filho Filipe I, se não mais: teve três esposas legítimas; quando se casou pela terceira vez, era possível que a primeira não estivesse morta; a segunda, de todo modo, bem viva, permanecia nos arredores, disposta a reconquistar o leito real caso se lhe apresentasse a oportunidade.

Em 988-989, logo depois da eleição de seu pai, Roberto, com dezesseis anos, associado ao trono, tinha recebido uma mulher. Ela se chamava Rozala; na casa em que entrava lhe deram o nome de Suzana. Três anos mais tarde, foi repudiada, mas viveu até 1003. Em 996-997, Roberto se casou com Berta. Ele a repudiou entre 1001 e 1006. Nessa data, tinha como esposa Constança, que lhe deu, no ano seguinte, seu primeiro filho legítimo. Pensou repudiá-la também, mas a mal-afamada Constança, uma virago impossível, violenta, não permitiu.

Essa sequência de acordos e de rupturas revela como se praticava o casamento numa grande casa, a dos duques da França, que mal tinham acabado de se tornar reis. E, primeiro, é o pai, chefe da família, quem casa. Quando Roberto, com 19 anos, repudiou a esposa que Hugo Capeto lhe tinha escolhido, talvez estivesse manifestando por esse gesto sua independência: chegava à idade de homem e seus camaradas o encorajavam a sacudir o jugo da autoridade paterna; muito mais tarde, quando ele se queixava de filhos indóceis, o abade Guilherme de Volpiano lhe lembrava de que ele havia feito o mesmo na idade deles. Entretanto, uma coisa é certa: para ir mais longe, para tomar outra mulher legítima e ele próprio a escolher, esperou que seu pai estivesse no leito de morte. Tinha então 25 anos.

Outro aspecto: a vontade de tomar por esposa uma mulher pelo menos de categoria igual. Portanto, saída da "ordem dos reis". Com efeito, em 987, entre os argumentos apresentados pelos partidários de Hugo Capeto contra seu concorrente ao trono figurava este: Carlos da Lorena tinha "tomado na ordem dos vassalos certa mulher que não lhe era igual. Como o grão--duque [Hugo] teria suportado ver rainha, e o dominando, uma mulher saída de seus vassalos?". Essa necessidade obrigava a procurar, e bem longe. Hugo Capeto lançou seu olhar para Bizâncio, solicitando uma filha do imperador. Teve de se contentar com Rozala; ela convinha: seu pai era o rei da Itália, Berengário, descendente de Carlos Magno. O sangue de Berta, a esposa que Roberto deu a si mesmo, era ainda melhor: ela era filha do rei Conrado da Borgonha, neta de Luís IV de Além-Mar, rei carolíngio da França ocidental. O *pedigree* de Constança era menos brilhante: seu pai era apenas conde de Arles — em verdade muito glorioso: tinha acabado de expulsar os sarracenos da Provença —,

O cavaleiro, a mulher e o padre

sua mãe, Adelaide (ou Branca), a irmã do conde de Anjou. Roberto havia se rebaixado a ponto de, como Carlos da Lorena, tomar mulher em casas vassalas? Não se sabe nada dos antepassados de Guilherme de Arles; talvez também fossem carolíngios. A mãe de Constança tinha sido, em todo caso, esposa do último rei carolíngio, Luís V – o qual, certamente, não teria acolhido em seu leito mulher que não fosse de bom sangue; seu marido a havia quase imediatamente repudiado, e o conde de Arles a retomara, sem que ninguém, aparentemente, tenha falado de adultério; mas ela havia sido "consagrada" rainha pelos bispos, e os efeitos de um tal rito não se apagam: Constança não foi, por essa razão, considerada filha de rainha? No século XIII tornara-se, na memória de Gervásio de Tilbury, a própria filha de Luís V; ele a teria cedido, junto com o próprio reino, ao filho de Hugo Capeto. Sem dúvida, os cronistas contemporâneos não atribuem uma origem carolíngia ou real a essa terceira esposa. Mas também não dizem nada a respeito de Rozala, de nascimento perfeitamente real. Dito isso, pode ser que, em 1006, a vontade de isogamia fosse menos viva.

Ela era contrariada pelo cuidado em não desposar parentes muito próximos. Hugo Capeto havia exposto a dificuldade ao Basileu: "Não podemos encontrar uma esposa de mesma categoria pela razão da afinidade que nos liga aos reis da vizinhança", e Henrique I, filho de Roberto, teve de buscar esposa em Kiev. Mas a consideração da categoria tinha prioridade. Roberto talvez fosse primo distante de Constança; ele o era seguramente de Rozala, em sexto grau, ou seja, dessa vez, no interior do campo de incesto tal como o definiam os bispos; a mais real de suas três esposas, Berta, era também a mais próxima: prima em terceiro grau. Notemos que o único parentesco cuja natureza pareceu, na época, capaz de provocar a anulação do casamento foi o de Berta: era evidente. Mas, para o filho do "usurpador" Hugo Capeto, unir-se à sobrinha de Carlos da Lorena valia transgredir a proibição.

Dessas filhas de rei, as duas primeiras tinham, antes, casado com condes, alianças normais: a estratégia dinástica levava a escolher a esposa do filho mais velho numa casa mais poderosa. Essas moças, portanto, não eram virgens, e ninguém se preocupou com essa imperfeição. Eram viúvas: Rozala, de Arnoul, conde de Flandres; Berta, de Eudes, conde de Blois. Pedidas nos primeiros dias de viuvez, o motivo da escolha era claro: por tais casamentos, o capetiano esperava seguir mantendo, se não a coroa, pelo menos o principado, o ducado da França. Uma parte estava perdida, abandonada aos chefes normandos, selvagens, mal evangelizados; o centro, em volta de Orléans e de Paris, permanecia firmemente seguro; em outros lugares, o conde de Flandres, os de Blois, os de Anjou, desenvolviam seus próprios poderes. Era necessário, no momento oportuno, ligar-se a um ou a outro por uma aliança. Era precisamente a esse fim que servia o casamento.

Hugo Capeto tinha apostado em Flandres. Quando morreu o conde Arnoul, seu filho mais velho era criança. A ideia foi, em 989, dar de padrasto a esse menino o herdeiro do reino. A tutela se revelou difícil. Arriscava-se, nesse negócio, perder o castelo de Montreuil, recentemente conquistado e cedido como dote a Rozala (ele foi, mais tarde, o dote da primeira esposa, também flamenga, de Filipe I; percebemos que certos bens patrimoniais tinham essa função: eram utilizados de geração em geração para dotar a esposa do chefe da casa). Rozala, inútil, foi repudiada "por divórcio":[2] a separação respeitou as

---

2 Richer, *Histoires*; MGH SS, III, 651.

formalidades, fora o fato de a família ter evitado perder Montreuil. Em 996, o urgente para o capetiano era segurar o que podia em Turena, resistir aos avanços do conde de Anjou e do conde de Blois. O primeiro era menos indócil; o segundo, mais poderoso e mais perigoso: Eudes havia obtido o condado de Dreux para permitir que seu senhor recebesse a coroa em 987; do lado de Orléans, todos os guerreiros eram seus vassalos. Felizmente, as duas casas condais se opunham. Na corte, o velho rei se inclinava para Anjou; seu filho, e adversário natural, para Blois. Quando Eudes de Blois morreu, em fevereiro de 996, o conde de Anjou atacou a cidade de Tours e, alguns meses mais tarde, libertado pela agonia de seu pai, Roberto se atirou sobre Berta, a viúva. Segundo o historiador Richer, ele foi, primeiro, seu "defensor" e, por essa razão, retomou Tours, depois se casou com ela, esperando dominar o condado de Blois como outrora dominara Flandres, pelos filhos, que mal eram maiores, de sua nova esposa. O mais velho não tardou a morrer; o segundo, Eudes II, tornou-se logo arrogante, incômodo, por suas intrigas tramadas até no cerne da casa real. Decepcionado, o soberano decidiu voltar à amizade angevina. Mudando de mulher: era, com frequência, desse modo que as alianças se alteravam. Repudiou Berta, tomou Constança; era prima em primeiro grau do conde de Anjou, Fulque Nerra. Eudes mantinha, na corte, seus partidários. Trabalhou para destruir o novo casamento e quase conseguiu. Sabe-se pelo que conta Oderanus de Sens.[3] Esse monge cronista era também ourives, muito orgulhoso de sua obra, o relicário de são Saviniano, ornado de ouro e gemas que o rei Roberto e a rainha Constança tinham

---

3 P., 100-2.

Georges Duby

oferecido em 1019; por esse dom, ele explica, o casal dava graças ao santo que outrora os tinha protegido: Roberto havia partido para Roma; Berta, "a rainha repudiada por causa de consanguinidade, o acompanhava, esperando, com o apoio de alguns indivíduos da corte do rei, ver todo seu reino lhe ser restituído por ordem do papa"; Constança, perturbada, orou; três dias depois lhe anunciavam o retorno do rei "e, a partir daí, Roberto amou sua esposa mais do que nunca, pondo todos os direitos régios em seu poder". Em 1022, o conde de Blois e seus amigos travaram um último ataque. Foi o caso dos heréticos de Orléans, excelentes padres, amigos da rainha. Foram queimados. Constança permaneceu. Todas essas intrigas demonstram que o casamento legítimo, numa sociedade que praticava largamente o concubinato, era antes de tudo o instrumento de uma política. Vê-se a esposa, a dama, ser deslocada como um peão, de casa em casa; o resultado da partida era importante; tratava-se de honra, de glória, de poderes.

Eu nada disse a respeito de uma preocupação maior: assegurar o prolongamento da linhagem pela fecundação de um filho legítimo. Essa preocupação poderia, por si só, explicar o comportamento de Roberto. Rozala tinha sido fértil: ela não era mais jovem quando o rei a recebeu; "velha demais", ela foi, diz Richer, rejeitada por isso. Berta tinha menos de trinta anos; havia demonstrado sua fecundidade; cinco anos depois do casamento, permanecia estéril; era uma razão forte o suficiente para se separar dela. A vantagem de Constança era sua juventude; ela pôs no mundo, sem tardar, dois meninos; feito isso, Roberto se sentiu completamente livre, em 1008-1010, para expulsá-la de seu leito, substituindo-a por Berta; por esse motivo, ele partiu para Roma; felizmente para a nova rainha, são Saviniano velava.

O laço matrimonial se desfazia, portanto, muito facilmente na corte da França, numa província menos atrasada do que era a Germânia de santo Henrique. Nós, historiadores, que vemos apenas o exterior, somos tentados a atribuir aos três casamentos sucessivos três motivos diferentes: Rozala talvez tenha sido escolhida porque era filha de rei; Berta, porque representava um trunfo maior no jogo apertado que se travava na região de Tours; Constança, porque era urgente dar um herdeiro à coroa. Do *ardor,** do incêndio do desejo, não temos o direito de dizer nada. Notável, em todo caso, é a liberdade que se tomou com relação aos ditames da Igreja. Qual foi a atitude de seus dirigentes?

Não notamos nenhuma reação vigorosa deles ao primeiro repúdio, nem ao primeiro novo casamento — adultério, no entanto, e formalmente condenado como tal por todos os cânones que Bourchard de Worms se preparava para reunir. O termo técnico, reprovador, *superductio*, que os cronistas viriam a usar abundantemente mais tarde, a propósito de Filipe I, não aparece então em lugar nenhum. O único eco de uma reticência se encontra na *História* escrita por Richer, um monge de Reims que não simpatizava muito com os usurpadores capetianos: "Da parte daqueles que eram de inteligência mais pura [pensava em seu mestre Gerberto], houve crítica sobre a falta de um tal repúdio". Crítica discreta, entretanto, e "sem oposição patente". Mais à frente, o cronista lembra também que Gerberto teria desaconselhado Berta a se casar com Roberto. É tudo. Nenhuma alusão à bigamia. As bodas foram solenes, consagradas pelo arcebispo de Tours assistido por outros prelados.[4] Os

---

* Em latim no original. (N. T.)

4 HF, X, 535.

adversários dessa aliança, como Helgaud, falaram somente da consanguinidade próxima demais. Num poema satírico, o bispo Adalberão de Laon, de língua afiada, zomba do conde de Nevers por ter ele, movido pelo interesse, aconselhado esse "incesto".[5] A palavra está lá.

De fato, não foi o adultério, mas o laço de parentesco que aqueles que quiseram dissolver esse casamento evocaram. Isso torna mais evidente esse traço da moral eclesiástica, que, insistindo, nessa época, muito fortemente na questão do incesto, tomando essa falta isoladamente, como o vemos no *Decreto* de Bourchard, a separa completamente dos problemas trazidos pela aplicação do preceito evangélico da indissolubilidade. Assim, foi "por ter, contra a proibição apostólica, desposado sua prima" que o rei da França e "os bispos que tinham consentido nessas bodas incestuosas" receberam a ordem, num concílio de 997, de romper a união.[6] Um ano mais tarde, em Roma, outro concílio que o imperador Oto III presidia decidiu que Roberto devia repudiar sua prima Berta, "com quem ele tinha se casado contra as leis", impondo-lhe, assim como à sua falsa companheira, sete anos de penitência, ameaçando-o de anátema se persistisse em seu pecado, suspendendo enfim os prelados culpados até que eles dessem satisfações. Não nos enganemos: essas medidas eram políticas. Queriam, na corte pontifícia, que o rei da França recuasse em duas frentes: que restituísse o arcebispado de Reims ao bastardo carolíngio outrora deposto por traição, e que deixasse de apoiar o bispo de Orléans contra os monges de Saint-Benoît-sur-Loire, que reclamavam a isenção do controle

---

5 Lot, *Études sur le règne de Hugues Capet et la fin du Xe siècle*, p.171, n.1.
6 MGH SS, III, 694.

episcopal. O conde de Anjou, diretamente lesado pelo casamento real, agia, aliás, por trás do pano: decidira, muito oportunamente, fazer uma peregrinação ao túmulo de são Pedro. Roberto ficou tocado: cedeu a respeito de Reims e da isenção. O legado pontifício lhe prometeu a "confirmação de seu novo casamento". Para bem marcar sua preeminência sobre os bispos da França do Norte, o papa manteve a sentença, mas por pouco tempo e sem acreditar nela. O rei conservou sua mulher; Archambaud, as funções de arcebispo de Tours. Não devemos confiar no grande quadro *pompier* que Jean-Paul Laurens pintou: o rei Roberto nunca foi excomungado. Repudiou Berta, mas pelo menos somente depois de dois anos, ou, sem dúvida, quatro ou cinco após o decreto do concílio de Roma, e por outros motivos. Helgaud talvez tenha razão, o rei se monaquizava, ele pensava mais em sua alma e tomava consciência de suas culpas: são fatos que escapam à observação do historiador, e não temos o direito nem de afirmá-los, nem de negá-los. Pelo menos, para justificar esse novo divórcio, foi retomado o bom pretexto: serem primos. Oderanus diz claramente: Berta foi repudiada "por razão de parentesco". Rompida a união incestuosa, cada um dos cônjuges tinha perfeitamente o direito de se casar de novo, o que fez o santíssimo Roberto. Mas, em 1008, em Roma, quando quis obter a anulação de seu terceiro casamento e a reconfirmação do segundo, ele rapidamente compreendeu que a cúria pontifícia jamais endossaria o que, dessa vez, corria o risco de parecer escandaloso até aos mais indulgentes.

Se acreditarmos em Helgaud, apenas alguns maliciosos ousavam duvidar, nos anos 1030, da santidade de Roberto. Ainda assim, não murmuravam senão a respeito de seu duplo incesto. Nada diziam de sua trigamia. Que bispo dessa região, com

Roma teimando, teria ousado proceder aos ritos de excomunhão contra o rei sagrado? O rigor se manifestou mais tarde, depois da metade do século, quando se começava a elaborar o projeto de reforma, vindo do sul, e quando se forjava a lenda da castidade do imperador Henrique II. A reprovação se avivou entre os precursores de Ivo de Chartres e do papa Urbano II. O primeiro que ouvimos é o asceta italiano Pedro Damião. Em uma carta ao abade Desidério de Monte Cassino, outro rigorista – portanto, entre 1060 e 1072 –, lembra que Roberto, avô do atual rei da França, foi punido por ter desposado sua parente: o menino que essa companheira ilícita pôs no mundo era dotado de "um pescoço e uma cabeça de ganso"; é descrita em seguida a cena que Jean-Paul Laurens representou: os bispos excomungando os dois esposos, o povo de bem aterrorizado, o rei abandonado por todos, afora dois pequenos valetes que se arriscavam a lhe dar de comer, mas jogavam logo no fogo tudo o que sua mão tinha tocado; tomado de angústia, assegura Pedro Damião, Roberto se liberou para contrair uma união legítima.[7] Essa narração, da qual não se sabe a fonte, foi retomada num fragmento de uma história da França escrita, sem dúvida, depois de 1110, no círculo do rei Luís VI. Este se encontrava discutindo o dote de viuvez a Bertranda de Montfort, para rebaixar seus meios-irmãos; deixava criticar livremente os defeitos de seu pai Filipe I, de fato excomungado e por causa de incesto; não proibia que a crítica se dirigisse a seu bisavô. Mais informado, o autor dessa narração quase oficial não fala somente de consanguinidade; confirma a relação de Helgaud, revelando que Roberto era também padrinho do filho de Berta; maculado com a anátema pelo

---

7 HF, X, 493.

papa, o rei se obstinou em seu pecado; o *amor*,[*] essa pulsão perversa, carnal, o tinha sob seu jugo; "a mulher deu à luz um monstro; aterrorizado, o rei foi obrigado a repudiá-la; ele e seu reino foram, por isso, absolvidos".[8] Vitória do céu, vitória também da Igreja. Ela era real na época em que esse texto foi escrito, na perfeita submissão do rei da França. Era necessário, ainda, no início do século XII, para obter dos leigos a obediência às ordens que emanavam do Todo-Poderoso e dos prelados, recorrer aos grandes meios: apostar em uma ansiedade escondida, decerto, no fundo de todas as consciências: o temor dos efeitos teratológicos da união consanguínea. Era, sobretudo, bem tarde que se celebrava essa vitória. Imaginária: Roberto, na verdade, não fora vencido.

---

[*] Em latim no original. (N. T.)
8 HF, X, 211.

V
Príncipes e cavaleiros

Roberto era rei, situado fora do comum pela liturgia da sagração, classificado nessa *ordo regum* de que fala Adalberão de Laon, a única categoria social, junto com a dos servidores de Deus, que apareceu como uma "ordem", ordenada à maneira das milícias celestes, por moral particular. Roberto, chamado de Piedoso, foi, contudo, apesar da Igreja, incestuoso e trígamo. Não é surpreendente ver, durante a primeira metade do século XI, outros grandes personagens que não eram consagrados fazerem também tão pouco caso das diretivas eclesiásticas.

Assinalo dois exemplos. Primeiro, o de Galerano, conde de Meulan. Sua conduta, sem dúvida, gera espanto. Um pouco de sua lembrança, com efeito, permaneceu nas obras literárias em língua vulgar, com as quais as pessoas se divertiam nas cortes do século XIII. Muito pouco: seu nome. Mas sob seu nome são descritas as contradições das quais a relação conjugal pode ser, no limite, a causa. Quanto à maneira pela qual ele se comportou de fato, sabemos apenas que repudiou sua esposa legítima. Não sabemos a razão, ignoramos se agarrou a oportunidade do parentesco ou a do suposto adultério e que vantagem ele pensava tirar de novas núpcias. A repudiada se refugiou com um bispo. Eles eram os protetores naturais das mulheres. Na mesma época, muitos se esforçavam, na França do Norte, para estender a paz de Deus aos "pobres", todos os indefesos, vítimas da soldadesca. Quando o bispo de Beauvais, em 1024, obrigou os cavaleiros de sua diocese a jurar que refreariam suas turbulências, ele os fez dizer, em particular: "Não atacarei as mulheres nobres [as que não o eram, já se encontravam lançadas às violências, todas juntas, com os camponeses, com o povo, pelos preceitos do juramento de paz], nem aquelas que viajavam com elas sem seus maridos". A mesma salvaguarda era prometida às viúvas e às freiras. Como as virgens consagradas, como as viúvas, as mulheres menos merecedoras, as esposas, se achavam transferidas, na ausência do homem encarregado de protegê-las, seu *dominus*, seu mestre, sob a proteção direta de Deus, ou seja, dos dirigentes da Igreja. Com razão mais forte ainda, elas os procuravam quando eram expulsas do leito conjugal. Os bispos deviam cuidar delas e, como se lê no *Decreto* de Bourchard de Worms, exortar os maridos a retomá-las. Eis por que o bispo de Chartres, Fulberto, interveio, e é por ele que conhecemos o caso. Ao arcebispo de Ruão,[1] que o informava do "descaramento" de Galerano, responde: há tempos que ele me cansa; eu lhe repito que não é possível se casar de novo com sua esposa viva; agora ele me pede para devolvê-la porque ela fugiu, ou, se ela recusar, para excomungá-la; senão, me diz ele, nós o induziríamos a fornicar; ora, a esposa recusou: conhecendo seu marido, preferia ficar num mosteiro. Fulberto não

---

1 PL, 141, 223.

a forçará a se tornar freira, também não a proibirá de receber o véu; em todo caso, não a obrigará a voltar para seu marido, que a odeia e que sem dúvida a mataria. Galerano insiste, então, para que seja autorizado a tomar outra esposa, afirmando, falsamente, que a primeira o abandonara. O bispo lhe recusa esse direito "enquanto a *uxor* não fosse ou monja, ou morta". Esse documento mostra que o conde de Meulan, depois do repúdio, já encetara procedimentos para novas núpcias; que ele é, portanto, pelo menos em espírito e com toda boa consciência, bígamo; que faz questão, entretanto, que sua nova união seja aprovada pela autoridade episcopal – esse desejo é constante nessa época, na alta sociedade que estudo – e que usa, para dobrar os prelados, um argumento de peso: está sem mulher, arde de desejo, vai pecar. Esse documento mostra igualmente que o bom bispo, o excelente jurista que é Fulberto de Chartres, propõe, com sua discrição, quando é perigoso levar de volta a mulher para o leito conjugal, uma solução: a entrada da repudiada na religião. Preferível ao assassinato. Esta é uma das funções preenchidas pelos conventos de mulheres. Colocam-se ali as esposas em dificuldade. Será que é possível estabelecer alguma relação entre a multiplicação dos mosteiros femininos na França do Norte, ao longo do século XI, e a evolução das práticas matrimoniais, o reforço dos escrúpulos que continham os grandes de pura e simplesmente repudiar?

Meu segundo exemplo é mais significativo. Falo do filho de Fulque Nerra, o conde de Anjou, Godofredo Martel, que morreu em 1060. Uma peça do cartulário da abadia de Ronceray[2]

---

2 *Cartulaire de l'abbaye du Ronceray d'Angers (1028-1184)*, ed. Marchegay, p.64.

o narra para nós tal qual o faria uma crônica. Esse documento, como tantos atos desses tempos, conservados nos arquivos eclesiásticos, relata uma contestação vinculada a uma esmola da qual o doador ou seus beneficiários não queriam abdicar. O mosteiro pretendia ter recebido em doação uma vinha perto de Saumur. Godofredo a tinha retomado e outorgado "a suas esposas, ou, antes, suas concubinas" (aí está a palavra, feia, que condena). Dessas mulheres a nota oferece uma lista: "A Agnes, em primeiro lugar, depois a Grécia, em seguida a Adélia, filha do conde Eudes, depois, de novo, a Grécia, enfim, a Adelaide, filha do conde Eudes, depois, de novo a Grécia, enfim a Adelaide, a alemã". *Primo... deinde... postea... postremo*: o vocabulário é soberbo. Exemplo muito belo de poligamia sucessiva. Somos informados por acaso, porque essa terra serviu de dotação marital. Como o castelo de Montreuil, utilizado por Hugo Capeto para dotar a esposa de seu filho, esse bem não vinha dos ancestrais, tinha sido conquistado, ao mesmo tempo que o castelo de Saumur, por Fulque Nerra em 1026. Fulque o tinha dado como dote à sua última mulher legítima. Viúva, esta o conservou e, quando ela partiu para Jerusalém, com a esperança de morrer perto do Santo Sepulcro, legou-o à sua filha Ermengarda, ela própria já viúva, e que talvez tenha feito presente aos monges pelo repouso eterno da alma de seu marido. A primeira história dessas parreiras traz um novo testemunho sobre essa prática, como se costuma dizer, nas sociedades indo-europeias;[3] o hábito de retirar do patrimônio uma porção marginal, tomada dos bens adquiridos durante o casamento, para atribuí-la às mulheres da casa,

---

3 Searle, Seigneurial Control of Women's Marriage, *Past and Present*, v.82, n.1, p.3-43, 1979.

e que se transmitia então de mãe para filha, de tia para sobrinha. Ocorreu, porém, que Ermengarda foi novamente casada por seus próximos com Roberto, duque da Borgonha, um dos filhos do rei Roberto, o Piedoso. Essa segunda união de Ermengarda é dita ilícita por um monge cujo rigor é conhecido, João de Fécamp: o duque, "tendo repudiado sua esposa legítima, chafurdou num comércio ilícito e maculado pelo parentesco":[4] ele era, de fato, parente de quarto grau de sua nova esposa. Isso não impediu as bodas, mas Godofredo Martel tomou-o como pretexto para retomar essa parte do dote de sua mãe defunta. Fez suas mulheres se beneficiarem dele sucessivamente; a última, Adelaide, conservou o bem dois anos depois de sua viuvez, até que o novo conde de Anjou o tomasse. Revela-se aqui um outro traço: o fraco poder da mulher sobre o *sponsalicium*, o *dos*, que ela recebe de seu esposo: é raro que ela goze dele por muito tempo, quando, viúva, não tem filhos: quando é repudiada, seu poder é mais precário ainda. Pois os dirigentes da casa, os homens, têm, do lado deles, a força e repugnam em deixar em outras mãos as posses que outrora pertenceram a seus antepassados homens.

Esse texto revela que Godofredo Martel teve, sucessivamente, quatro "concubinas" – como diziam os monges –, na verdade quatro esposas: a última é de fato referida como *uxor* em 1060 nos documentos emitidos pela chancelaria condal. As primeiras bodas do conde de Anjou datavam de 1032. Tarde, ele tinha 26 anos; seu pai, oito anos antes de morrer, escolheu para ele uma herdeira, Agnes, viúva de Guilherme, o Grande, de Aquitânia. De alta linhagem, filha do conde da Borgonha, neta de um rei da Itália, ela descendia de Carlos Magno. Nesse

---

4 PL, 143, 797.

momento de grande brilho, os príncipes angevinos se casavam tão bem, se não melhor, que os capetianos. Godofredo a repudiou por volta de 1050. Foi fácil para ele. Todo mundo sabia que ela era sua parente próxima por afinidade. O monge responsável pelo obituário da abadia de Saint-Serge notava, no ano de 1032: "O conde tomou, em casamento incestuoso, a condessa Agnes, que tinha sido a mulher de Guilherme, seu primo" em terceiro grau; e o redator dos *Anais* de Saint-Aubin: "Guilherme tomou em casamento incestuoso a condessa Agnes e a cidade de Angers foi queimada num horrível incêndio": o pecado do príncipe atrai o castigo para todo o seu povo; lê-se na mesma crônica, no ano 1000: "Primeiro incêndio da cidade de Angers, pouco depois que a condessa Elisabete foi queimada [por seu marido Fulque Nerra, por causa de adultério: era o meio mais seguro de suprimir qualquer obstáculo ao novo casamento]". Nesse pecado, notemos, Godofredo Martel viveu pacificamente durante vinte anos. Começou a se sentir maculado quando pensou em mudar de esposa. Entre 1049 e 1052, ele tomou outra viúva, a do senhor de Montreuil-Bellay, moça da casa de Langeais, de alta classe. Aceitava, no entanto, baixar bastante o nível de sua união; pode ser que o rei Henrique I o tenha obrigado. Depois, durante os oito últimos anos de sua vida, houve um vaivém de mulheres: repudiou Grécia pela filha do conde de Blois, sua prima em quarto grau, o que lhe assegurava poder se desfazer dela a qualquer momento; retomou Grécia, que substituiu por Adelaide. Essa aparente inconsistência procedia de uma preocupação maior: engendrar um herdeiro. Tinha 45 anos quando de seu primeiro divórcio. Apressava-se. Tentava aqui e ali, efusivamente. Sem sucesso: a esterilidade era dele, coisa que os homens, naquele tempo, não confessavam. Em seu leito de morte, teve de escolher como sucessores os rapazes mais próximos de seu sangue, os filhos de sua irmã Ermengarda; o mais velho recebeu a "honra", o condado; o caçula, um único castelo que ele manteve como feudo de seu irmão; é, em 1060, um dos primeiros exemplos nessa região do que os juristas chamam de *parage*.[5, *]

Na primeira metade do século XI, os príncipes se servem tão livremente do casamento quanto o rei, ainda menos atentos, ao que parece, à reprovação da Igreja. Da Igreja? Pelo menos de uma parte dos eclesiásticos. Esses grandes senhores são mais livres do que os reis. Seu dever de defender um patrimônio não é por isso menos imperioso. A desenvoltura que manifestam deve, penso eu, ser posta em relação com as mudanças que afetam, nessa época, as relações de parentesco na aristocracia. Depois de Karl Schmid e outros alunos de Gerd Tellenbach, escrevi bastante sobre um fenômeno de notável consequência: a passagem de uma estrutura familiar a outra. No final do século IX, o parentesco permanecia vívido, se posso me exprimir assim, na horizontal, como um grupo que reunia, na espessura de apenas duas ou três gerações, consanguíneos e aliados, homens e mulheres, no mesmo plano – o que se vê no *Manual* de Dhuoda, mas também nos *Libri memoriales*, esses registros que serviam para as liturgias funerárias e que mostram, reunidos em comunhão espiritual pelo dever de orar e pela mesma esperança de salvação dos grupos formados, por exemplo, por uma dezena de defuntos e uns trinta vivos. Insensivelmente, essa reunião foi

---

5 Legohérel, Le Parage en Touraine-Anjou au Moyen Âge, *Revue Historique de Droit Français et Étranger*, v.43, p.222-43, 1965.

* Direito em virtude do qual uma pequena parte do feudo cabia ao caçula. (N. T.)

substituída por uma nova: vertical, ordenada em função unicamente da *agnatio* – uma linhagem de homens, o lugar e o direito das mulheres diminuindo e, ao longo desse tronco, a lembrança envolvendo cada vez mais mortos, subindo até um antepassado que, ao longo do tempo, pouco a pouco se distanciava: o herói fundador da casa. De longa data, a casa do rei apresentava essa imagem de si. Na primeira fase da feudalização, ao longo do século X, os chefes dos principados muito grandes em formação, os príncipes, a adotaram. Essa imagem se propagou por mimetismo e, dessa vez, muito rápido, no momento de turbulência que envolve o ano 1000, quando um sistema novo de exploração, a senhoria, se instalou. Ela se expandiu através de todo o estrato social que esse sistema, a partir daquele momento, isolava mais rigorosamente do povo.

Decifrando os pergaminhos dos arquivos da Catalunha – ou seja, no reino da França, mas bastante longe da região que observo –, Pierre Bonnassie[6] percebe entre 1030 e 1060 os sinais de uma perturbação. Vê rapazes expulsos, obrigados a ir muito longe sob pretexto de peregrinação; vê outros tomando armas contra o pai ou o tio; vê irmãos inimigos que se matam; ouve contemporâneos se lamentarem: é a depravação da juventude, os jovens não respeitam mais os antigos... Ora, convulsões como aquelas que ocorriam, por exemplo, na família condal de Barcelona, descubro também na de Anjou: Fulque Réchin disputou o condado com seu irmão mais velho, venceu-o, capturou-o, deserdou-o e nunca o liberou da cela estreita em que o havia encerrado para que não incomodasse mais. É certo que tais discórdias fossem novidade? Nós as observamos com mais

---

6 Bonnassie, *La Catalogne du milieu du Xe à la fin du XIIe siècle*.

O cavaleiro, a mulher e o padre

clareza porque os documentos, nesse momento, mudam de natureza: aos documentos, até então enquadrados em fórmulas rígidas, secas, que não revelam quase nada da concretude da vida, sucedem, nessa mesma época, no norte da França, tal como na Catalunha, narrações muito livres, relatos prolixos e espontâneos acerca de debates ocorridos em assembleias de arbitragem, e essas breves crônicas dramatizadas insistem bastante nas manifestações da violência. Por muitos indícios, parece, entretanto, que esse tumulto surpreendeu. Nesses anos, as tensões se agravaram certamente no seio das famílias, e foi, pode-se supor, a consequência tanto da acelerada modificação das regras tradicionalmente seguidas quanto das partilhas sucessórias, o efeito igualmente de uma concentração de poderes entre as mãos do *caput mansi*, como diz um documento de Cluny, do *caput generis*, como escreve mais tarde Galberto de Bruges — do "chefe", do "chefe da casa", do que se torna uma "raça", uma linhagem. Frustrados, os filhos desse homem reclamam seu quinhão assim que se tornam maiores, agarram o que podem, pela força, sempre amargos, enraivecidos, como o são também os esposos de suas irmãs e de suas tias, que veem eliminado o direito que esperavam herdar. Ao mesmo tempo, o responsável pela honra familiar, a fim de preservar seu brilho, se dedica a controlar mais rigorosamente o casamento das moças e dos rapazes postos sob sua autoridade, cedendo sem problemas aquelas, mas autorizando apenas alguns dos outros a contrair casamento legítimo, e essa parcimônia leva a manter no celibato a maior parte dos guerreiros, avivando assim o rancor e a turbulência deles. Creio que essas mudanças de atitudes, que datam da primeira metade do século XI, formam um dos aspectos maiores da "revolução feudal".

Georges Duby

Nessa profunda transformação que, em algumas décadas, alterou as estruturas da classe dominante, que a constituiu numa justaposição de pequenas dinastias rivais enraizadas em seus patrimônios, agarradas à lembrança de seus antepassados homens, na competição pelo poder senhorial e em sua repartição, parece que o casamento representou um papel de destaque. O rei, os grandes príncipes feudais, estreitaram os laços de amizade vassálica distribuindo esposas a seus fiéis mais devotados: o casamento era instrumento de alianças. Foi, sobretudo, instrumento de instaurações: tomando mulher, raptando-a ou recebendo-a de seu senhor, alguns dos cavaleiros conseguiram sair do estado doméstico, deixaram a casa de um patrão para fundar as suas próprias. Os documentos de época informam pouco sobre esses fenômenos. Mas nós os vemos se refletirem, 150 anos mais tarde, na memória que os descendentes desse feliz esposo conservavam de seu ancestral mais longínquo: eles gostavam de imaginá-lo com os traços de um aventureiro, de um "jovem", um cavaleiro errante prolongando sua busca à maneira de Lancelote ou de Galvão, conseguindo enfim se fixar, se estabelecer graças ao casamento. Talvez a lembrança estivesse deformada, e prefiro voltar mais tarde a isso, quando examinarei os escritos que as conservaram.[7] Mas, ao longo da transformação de que falo, as relações no seio do casal conjugal evoluíram. Aqui, os textos contemporâneos dessa transformação são mais explícitos: alguns atos, conservados nos fundos dos arquivos ou nos cartulários, fazem entrever como insensivelmente mudaram as formas do contrato matrimonial.

---

7 Infra, p.290-9, 316, 336, 349.

O cavaleiro, a mulher e o padre

Quando da aquisição de um bem, um monge ou um cônego encarregados da gestão do domínio eclesiástico podiam conservar, no dossiê que garantia a transferência da propriedade, o documento entregue pelo doador ou vendedor e precedentemente estabelecido quando se tratava de um casamento, mais precisamente durante a primeira fase do ritual, a *desponsatio*. Nos lugares em que a tradição da escrita jurídica não se tinha inteiramente perdido, a gestualidade simbólica implicava, com efeito, que um pergaminho contendo os termos do acordo passasse de mão em mão sob os olhos dos parentes e dos amigos reunidos. Tais documentos são raríssimos nas províncias que investigo. Por essa razão, afasto-me um pouco disso. Retorno um momento a essa fonte de informação de uma excepcional riqueza referente aos anos que cercam o ano 1000: os cartulários da abadia de Cluny, o da catedral de Mâcon, outros registros vindos de estabelecimentos religiosos vizinhos mais modestos. Restam ali, preservados por acaso, alguns fragmentos daquilo que o costume impunha, então, registrar, em todos os lugares, até nas menores aldeias, em todos os graus das escalas das fortunas e mesmo no campesinato, entre os menores proprietários, com o objetivo de fixar os respectivos direitos para o bem do casal quando este se constituía. Utilizo essa fonte sem perder de vista que, talvez, os usos não fossem inteiramente semelhantes na Île-de-France ou na Picardia e que também não se pode esperar muito desse tipo de texto; o formalismo dos notários encobre a realidade profunda: nada, ou quase nada, aparece das relações entre cônjuges a não ser o que toca à propriedade da terra.

Entre esses títulos, alguns, mas muito poucos, referentes ao que chamamos de dote, a doação dos pais à filha que se casa, ou, antes, ao casal que se formava: "A ti, meu caro genro e à sua esposa [traduzo fielmente, transcrevendo as incorreções de um latim frequentemente muito bárbaro] eu e minha mulher nós damos...";[8] o genro aparece em primeiro lugar, em respeito às hierarquias: o homem é o chefe da mulher. Do ano 1000 data outro traço – digo bem, traço: o ato foi perdido; é lembrado por uma transação ulterior: uma esposa age, dessa vez em primeiro lugar, mas não sozinha, com seu marido ("eu e meu senhor (*dominus*)"); oferecem juntos, em Cluny, duas propriedades rurais, mas estas provinham da mãe da mulher, que "quando a casou cedeu como dote (*in dotem*)".[9] Aqui, apenas a mãe dotou; sem dúvida o pai estava morto; notemos que o bem vem da linhagem materna: uma tia da doadora já havia dado essas terras a Deus e aos monges de Cluny; irmã, mãe, filha: eis que de novo se mostra essa parte da fortuna deixada para as mulheres por causa de seus casamentos ou esmolas funerárias. Terceira e última menção, datando da segunda metade do século XI: um cavaleiro compartilha com seus irmãos a sucessão paterna, exceto, diz ele, de uma porção, pequenina, que o pai havia dado "a suas irmãs e suas filhas", provavelmente quando ele as casava.[10]

Não podemos, entretanto, afirmar que fosse absolutamente indispensável um aporte da moça no momento dos esponsais. Por outro lado, era necessário que seu marido a dotasse e, na região de Mâcon, por meio de uma *carta*,[*] um documento de doação. Muito breve. Eis aqui três desses atos que foram redigidos

8 C., n.1354 (974)

9 C., n.2528.

10 C., n.3032.

* Em latim no original. (N. T.)

no mesmo ano, em 975-976, nas proximidades de Cluny, por padres do campo:[11] "À minha muito doce e muito amada *sponsa* [não será chamada de *uxor* a não ser depois das bodas], eu, Dominique, teu *sponsus,* enquanto, pela vontade de Deus e pelo conselho (*consilium*) dos pais de nós dois, eu te desposei (*sponsavi*) e, se é a vontade de Deus, quero entrar contigo em comunidade legítima, por amor, eu te dou [essas pessoas são pequenos proprietários, Dominique cede "a metade de sua porção" em uma única exploração agrícola que ele administra com seus irmãos; por essa doação, sua mulher torna-se participante da copropriedade] [...], isto eu te dou em dote". "Por amor e bem-querer que tenho para contigo e pelos bons serviços que tu me serviste e em outras coisas que me prometeste, por causa disso eu te dou..." "E por amor de Deus, de meus pais e amigos, e eu te desposei segundo a lei Gombette [referência aqui à lei civil, a velha lei romana, outrora adaptada para os burgúndios], de minha parte, de tudo o que tenho, toda a metade te dou, a ti, minha *sponsa*, e eu te doto (*doto*[*]) antes do dia nupcial, e tu farás disso, depois, aquilo que quiseres." Vemos que as fórmulas dos contratos camponeses são diversas. Mas germinaram a partir do mesmo solo, e cada escriba repete a mesma, que tira de sua memória ou de seu manual. Mostram, em primeiro lugar, a distinção entre os "esponsais" e as "bodas": o pacto referente aos bens precede a união dos corpos; a esposa só entra na posse depois da noite em que o marido a possuir. A partir daí, é perfeitamente dona da sua porção, igual àquela que seu marido conserva. Entra na casa que a acolhe como associada integral, entre

---

11 C., n.1415, 1425, 1426.

  * Em latim no original. (N. T.)

os copossuidores do patrimônio. "Dou-te uma participação", diz expressamente um *sponsus*, "à minha fraternidade que virá de meu pai e de minha mãe."[12] Notemos também que se supõe o marido agindo sozinho: "Eu...", é assim que ele fala. Notemos ainda a referência obrigatória ao amor, ao "bem-querer". No entanto, as fórmulas põem cuidadosamente em evidência que o sentimento e a decisão individuais estão subordinados, de um lado, à vontade divina, de outro lado, ao "conselho", quer dizer, à decisão das duas parentelas.

O ato escrito assume caráter solene quando são os ricos, os grandes, que se casam. Eis o documento do *sponsalicium*[13] de Oury, mestre do castelo de Bâgé em Bresse, o mais poderoso, com o senhor de Beaujeu, vassalos do conde de Mâcon. Foi redigido em 994, na cidade de Mâcon, em muito bom latim, por um cônego da catedral e subscrita pelo conde e pela condessa. Seu longo e pomposo preâmbulo expõe a teoria eclesiástica do bom casamento, lembrando o "antigo costume", "a lei do Antigo e do Novo Testamento", "a confirmação do Santo Espírito, nos instruindo, por intermédio de Moisés (?) do casamento do homem e da mulher"; o Gênesis, II, 24, é citado: "O homem deixará seu pai e sua mãe e serão dois em uma única carne"; Mateus, XIX, 26, é citado: "O que Deus juntou, o homem não separará"; enfim, é feita alusão às bodas de Caná: "Nosso Senhor que se fez homem e que fez os homens quis estar presente nas bodas a fim de confirmar a santidade da autoridade plena do casamento". Ao que parece, Oury leu, ele próprio, essa parte do texto; as palavras da Escritura também saíram de sua boca e

---

12 C., n.2875 (1031-1060).
13 C., n.2265.

vê-se, pela necessidade do ato escrito e de recorrer forçosamente, para redigir esse ato às pessoas da Igreja, a moral que estes pregavam se infiltrar no espírito dos leigos, impregnar esses gestos muito profanos: a troca, a moça cedida, o contradom daquele que toma sua mão. "Por isso, eu, Oury", "respeitando uma tal autoridade, inspirado pelo conselho e pelas exortações de meus amigos, ajudado, pela piedade celeste, invoco o costume geral da associação conjugal: por amor, e segundo o uso antigo, dou a ti, minha *sponsa*, mui cara e mui amada, pela autoridade deste *sponsalitium...*", dessa vez não uma parte indivisa, mas uma série de bens, nomeadamente designados, um vasto conjunto dominial, retirado da fortuna hereditária, cedido com o assentimento de um irmão (os pais estão mortos) em doação perpétua, "para tê-la, vendê-la, dá-la, para fazer dela o que quiseres, segundo teu livre-arbítrio". Essa declaração enfática retoma, na verdade, as palavras que os padres das aldeias transcreviam, numa língua muito rudimentar, sobre restos de pergaminho, quando eram lavradores que se casavam.

As formas mudaram durante o meio século que enquadra o ano 1000. Os últimos documentos de *sponsalitium* que foram recopiados nos cartulários dessa região datam dos anos 1030.[14] Que eles tenham desaparecido deve-se ao fato de que os procedimentos judiciais se transformavam, de que não era mais útil produzir provas escritas diante das assembleias da justiça; para dar suas sentenças, os árbitros se fiavam agora a testemunhos orais ou a provas do julgamento de Deus. Os arquivistas, em consequência, não cuidavam mais de títulos desse

---

14 C., n.2875 (1031-1060); M., n.463 (997-1031).

tipo. Permanecia, entretanto, o costume de uma doação formal do marido quando de seus esponsais. Extraio dos arquivos de Notre-Dame de Beaujeu um documento datado de 1087: um homem lembra que desposou sua mulher "sob regime dotal, dando-lhe o terço de seus direitos sobre uma exploração agrícola".[15] Contudo, se os monges e os cônegos negligenciaram na conservação dos traços de tal contrato é porque, sem dúvida, passado o período 1030-1040, o poder do homem sobre a totalidade do bem conjugal se tinha reforçado a tal ponto que, as prerrogativas da esposa sendo agora puramente fictícias, não servia mais para nada declará-las.

Aparentemente, é bem esse o sentido da evolução. A associação com partes iguais dos dois esposos se transforma, insensivelmente, em uma pequena monarquia em que o marido reina como mestre. Com efeito, o movimento que conduz as relações familiares a se contrair no âmbito da linhagem afirma a preeminência dos varões; conclama a proteger o patrimônio ancestral do fracionamento, a limitar o número daqueles que podem pretender recolher uma parte; para reduzir esse número à metade, basta que sejam excluídas da sucessão as mulheres da família. Assim se reabsorveu o poder feminino sobre os bens hereditários. Essa progressiva retração aparece graças a vários indícios.

Vê-se, primeiro, diminuir a parte concedida à esposa pelo ato de *sponsalitium*. Ela era metade no final do século X; ela o é ainda em 1008.[16] Mas, nos documentos escritos em 1005-1008,[17] o marido já não abandona mais do que o terço de sua terra;

---

15 *Cartulaire de l'église collégiale Notre-Dame de Beaujeu*, ed. Guigue, n.12.

16 C., n.2659.

17 C., n.2628, 2618, 2633.

acrescenta um pequeno presente, uma parcela de campo, de vinha. Após 1030, esse suplemento desaparece. Consequências maiores são as cláusulas que restringem o direito que a mulher tinha de dispor plenamente de sua parte. Nós as vemos aparecer em 1004, 1005, 1006. A cessão é apenas vitalícia: à morte da esposa, o bem dotal irá, é dito expressamente, aos herdeiros do casal. O mesmo Oury de Bâgé, em favor de sua mui cara e mui amada companheira, animado pelo mesmo amor e pela mesma benevolência, aumentou a doação que tinha feito cerca de dez anos antes — sem dúvida, seu irmão estava morto, ele havia recebido os bens dele, devia restabelecer o equilíbrio no seio da associação conjugal; tomou o cuidado de estipular que "depois do falecimento [de sua esposa] essas coisas voltarão aos filhos que nasceram ou nascerão dela e de mim".[18] As fórmulas que se usam nas aldeias são ainda mais restritivas: "Se ocorrerem herdeiros de nós mesmos, o dote caberá a eles; se não os tivermos, teremos o usufruto enquanto vivermos [notemos bem: a esposa tem apenas o usufruto, que compartilha com o marido]; depois de tua morte, irá aos meus próximos".[19] Essa disposição se instalou firmemente no costume ao mesmo tempo que outra menos estrita: "Depois de nosso falecimento, um terço irá aos meus próximos; de outro, farás o que quiseres".[20] Os padres, com efeito, redigiam esses atos: cuidavam de reservar a parte do morto, esperando que fosse utilizada para as esmolas funerárias.

Nesse momento da evolução, o direito da esposa ainda é efetivo. Se ela sobrevive ao marido, dispõe, até a própria morte,

---

18 C., n.2605.

19 C., n.2618 (1005); da mesma maneira, C., n.2628, 2633, 2659.

20 M., n.463.

dos bens que lhe foram dados quando de seu casamento. Entre 1031 e 1048, o cavaleiro Bernardo, partindo para Jerusalém, se despojava de tudo; tinha dois irmãos, ofereceu a Cluny o terço que havia pertencido a seu pai e que ele tinha em comum com eles; deu igualmente "o terço do que sua mãe possuía, durante a vida, e que os monges receberiam depois de sua morte".[21] Um outro Bernardo cede, em 1037, o que possui, com consentimento de seu irmão, de sua mulher, de todos os seus amigos; Cluny recebe a metade da herança – seu irmão recebe a outra; quanto ao *dotalitium* da esposa, o marido dispõe dele livremente; ele o dá também ao mosteiro, mas sob a condição de que sua mulher conserve o usufruto até a morte.[22] Enfim, no tempo do rei Roberto: "A meu caro filho, eu, tua mãe, por amor e boa vontade [as palavras retomadas aqui são aquelas que o marido pronuncia dotando a mulher], dou-te o que possuo em *dotalitium* de meu senhor [*sênior*: entendamos, meu marido] e de meu pai";[23] nesse casal, a dotação da esposa tinha sido constituída por bens vindos ao mesmo tempo de sua própria linhagem e daquela de seu marido, a doadora cede a propriedade em essência, conserva o usufruto durante toda a vida, e vemos bem a significação desse escrito: o marido havia acabado de morrer; era necessário garantir de novo os direitos da viúva diante das pretensões de seu filho. Confirmação, portanto, e parecida com aquela que evoca este outro documento, retirado, ele também, dos arquivos de Cluny: por volta de 1080, certa mulher, com aprovação de seus três filhos, fez doação de um domínio muito grande:

---

21 C., n.2022, 2867.
22 C., n.2919.
23 C., n.2412.

O cavaleiro, a mulher e o padre

"essa *villa*", diz a anotação, "ela a tinha conservado como esmola de seu marido e de seu filho, quando seu marido compartilhou sua honra entre estes".[24] A mulher, pelo dom dos esponsais, estava, portanto, assegurada contra os riscos da viuvez. Estava igualmente protegida contra os riscos do repúdio. Pelo ato que citei há pouco, Notre-Dame de Beaujeu recebeu de certa mulher o *sponsalitium* que ela havia conservado até a morte, embora seu casamento tivesse se rompido por causa de consanguinidade: nem todos os maridos tratavam com tanta liberdade como Godo-fredo Martel a terra com a qual haviam gratificado suas esposas.

As estipulações desses documentos tinham efeito quando o laço conjugal se desfazia, quando a mulher permanecia só. Antes, seus direitos eram abafados por aqueles que o homem detinha e exercia. Eram-no cada vez mais, enquanto as relações de parentesco se espremiam no interior das estruturas de linha-gem, e que, nas consciências, o grupo familiar revestia o aspecto cada vez mais nítido de uma linhagem de homens — imagem que é refletida por esta cláusula de um ato de doação datado de 1025: "Pela sucessão dos tempos, os filhos legítimos saídos de minha semente por minha esposa legítima se sucederão um depois do outro por reta e legal linha de geração";[25] "filhos", e não "descendentes"; são os únicos herdeiros verdadeiros; as filhas são excluídas como o são os bastardos. Privilégio da mas-culinidade. Importância da legitimidade do casamento. Resulta disso que, no casal, o "mestre", o marido, o "senhor" — ele é tratado com o nome que se dá a Deus pai –, faz pesar sua auto-ridade: faz também a gestão da parte do patrimônio ancestral

---

24 C., n.3574.
25 C., n.2493.

que deu à companheira, também faz a gestão do que pode caber a esta dos bens de seus pais. Dispõe. Requer, decerto, seu consentimento, mas é ele quem fala, quem age. Em 1005, um cavaleiro doa "todas as possessões que o pai de sua mulher tinha em tal lugar e que ele próprio possuía (*tenebat*) por parte de sua mulher".[26] Na outra extremidade do século, uma esposa oferece a Saint-Vincent de Mâcon o dote que havia recebido; a doação se opera "pela mão" de Bernardo, seu marido.[27] Todos os direitos da sociedade conjugal são, notem as palavras, mantidos na mão sempre mais crispada de um homem.

Esse domínio progressivo do esposo sobre a totalidade dos bens do casal, juntamente com disposições reduzindo as extensões do dote e prevendo seu retorno aos varões da linhagem, protegia a fortuna das propriedades herdadas dos avós de um perigo: o mau uso que talvez fosse fazer da porção que lhe era cedida essa mulher de um outro sangue introduzida na casa. Contudo, o reforço da potência marital agravava outra ameaça. Quem dava uma irmã, uma filha, uma sobrinha em casamento podia temer que esse homem estrangeiro, que a partir de então estendia seu poder sobre essa mulher, viesse pôr as mãos nos bens da linhagem. De fato, os documentos de arquivos que examino expõem os direitos dos genros. Tardiamente, depois da metade do século. Por volta de 1050, o cavaleiro Achard agonizava em sua casa nas proximidades de Cluny; em sua cama, ditava suas vontades; designava as terras que oferecia a Deus pela salvação de sua alma; pediu a seus parentes para aprovarem essa doação, quer dizer — tal é a significação desse assentimento —, de renunciar às suas

---

26 C., n.2616.
27 M., n.477.

O cavaleiro, a mulher e o padre

prerrogativas a fim de participar da esmola e do benefício espiritual que se esperava dela; seus filhos foram então os primeiros a se apresentar, depois um primo, depois um próximo, enfim o genro e sua esposa; esse homem era o último da procissão, mas ele estava lá, e passava à frente de sua esposa, como a hierarquia natural o exige.[28] É na mesma época que se veem aparecer, sempre mais ameaçadores, os genros dos benfeitores defuntos entre esses homens, cada vez mais numerosos, dos quais os estabelecimentos religiosos precisam comprar, e cada vez mais caro, a renúncia, se quiserem usufruir em paz das doações devotas.

A defesa contra esse perigo foi reduzir o direito das filhas casadas à herança. Limitando esse direito a certos bens que suas mães tinham recebido em dote e que se achavam, dessa maneira, reutilizados: uma pequena franja sacrificada na orla do alódio dos ancestrais. Entretanto, quando o chefe da casa, ao morrer, deixava somente filhas, o marido da mais velha se apropriava do bem por inteiro. Nesse caso, ele suplantava os tios, os primos, e tomava o lugar de seu sogro: o que ocorreu em três castelos da região de Mâcon no fim do século XI.[29] Uma dessas notas dos cartulários de Cluny, que são, na realidade, crônicas breves, mostra como o marido se valia, então, das prerrogativas de sua esposa:[30] o visconde de Mâcon, voltando de Jerusalém, morrera em Lyon, a dois passos de seu lar, esgotado; era um "jovem", um solteiro, deixava uma herança enorme. O conde de Mâcon, "tendo o domínio pelo casamento de sua irmã, reivindicou para ele toda a honra" (ele se tinha assim casado por isso

---

28 C., n.2036.
29 C., n.3874, 3821, 3654.
30 C., n.3577.

mesmo, rebaixando-se para tomar esposa na linhagem de um vassalo); ele se defrontou com os monges de Cluny: o defunto lhes tinha dado quase todo o seu patrimônio. Diante do obstáculo, o conde recuou; repudiou a esposa, que não lhe permitia tirar mais nenhuma vantagem, argumentando "razões estabelecidas", ou seja, a consanguinidade; a mulher coube, então, diz o texto, "a certo cavaleiro", ao próprio vassalo do conde, o qual tinha cedido a esposa que ele repudiava a um de seus homens: era o melhor partido que ele podia tomar, dá-la em recompensa a um jovem de seu bando, ganhando assim sua gratidão. Pois ela conservava pretensões: ela e seu novo marido as venderam, bem caro, à abadia. Sem os monges, essa mulher teria trazido ao seu lar toda a herança de seus pais. Porque não tinha mais irmãos.

Em compensação, se a esposa tivesse irmãos, o fato é claro: os direitos desse irmão sobre os bens ancestrais que lhe haviam sido dados quando ela se casou primavam sobre os do marido. Tomo o caso de um genro, Rolando, *le Bressan*,[*] que seu nome, o apelido que leva, designam como um homem de aventuras. Tinha, por sorte, desposado a filha de um mestre de castelo, o senhor de Berzé. Ela era viúva. Antes de seu casamento, ela tinha feito uma grande doação aos monges de Cluny, reservando-se o usufruto vitalício dos bens cedidos. As propriedades vinham de seu pai. Ela as tinha recebido por ocasião de um primeiro casamento: as filhas não deixavam a casa de mãos vazias. Essa mulher morreu em 1100. Para entrar na posse dessa esmola, o mosteiro teve de tratar, discutindo asperamente, com os homens

---

[*] Gentílico que designava quem nascia ou habitava em Bresse, antiga província francesa situada nas regiões Rhône-Alpes, Borgonha e Franche-Comté. (N. E.)

O cavaleiro, a mulher e o padre

que tinham sempre a terra à mão, ou cujas mãos estavam prontas para agarrar essa terra: eram o marido e o irmão. Ambos terminaram por renunciar a seus direitos.[31] Prometeram fazer aprovar mais tarde o dom pelos *infantes*, pequeninos, da defunta, quando estariam em idade de se empenhar pessoalmente. Tudo isso foi pago. O irmão, Hugo de Berzé, recebeu duzentos *sous** e um cavalo de parada. Era muito: um irmão conservava, portanto, um forte poder sobre a parte do patrimônio que sua irmã havia recebido em dote. Ao marido, Cluny deu muito mais: três mil *sous*. Mas o que os administradores da abadia compravam a esse preço não eram, em verdade, os direitos desse homem, eram os dos filhos que lhe havia dado sua mulher. Pois, diz o texto, Rolando deu as 36 mil moedas de prata a seu cunhado "para que ele compre terras em nome dos supracitados filhos". Esse dinheiro lhe tinha sido dado. Mas apenas passou por sua mão, pois não lhe pertencia, assim como não lhe pertencia o consentimento que ele havia dado: seus filhos falavam por sua boca; essas terras nunca tinham sido dele; sobre elas, o irmão de sua esposa, o tio materno de seus filhos, chefe da linhagem, conservava um direito de inspeção – concomitante ao dever de amar seus sobrinhos. A esse homem, guardião eminente do patrimônio ancestral, cabia reinvestir em propriedades a compensação em moeda que tinham recebido os filhos menores.

Fundamentada nessas regras consuetudinárias, ainda em mutação, e que se entrevê por fragmentos, no acaso de informações muito esparsas, uma estratégia matrimonial muito simples se foi instalando. O chefe da casa cuidava de casar todas as filhas

---

31 C., n.3744.

* Moeda usada à época naquela região. (N. T.)

disponíveis da linhagem; dispersando assim o sangue de seus avós, ele constituía alianças, fortalecidas na geração seguinte pela relação privilegiada que vinculava os rapazes ao irmão de sua mãe. Essa foi a política – volto para o norte da França – de um genro que teve bastante sucesso, Hilduíno de Ramerupt. Ele tinha herdado do patrono de sua esposa o condado de Roucy e, para garanti-lo mais solidamente, dera sua sogra, que havia ficado viúva, como esposa a seu próprio irmão. Casou, e casou de novo, suas sete filhas: três gerações mais tarde, o historiador pode identificar uns 120 descendentes desse personagem.[32] Em compensação, a prudência impunha autorizar apenas um filho a tomar esposa legítima, a menos que se pudesse encontrar, para um outro, uma moça sem irmão, uma herdeira. Dois dos rapazes de Hilduíno se casaram: um deles pôde se instalar na casa de sua mulher; ao outro coube, aparentemente intacta, a "honra", o essencial da sucessão paterna. Quanto aos machos que haviam sobrado, e que não puderam se introduzir numa comunidade religiosa pelo favor de um tio prior ou cônego,[33] aguardavam, como esse vassalo do conde de Mâcon, receber um dia uma esposa de presente, ou então partiam, buscando riqueza ao longe: os documentos os mostram numerosos, na região de Mâcon do início do século XI, indo buscar fortuna, ao mesmo tempo que a salvação de suas almas, no caminho de Jerusalém.

A densidade excepcional da documentação permite observar o crescimento das linhagens cavaleirescas na vizinhança da

---

32 Guenée, Les Généalogies entre l'histoire et la politique: la fierté d'être Capétien, en France, au Moyen Âge, *Annales*, 1978.

33 Wollasch, Parenté noble et monachisme réformateur: observations sur les "conversions" à la vie monastique aux XIe et XIIe siècles, *Revue Historique*, v.264, n.1, p.3-24, 1980.

O cavaleiro, a mulher e o padre

abadia de Cluny durante o século XI e, portanto, medir a eficácia de um tal controle sobre o casamento masculino. Esse controle pôs, efetivamente, um termo, logo depois do ano 1000, aos enxertos dos troncos familiares que ocorriam havia décadas e fracionavam as imensas propriedades constituídas na época carolíngia. Fixou o número de casas aristocráticas. Por volta de 1100, eram 34, mais ou menos o mesmo número de paróquias, nessa área muito restrita, a única na França em que a pesquisa pôde ser rigorosamente conduzida. Só três se tinham formado, duas gerações mais cedo, por ramificação consecutiva ao casamento fecundo de um filho caçula. Em todas as outras linhagens, uma estrita disciplina havia impedido, apesar da profusão dos nascimentos, que ramos adventícios crescessem em volta do tronco. Eis Bernardo Gros, senhor do castelo de Uxelles no início do século XI, que tinha seis filhos: dois foram monges; três outros, cavaleiros, morreram solteiros; um único engendrou um filho legítimo, o qual, por volta de 1090, tinha em mãos, sem compartilhamento, a fortaleza e todos os direitos que dependiam dela.[34]

Um dos efeitos dessa cristalização foi submeter mais estreitamente o feminino ao masculino e, em contragolpe, avivar o terror secreto que as esposas inspiravam aos maridos. Temor de uma desforra sub-reptícia, por adultério e assassinato. Quantos príncipes os cronistas daqueles tempos contam terem sido envenenados por suas mulheres, quantas alusões às "intrigas femininas", aos "artifícios nefastos", aos malefícios de todos

---

34 Duby, Lignage, noblesse et chevalerie dans la région mâconnaise: une révison, *Annales*, ano 27, n.4-5, p.803-23, 1972 (e *Hommes et structures du Moyen Âge*).

os tipos que fermentavam no gineceu. Imaginemos o cavaleiro do século XI tremendo, suspeitoso, perto dessa Eva que toda noite se junta a ele em seu leito, cuja insaciável luxúria ele não está seguro de aplacar, que certamente o trai e que talvez nessa mesma noite o asfixiará sob os cobertores durante seu sono.

VI
Os heréticos

Uma coincidência me chama a atenção: nos anos 1020, ao mesmo tempo que se nota essa inflexão nas práticas matrimoniais da cavalaria, veem-se surgir movimentos que os dirigentes da Igreja classificam como heréticos.[1] Trata-se aí de dois aspectos conjuntos da perturbação geral que abalava então o reino da França. Sem dúvida, a florada herética não parece separada dos "terrores do ano 1000", da forte onda de inquietação religiosa que se dilatava com a aproximação do milenário da paixão de Cristo: o apelo a se arrepender, a se purificar, era lançado para todos os lados; por toda parte se formavam fraternidades de renúncia; algumas pareciam suspeitas. Entretanto, a heresia foi também, sem contestação, uma das formas com que se revestiu a resistência à implantação da "feudalidade", quer dizer, de uma nova distribuição do poder. Ela reuniu aqueles que se

---

1 Taviani, Le Mariage dans l'hérésie de l'an mil, *Annales*, v.32, n.6, p.1074-89, 1977; Duby, *Les Trois Ordres ou l'Imaginaire du féodalisme*, p.163-8.

sentiam oprimidos, os camponeses mais prósperos, excluídos da cavalaria e submetidos aos impostos senhoriais, o povo das cidades que despertavam de seu torpor e, é claro, as mulheres, mais estritamente oprimidas, frustradas em seus direitos pelos machos. A efervescência das seitas desviantes não mantém alguma relação com a degradação da condição feminina?

Perseguida, finalmente destruída, ao menos forçada a se esconder, a se refugiar nas sombras, a heresia – é o caso de todas as ideologias de contestação – deixou poucos traços. Esses traços são todos indiretos. Percebemos o desvio no próprio momento em que ela foi reprimida, graças aos sarcasmos e aos julgamentos que a condenam. Ela parece irromper em todos os lugares. Nossos informantes assinalam três pontos de emergência na França do Norte: a Champanha – um heresiarca pregava perto de Vertus; Orléans – a repressão recaiu sobre os dirigentes de uma das melhores equipes de liturgia e de buscas espirituais reunidas na catedral Sainte-Croix e na capela real; Arras – com os instigadores em fuga, permaneciam alguns adeptos "iletrados", ou seja, leigos, que não eram forçosamente pobres.

As seitas se viam como pequenos grupos de eleitos cujos membros, à maneira dos monges ou dos penitentes, se tinham convertido, haviam retornado às suas maneiras de viver, "transferidos do mau século para um santo colégio". Desviar-se juntos do mundo perverso, avançar pelo imaterial afastando-se do mal, do carnal, o propósito não diferia quase do propósito monástico. A não ser pela recusa de um enquadramento pela Igreja. Foi principalmente disso que se acusaram os heréticos e o que faz aparecer mais claramente o questionário empregado para desmascará-los: não aceitavam que a piedade fosse uma instituição, que a intermediação dos padres fosse necessária para a comunicação com o divino; julgavam o clero inútil; queriam destruir a Igreja. A Igreja se defendeu, dispersou-os e queimou-os. Mas, quanto à conduta, à maneira de buscar a salvação, de tender para a pureza dos anjos, a distância parece muito curta entre os heresiarcas – os de Orléans pertencem aos "melhores" do clero – e os rigoristas da ortodoxia. Para uns e outros, o mal era o sexo e, tal como a João Escoto Erígena, o casamento lhes repugnava. Os heréticos o condenavam somente de maneira mais radical. Os de Orléans, segundo João de Ripoll, "denegriam as bodas". O abade Gozlin de Saint-Benoît-sur-Loire, suspeito de simpatia, teve de jurar que "não proibia as bodas" – as bodas, quer dizer, a união dos corpos, não a das almas, vinculadas pelo *sponsalitium*. Leutard, na Champanha, o "louco" Leutard, do qual Raul Glaber mostra o corpo invadido por um enxame de abelhas, "expulsou sua mulher, pretendendo repudiá-la em virtude dos preceitos evangélicos". Todos, com efeito, meditavam sobre os Evangelhos, sobre o texto de Mateus, XIX. À questão "Se tal é o pecado com a mulher, é melhor não se casar", Jesus responde com a parábola dos eunucos: "Nem todos compreendem essa palavra, apenas aqueles a quem é concedido": eles não eram, estes, os "eleitos", o "pequeno número" que pretendia representar, à distância do perverso século, os adeptos das seitas perseguidas? E, lendo em Lucas, X, 34-5, que "Os filhos desta idade se casam e são dados em casamento, mas aqueles que foram julgados dignos de aceder a essa outra idade e à ressurreição dos mortos não se casam nem são dados em casamento", os heréticos se persuadiam de que o estado conjugal impede a elevação rumo à luz. Preparando-se para o retorno de Cristo, sonhavam em abolir toda sexualidade. Nesse espírito, esses homens acolhiam mulheres junto a eles, tratavam-nas como iguais, pretendendo viver na companhia delas unidos por essa *caritas* que congrega no Paraíso esses seres celestes na perfeita pureza, como irmãos e irmãs. Essa proposta foi sem dúvida aquela que chocou mais. Ela golpeava frontalmente a estrutura fundamental da sociedade. A heresia fracassou porque foi percebida pelos contemporâneos, apresentada aos contemporâneos por seus adversários, como um movimento feminista. O monge Paulo de Saint-Père de Chartres toma o cuidado, na narrativa que faz do processo de Orléans, de colocar entre os supliciados certa mulher, *monacha*, e Raul Glaber insinua que o "veneno" da má doutrina foi introduzido em Orléans por certa mulher. Era um bom meio para desacreditar as seitas: a mulher não era o instrumento de Satã, maliciosa, envenenadora?

E, sobretudo, os detratores da heresia taxavam de hipocrisia a recusa, com a mistura de sexos, da união sexual. Como, zombavam, homens, leigos, desprovidos dessa graça especial da qual os clérigos são impregnados pelos ritos da ordenação sacerdotal, podiam viver na intimidade com mulheres sem fornicar com elas? Eles mentem, são impostores. Na verdade, chafurdam na devassidão. Longe dos olhares, na noite da floresta propícia aos encantamentos nos quais as mulheres são peritas, praticam a comunidade sexual. Quem pretende recusar o casamento aos leigos os convida à fornicação e ao incesto. Todos os nossos informantes estão de acordo. Raul Glaber afirma que, para os heréticos de Orléans, "a devassidão não era um pecado". E Paulo de Chartres retoma o que sussurravam nos claustros: no fim das reuniões deles, cada um toma a mulher que está perto dele, sua mãe ou sua irmã; queimam, em seguida, as crianças nascidas dessas cópulas monstruosas e suas cinzas lhes servem de amuletos.

O cavaleiro, a mulher e o padre

Voltemos ao real. No exato momento em que, para a defesa da honra ancestral, o controle da nupcialidade se tornava mais rigoroso, vemos irromper uma contestação radical ao casamento. Mas, da mesma maneira que na heresia, importa distinguir dois níveis: um, erudito, sobre o qual toda a luz é projetada – a este pertencem os clérigos, seguros de si, que caminharam para a fogueira como quem ruma ao triunfo; o outro, que eu não diria popular, mas "iletrado", laico, muito mais tímido – em Arras, diante da inquisição episcopal, homens e mulheres amedrontados, dóceis, abjuraram sem dizer nada. Da mesma maneira, não se deve confundir – como a propaganda ortodoxa fazia de boa vontade, amalgamando-os – suas atitudes em relação à instituição conjugal. Um pequeno grupo de "perfeitos", exigindo a continência, se não a virgindade, para todos, a fim de que todos se tornassem como anjos, dominava, em realidade, e de muito alto, a massa dos simpatizantes. Estes não pensavam, de modo algum, em se retirar do mundo, nem em renunciar a seus prazeres. Para eles, a contestação herética era um meio de pôr obstáculo à ingerência da Igreja nos procedimentos matrimoniais. Enquanto a nova disposição das relações sociais impunha à classe dominante controlar mais estritamente sua reprodução, a moral pregada pela Igreja se revelava cada vez mais incômoda. Falando da seita de Orléans, André de Fleury não diz simplesmente, como João de Ripoll, que ela "denegria as bodas", mas, mais precisamente, que ela proclamava que "as bodas não deviam ser feitas com a bênção, que cada um tome aquela que ele quiser, quem quer que seja". Essa frase não coaduna com os mexericos contados pelo monge Paulo. Ela os corrige. Ela enuncia a proposição mal compreendida ou deliberadamente deformada sobre a qual esses mexericos são fundados. A recusa herética dirigia-se à recusa da sacralização da obra da carne: os padres não devem se misturar às cerimônias que ocorrem na proximidade do leito conjugal. O discurso aparece, então, em toda sua coerência: condenação dos privilégios do sacerdócio, condenação do ritualismo, condenação da carne. O casamento é coisa carnal. É sacrilégio querer santificá-lo. Pertence ao "século perverso". Não pode se referir aos perfeitos, que não têm de controlá-lo, porque, de toda maneira, com ou sem incesto ou adultério, ele é mácula. Quem se obstina em tomar mulher pode escolher "aquela que quiser": não importa de quem se trate, ele peca. A pesquisa feita pelos padres sobre os graus de parentesco, sobre a bigamia, é inútil. Proclamando que é incongruente benzer a união dos corpos, os heréticos se opunham formalmente ao desenvolvimento de uma liturgia nupcial. Foram, portanto, ouvidos por todos aqueles a quem esse desenvolvimento inquietava, na medida em que, por essa liturgia, o casamento legítimo se distinguia do concubinato, na qual este último era depreciado, lançado ao ilícito em que se encontravam o incesto e a bigamia. É assim que, sem dúvida, foram em primeiro lugar conduzidos a sustentar a contestação herética os padres concubinários que não aceitavam viver sem mulher, mas também todos os nobres que desejavam escolher livremente suas companheiras e expulsá-las livremente quando julgavam conveniente tomar uma outra. Faço portanto minha a questão proposta por Francesco Chiovaro: a heresia não foi mais virulenta nas regiões em que a intervenção dos padres no ritual matrimonial foi mais precoce, e no próprio momento dessa intrusão? Considerando aqui a heresia não em seu cerne integrista, mas nas ondas que a pregação heterodoxa levava ao amplo desenvolvimento. E, insistindo nesse fato social, a repugnância em deixar os padres decidirem como

O *cavaleiro, a mulher e o padre*

quisessem sobre o casamento: os chefes das casas não podiam abandonar aos sacerdotes um controle do qual dependia a perpetuação dos poderes aristocráticos.

O desafio herético foi enfrentado. Em particular, pelo bispo de Cambrai-Arras, Geraldo. No pequeno livro que foi redigido por sua ordem depois do processo de 1024, os argumentos que ele tinha usado para convencer os heréticos, fundamentados, apoiados em referências às Escrituras, compõem uma espécie de exposição da boa doutrina. Encontra-se nele um desenvolvimento sobre o casamento,[2] muito precioso porque revela as atitudes do episcopado esclarecido.

Geraldo pretende defender a instituição eclesiástica, afirmar o valor dos sacramentos, fazer admitir o privilégio que os padres têm de ordenar as relações entre os povos fiéis e seu Deus. Afirma, portanto, a necessidade de distinguir as "ordens" (*discretio ordinis*) e que a vontade divina reparte os homens em categorias funcionais hierarquizadas. Os homens consagrados na terra ao serviço de Deus se situam no grau mais alto, imediatamente abaixo das milícias angélicas. É preciso, portanto, aproximarem-se da pureza dos anjos. Sua preeminência deve-se a essa pureza. As palavras do bispo de Cambrai foram retomadas por seu colega de Laon, Adalberão, num poema que compôs entre 1028 e 1031, dedicado ao rei Roberto.[3] Discerne-se aqui mais claramente as articulações do sistema. Os membros da "ordem da Igreja" são submetidos à "lei divina". Essa "lei santa os põe à

---

2 PL, 142, 1299, 1301.

3 *Adalberon de Laon: poème au roi Robert*, ed. e trad. Carozzi, vers. 232, 244, 252.

parte de toda mácula terrestre"; ela os convida a "purificar seu espírito e seu corpo"; Deus "lhes submete o gênero humano", se eles forem castos. A fim de que permaneçam assim, o casamento lhes é proibido. Mas apenas a eles. Como o proibir a todos: é preciso, enfim, que a espécie humana sobreviva até o último dia. A função dos "nobres" e dos "servos" é a de engendrar, de fecundar as mulheres. Sarcástico, Adalberão zomba dos clunisianos que pregam, para os grandes, a continência monástica. Essa função reprodutora, porém, deve ser realizada da melhor maneira possível. Na ordem. Quer dizer que cada um deve copular no interior de sua "ordem", do grupo funcional em que Deus o colocou: nada de *mésalliance*. E, de outro lado, que a cópula se situe no âmbito da legítima relação entre cônjuges. Longe de ser proibido aos leigos, o casamento lhes é prescrito. Entendamos, o bom casamento, vivido conforme os princípios cristãos e sob o controle dos padres.

É o que diz Geraldo de Cambrai quando se põe a rebater, a propósito do casamento, a doutrina dos heréticos. Para estes, "as pessoas casadas não poderiam, de modo algum, ser contadas entre os fiéis"; os esposos que não renunciam a se unir pelo ato da carne ficam expulsos da seita, nas trevas exteriores. No casamento não há salvação. Que responder? Devo ser cauteloso, diz Geraldo, ao navegar entre dois rochedos. É preciso que eu não desvie todo mundo, indistintamente, do casamento; é preciso também que eu não leve a ele todo mundo. "Já que existe entre as pessoas do século e os eclesiásticos uma distinção de ordem, convém manter entre eles uma distinção de comportamento." A imagem de uma sociedade compartimentada, hierarquizada, que ele levanta contra o propósito igualitário da heresia, sustenta sua proposta em matéria de conjugalidade.

A lei moral fica desdobrada. "O homem", proclama Geraldo, "eclesiástico [*vir*: o discurso se dirige aos homens e é deliberada a decisão de não falar das mulheres: pretende marcar, em primeiro lugar, a *distinctio*, o corte maior, aquele que separa os dois sexos; ele é tão fundamental e de uma tal evidência a seus olhos que Geraldo simula nada dizer], tendo abandonado a milícia do século, tendo, assim, entrado na parte de Deus, não pode, sem prejuízo para o *cingulum* [o boldrié, o emblema de sua profissão, o cinto, mas a alusão é clara ao ato sexual], se submeter ao leito conjugal [ele perderia sua eminente liberdade: não seria mais submetido à 'lei divina', à qual, Adalberão o repete, libera da 'servidão' terrestre]." Quanto ao homem "secular", "nem os Evangelhos, nem as Cartas dos apóstolos lhe proíbem o casamento legítimo". Com uma condição: "A *voluptas* [o prazer] matrimonial deve ser governada (*subjecta*) por ele sempre". Há épocas para a união dos corpos, épocas em que se pode conhecer sua esposa, e outras em que é prescrito se afastar dela. "Com efeito, não agradam a Deus os casamentos que instigam os homens à luxúria e ao prazer, como os animais, e a se abandonar ao gozo, como faz um cavalo ou um mulo." Mas, então, "quem se serve assim do casamento, de tal maneira que, no temor de Deus, a intenção seja antes o amor dos filhos do que a satisfação da carne, não pode, por causa da falta conjugal (*culpa conjugii*) ser excluído da comunidade dos fiéis".

Geraldo acrescenta: o casamento pertence à "lei do costume humano". *Lex, consuetudo*, esse admirável retórico conhece bem a oposição estabelecida entre esses dois termos, em particular pelo *De inventione* de Cícero e, mais contemporâneo a ele, por Abão de Saint-Benoît-sur-Loire em sua coleção canônica. É muito intencionalmente que ele une essas palavras. Pretende, assim, sublinhar a distinção entre as duas leis, a divina e a humana, e rebaixar esta, assimilando-a ao simples costume. Fala aos heréticos, pretende convencê-los. Sabe o uso que os intelectuais da seita fazem da palavra *lex*, não quer feri-los. A "lei" divina, ele admite, exclui o casamento; ela o recusa aos clérigos situados "na parte de Deus". O casamento surge de um outro sistema de regulação, inferior, menos solidamente construído: costumeiro. Essas palavras são de excelente pedagogia. São também de consequência muito grave, pois levam a pensar que o casamento, por pertencer ao carnal, não se vincula ao sagrado, não é um sacramento, não é uma instituição eclesiástica.

Geraldo – e Adalberão – referem-se a diversas autoridades patrísticas. A Gregório, o Grande, a Agostinho, mas também a Dionísio, a Escoto Erígena, cujos escritos estão ao alcance deles entre os livros conservados em sua catedral e que estimulam o nojo que eles têm da carne. Esse nojo não é menor do que aquele professado por seus adversários. Nesse plano, a proximidade é evidente entre Geraldo e aqueles que ele repreende: seus "mestres" liam os mesmos textos. Para Geraldo, o casamento é impuro por essência. Participa do século "perverso". É o lote desses homens, inferiores, que permanecem submetidos ao terrestre, atolados no material. O casamento seria perfeitamente bom se toda alegria do corpo fosse proscrita. É impossível chegar até aí. O prazer pode, no máximo, ser "governado", dominado. O casamento é, portanto, sempre uma "falta", e eis por que todos os leigos, mesmo os reis, são subordinados aos puros, os padres. Não acredito, entretanto, que seja preciso ver, em Geraldo de Cambrai, por ele pensar assim, o continuador da tradição pré-agostiniana. Parece-me que ele se situa na linhagem de seus predecessores, Jonas de Orléans, Incmaro de Reims. Como estes, apoia-se em Santo Agostinho, afirmando que o "amor dos filhos" justifica o casamento. Como estes, ele cuida de concluir seu discurso dizendo reforçada "a lei do costume humano", "confirmada" pela "autoridade" divina. Sem dúvida, essa lei não é promulgada por Deus; a autoridade de Deus, entretanto, a sustenta. Geraldo cita aqui o Novo Testamento, o Evangelho de Mateus, as Epístolas de Pedro e de Paulo. Para insistir de início sobre a necessária submissão da esposa a seu marido, para pôr em evidência, nesse ponto de apoio de todas as diretivas sociais, a inferioridade do feminino decidida pelo Criador. Para afirmar, em seguida, que o casamento é indissolúvel, que, sobretudo, "o homem infiel é santificado por sua mulher fiel" (I Cor., VII). Pela troca de serviços que permite, a união conjugal tem, portanto, algo de bom: ela ajuda a circulação da graça. E é exatamente por isso que a doutrina herética é perniciosa. "Se a sociedade conjugal devia ser uma causa de perdição para o homem, [o Salvador,] vindo reparar o que estava corrompido, não teria dado nem aviso, nem preceito, a propósito dessa falta (*culpa**)." O casamento é uma falta, inelutavelmente – e é a parte de maniqueísmo na concepção de Geraldo. Mas essa falta pode ser "reparada", podemos nos livrar dela, como dos outros germes da corrupção dos quais Jesus se ocupou. Na filiação estrita a Jonas de Orléans, Geraldo classifica as copulações conjugais entre os pecados veniais, dos quais é possível ser perdoado.

Pela própria "discrição", da qual mostra um exemplo soberbo, o bispo de Cambrai volta-se, ao mesmo tempo que o bispo de Laon, para as estruturas da ordem carolíngia diante das turbulências que abalam, naquela época, o norte da Gália. A moral

---

* Em latim no original. (N. T.)

matrimonial que ele prega, comentando o Novo Testamento, acentua — os tormentos da época o incitam a isso — as obrigações de caráter penitencial: respeitar os tempos de abstinência, não se abandonar ao prazer. Mas Geraldo se defende contra toda extravagância ascética, persuadido de que Deus não espera do homem que ele se faça anjo e, na filiação a Incmaro, rejeita tudo o que concerne à relação conjugal do lado do "século", ou seja, dos leigos.

O casamento dos leigos, contudo, e isso é certo, o preocupava menos que o celibato dos padres. Não era mais aos iletrados de Arras que se dirigia o discurso latino, amplificado no *Libellus*. Ele se dirigia, na verdade, aos clérigos. Pois, no início do século XI, nas vastas modificações pelas quais se instalavam os novos poderes, a grande questão dos prelados era de salvaguardar os privilégios dos servidores de Deus, seu monopólio e suas imunidades. Para chegar a isso, eles apostavam na convicção espalhada à volta deles de que o homem encarregado do sacrifício, mediador, intercessor junto aos poderes invisíveis, deve se afastar das mulheres. Exigir a superioridade do espiritual sobre o temporal, manter a hierarquia subordinando o povo leigo a um clero implicava, portanto, instaurar entre os machos uma rigorosa separação de caráter sexual, obrigar uma parte deles à castidade permanente. A proclamação de Geraldo de Cambrai preludiava, assim — como o empreendimento de Bourchard de Worms, como esses colóquios em que o imperador Henrique II e o rei da França debatiam, naquele mesmo momento, com o papa, medidas capazes de restaurar a ordem na terra —, a reforma do corpo eclesiástico, a luta contra o nicolaísmo, ou seja, essencialmente contra o casamento dos padres. A ideologia do milênio e das penitências preparatórias mobilizavam muitos leigos ao redor das equipes monásticas e dos cônegos que o bispo trazia à disciplina. E muitos chefes de linhagem aprovavam aqueles que pregavam o celibato eclesiástico; desejavam, com efeito, que fosse posto obstáculo ao enraizamento das dinastias clericais, das quais temiam a concorrência; desejavam principalmente que os rapazes que eles abrigavam nos capítulos das catedrais a fim de limitar a expansão da família não pudessem trazer ao mundo filhos legítimos.

O combate, porém, foi duro. Vemo-lo já travado na França do Norte em 1031: o concílio de Bourges exclui das ordens os filhos dos padres, proíbe ceder moça a um padre, a um diácono, ao filho de um deles, de tomar por esposa moça nascida da "mulher" de um padre ou de um diácono.[4] Trinta anos mais tarde, os bispos, reunidos em Lisieux, repetiam ainda aos cônegos que eles deviam expulsar suas companheiras; desencorajados, eles autorizavam os clérigos do campo a guardar as suas. Sem cessar, era preciso voltar ao ataque, esgotar-se, sem sucesso, diante das resistências obstinadas. Permaneceu muito pouco do que escreveram aqueles que, na Igreja, tomavam partido adverso, pois foram finalmente vencidos. Esses fragmentos revelam os argumentos dos contraditores. A continência, diziam eles, é um dom da graça. Não se poderia, portanto, impô-la, forçar essas pessoas a serem puras. Faziam apelo a um outro tipo de distinção, menos institucional, a levar em consideração as compleições individuais. Conclamavam à caridade. E, citando são Paulo, falavam do casamento como um remédio à concupiscência. Por

---

4 Schimmelpfenning, Zölibat und Lage der "Priestersöhne" vom 11. bis 14. Jahrhundert, *Historische Zeitschrift*, v.227, n.1, p.1-44, 1978.

que recusá-lo aos padres? Contavam também a história de Lot e de suas filhas, mostrando por esse exemplo que o orgulhoso que pensa ficar sem casamento se encontra em grande risco de fornicar. A continência é melhor, admitiam; no entanto, o casamento tem qualidades. Apoiando-se, eles também, na tradição carolíngia, pregavam que a barreira entre o bem e o mal permanecesse elevada para todo mundo entre o casamento e a fornicação, que ela não fosse transposta para situar-se entre a continência e o casamento apenas para os servidores de Deus. Contudo, quando pediam que todos os homens, padres ou leigos, fossem tratados da mesma maneira, quando negavam a divisão social entre o domínio da lei divina e o da lei humana sobre a qual se fundava a ação reformadora, abriam a guarda à acusação de heresia. Efusiva controvérsia — e o povo apoiando frequentemente os clérigos que se recusavam a romper suas uniões. Parece, entretanto, que os protestos foram abafados pouco a pouco nas últimas décadas do século XI. A vitória coube aos "gregorianos".

Dessa longa luta, o concubinato, meia medida, foi vítima. A rudeza do combate conduziu, no espírito de Geraldo de Cambrai, à defesa de uma divisão mais simples: nada de companheira, legítima ou não, para os *viri ecclesiastici*; aos *viri seculares*, uma companheira é necessária, mas deve ser uma esposa legítima. Toda união dos corpos foi proscrita fora do *connubium legitimum*, solenemente unido por rituais profanos e religiosos. No concílio romano de 1069, o cânone do concílio de Toledo (398), que exigia a monogamia, mas permitia a escolha entre o casamento e o concubinato, foi ainda citado; em seguida, os documentos oficiais da ortodoxia não o mencionam nunca mais. Desde então, os dirigentes da Igreja, enquanto expulsavam a conjugalidade do corpo eclesiástico, começaram a sonhar

O cavaleiro, a mulher e o padre

encerrar o povo leigo numa rede de enquadramento, de colocá-lo inteiramente numa rede da qual a malha seria a célula conjugal abençoada. Nunca mais marginais, nunca mais uniões livres: os celibatários obrigados a se integrar à "casa" dirigida por um chefe licitamente casado.[5] Por esse meio, o modelo clerical e o modelo aristocrático do casamento se ajustavam. A evolução que se nota na alta sociedade durante o século XI, a implantação nos patrimônios, a consolidação das estruturas de linhagem, a extensão dos poderes do marido e do pai não deixavam de ter ligação, já disse, com a efervescência herética, e antes de tudo pelas frustrações que essas inovações engendravam. Mas essa evolução se harmonizava também, de maneira evidente, com os objetivos que os reformadores da Igreja perseguiam. Ela respondia a suas esperanças ao favorecer o julgamento de que era necessário aos jovens varões da parentela serem controlados pelo mais velho e às mulheres passarem sem transição da virgindade à maternidade legítima, da estrita dominação de um pai à de um esposo, futuro pai de seus filhos. O valor do casamento se elevava, pelo mesmo movimento, dentro da ética de linhagem e daquela que pregavam os prelados.

Entre essas duas morais, as discordâncias, entretanto, se acentuaram em outros aspectos. Pois os promotores da reforma conclamavam primeiro a desencarnar a conjugalidade. Para vencer a predicação herética, os bispos tiveram de retomar um de seus temas; os monges, sobretudo, execradores titulares do mundo carnal, haviam tomado a frente do combate; eles repetiam mais alto do que todo mundo que o casamento pode, deve, ser casto; conclamavam a reprimir o desejo no leito conjugal; no

---

5 Toubert, *Les Structures du Latium médiéval*, p.741.

151

plano simbólico, trabalhavam para reduzir, no ritual matrimonial, o papel das bodas, exaltando o dos esponsais, que manifestam a união das almas, insistindo no acordo das vontades, o consentimento mútuo, nessa "caridade", cimento da sociedade conjugal: uma vez concebidos os filhos, durante breves descidas aos infernos, os esposos eram convidados a permanecer numa fraternidade espiritual muito análoga àquela que celebravam os heresiarcas. A essas exigências de castidade se acrescentava a pretensão de controlar os pactos conjugais. À medida que se moralizava, o casamento deslizava aos poucos para o lado espiritual: portanto, sob o domínio dos padres. Quando estes proibiam toda união clandestina, recebiam a adesão dos dirigentes das linhagens. Mas estes se insurgiam quando os eclesiásticos se punham a questionar o futuro marido: ele não tinha repudiado uma concubina, uma primeira esposa? Não era primo da moça que lhe destinavam? Tal inquisição, os limites que ela tendia a pôr em evidência, atrapalhava os arranjos familiares. Ora, pelos progressos da reforma, a autoridade eclesiástica tornava-se cada vez mais invasora. Ela chegou, rompendo dessa vez deliberadamente com a tradição carolíngia, a pretender julgar sozinha, a reclamar sua competência exclusiva em matéria de casamento.[6] Por volta de 1080, aparecem na França do Norte os primeiros traços dessa reivindicação exorbitante.

A "feudalização", a senhorilidade tinham lentamente preparado os chefes da Igreja a se atribuir esse poder judiciário. Ao longo do século XI, os bispos e abades tinham-se apropriado do poder senhorial. Rejeitando os concorrentes leigos,

---

6 Daudet, *Études sur l'histoire de la juridiction matrimoniale: L'établissement de la compétence de l'Église en matière de divorce et de consanguinité.*

os advogados, os condes, os senhores dos castelos, tinham chegado a exercer sobre uma parte de seus súditos a justiça real, a castigar os crimes públicos. Entre estes, figuravam o rapto e o adultério. O hábito que assumiram os prelados de reprimir essas infrações à lei do casamento os animou a transferir esse tipo de causa para aquilo que Geraldo de Cambrai chamava "a parte de Deus". Assim, pela simples prática judiciária, a "lei divina" invadia insensivelmente o campo da "lei do costume humano". Entretanto, foram sobretudo as dificuldades do combate travado contra os padres casados que incitaram os bispos a estender sua competência nessas matérias; era preciso, com todas as forças, colocar os oponentes fora da sociedade, lançá-los à ilegalidade; portanto, julgá-los. Os primeiros inculpados que, em razão de sua conduta matrimonial, compareceram diante de um tribunal exclusivamente eclesiástico foram certamente cônegos indóceis que tardaram a se separar de suas mulheres.

Referi-me à dureza da luta contra o nicolaísmo. Ela impôs cerrar fileiras sob a direção do papa. A concentração necessária da *auctoritas* limitou progressivamente a *discretio pastoralis*, o poder que tinha cada prelado em sua diocese de dosar as penas. Os penitenciais caíram em desuso. Peritos se consagraram, nas bibliotecas, a unificar os códigos, a forjar uma regra geral. Não dúctil como era o "costume": uma "lei" tão firme quanto a "lei divina". Ela empurrava o casamento para os confins extremos do lícito, na orla que separava a salvação da perdição irremediável. Mantinha-se do lado bom; não rejeitava o lado mau, como tinham feito, nos anos 1020, os heresiarcas, como o faziam, de novo, em sua irreprimível ressurgência, as seitas desviantes. Mas convidava a sacralizar sempre mais a instituição matrimonial para melhor justificar o direito da Igreja

Georges Duby

de controlar sua prática e para embuti-la no âmbito dos especialistas do direito canônico.

Começa então, nessa região, o tempo dos juristas, nas últimas décadas do século XI, na época do papa Urbano II, de Ivo de Chartres, seu devotado agente, os quais, ambos, decidiram condenar o rei da França como se condenava os nicolaístas teimosos, de retirá-lo da comunidade dos fiéis porque seu comportamento conjugal não era conforme às disposições da lei. A evolução paralela das estruturas familiares e da doutrina eclesiástica permite compreender por que esse soberano foi tratado mais duramente do que o fora seu avô Roberto. Por que, de um lado, Filipe I foi excomungado e, de outro, por que ele se obstinou.

POR VOLTA DE
1100

VII
Vidas de santos e de santas

Eis-me aqui de volta à época da qual parti, aquela em que os embates entre os chefes das grandes linhagens e os prelados reformadores se multiplicaram, se agravaram. Desse agravamento, a condenação rumorosa do rei da França é o sinal mais manifesto, mas está longe de ser o único. Limito-me a um só exemplo, o de um outro príncipe, o conde de Poitiers, Guilherme IX de Aquitânia, o cançonetista. Tinha tomado o partido de seu senhor, ordenando expulsar de sua cidade, a golpes de porrete, os bispos que vieram relançar o anátema contra o soberano. É que ele se encontrava na mesma posição: livrou-se por duas vezes de uma esposa para tomar uma nova; separado legitimamente da primeira por causa de parentesco, substituiu logo a segunda por mulher *"surduite"*, casada. Os prelados excomungaram Guilherme como fizeram com Filipe I, por incesto. Esse período de tensões deve ser examinado muito de perto. Os testemunhos que nos informam seguem sendo, todos, de eclesiásticos. Mas agora o século incita mais os escrivães da Igreja: quer eles o abominem e simulem desviar-se dele, quer se atirem nele para restituí-lo ao bem, começam a falar mais e melhor do concreto e da vida.

Os prelados que conduziam a ação reformadora atacavam frontalmente os senhores muito grandes; encetavam, contra estes, processos rumorosos: era preciso evitar, designando esses grandes como agentes de Satã, que o povo seguisse o exemplo deles. Em contraponto, exaltavam outros personagens, heróis da boa causa, gabando suas virtudes e propagando a lembrança de seus gestos. Conclamavam a imitar a conduta deles. Classificavam-nos entre os santos, entre esses seres tutelares já estabelecidos em meio aos eleitos nas assembleias celestes, dos quais todo pecador, se fosse devoto, podia esperar o socorro, eficaz intercessão junto ao soberano juiz. Perto do túmulo desses bem-aventurados contava-se, em detalhe, a história deles aos peregrinos. A primeira versão dessa história tinha, em geral, sido constituída para justificar a canonização, para incentivar o bispo da diocese, o arcebispo da província, a fazer tal personagem proceder à elevação solene das relíquias. Redigida em latim, num mosteiro, como a narração da vida do rei Roberto, essa história era lida e relida no privado das comunidades religiosas, mas ela alimentava também, com anedotas, uma predicação amplamente desenvolvida diante dos fiéis iletrados e da qual adivinhamos a trama pelo escrito inicial, único traço que nos chegou. O texto levanta um canto do véu. Permite entrever um pouco do empreendimento pastoral e, particularmente, alguns aspectos da propaganda desenvolvida a fim de que os leigos se casem melhor. Saturados de lugares-comuns e absurdos, presos nas estruturas rígidas herdadas de uma longa tradição, essas narrações, na primeira abordagem, atraem pouco. Mas, tomando-se as vidas dos santos pelo que são, isto é, as armas mais afiadas de uma luta

O cavaleiro, a mulher e o padre

ideológica, elas mostram como a realidade vivida foi manipulada pelas necessidades de uma causa, desarticulada, remontada para a encenação de um doutrinamento. Escolhi quatro desses textos edificantes que tocam a região da qual me ocupo e que foram compostos no auge da crise, entre 1084 e 1138.

Um deles é caso à parte. Emana de um ateliê longínquo, a abadia de Saint-Claude no Jura, em que o propósito monástico revestia as formas mais ascéticas. Prega um desprezo radical ao mundo e fala do casamento como de uma decadência. É a biografia de são Simão.[1] Seu pai, Raul, descendente de Carlos Magno, tinha acumulado condados. Conde de Vexin, conde de Crépy, tomou para si o condado de Bar-sur-Aube ao desposar a herdeira, uma viúva. O pacto fora concluído: ela era sua *sponsa*; antes das bodas, os cavaleiros do castelo de Joigny entregaram-na a um outro senhor; Raul voltou com a rédea solta, tomou Joigny, tomou a esposa, fechou-a em La Ferté-sur-Aube durante tempo suficiente para verificar que ela não estava grávida; em sua ausência, um fidalgote local a raptou; conseguiram arrancá-la dele; enfim, foi posta no leito do conde de Crépy, deu-lhe duas filhas e dois filhos. Em 1060, Raul repudiou sua mulher, esta, ou uma outra que ele havia tomado nesse meio-tempo; o rei Henrique I tinha acabado de morrer; o conde desposou sua viúva, Ana de Kiev, aproximando-se assim perigosamente do trono: Filipe I era um menino. A repudiada se queixou ao papa: "Espoliada de tudo por seu homem, ela havia sido expulsa sob a falsa acusação de fornicação". Raul foi excomungado, ainda dessa vez não por adultério, mas por incesto: "tinha se unido, contra o direito, com a esposa do defunto rei,

---

1 AASS, set. VIII, 744-51.

159

seu primo". Essas peripécias, conhecidas por Clarius de Sens e por textos que Chifflet e Mabillon utilizaram, mostram claramente o uso que se fazia do casamento nesse meio social antes do desencadear da ofensiva gregoriana.

Estando Raul morto, seu filho mais velho caído em combate, suas filhas casadas, a "honra" cabia a Simão, que a defendeu corajosamente contra todas as investidas e, em particular, contra o rei Filipe. Atormentado, diz-se, pelo pecado paterno – a *cupiditas*, excessiva, esse ardor em agarrar tudo –, admoestado por Gregório VII, pelo abade de Cluny, pelo legado Hugo de Die, Simão se entregou, escondido, às práticas monásticas; terminou se juntando aos ermitãos de Saint-Claude e morreu em Roma, em 1080-1082. A repulsa mórbida que lhe inspiravam as alegrias mundanas o desviou dos deveres de chefe de linhagem dos quais a morte inopinada de seu irmão o havia encarregado: negligenciou engendrar filhos; recusou-se ao casamento de maneira obstinada. No momento de uma paz concluída com o capetiano, tinham-lhe, entretanto, escolhido uma esposa, muito nobre e sem dúvida muito bela, a filha do conde da Marche. Simão fingiu consentir. Partiu para Auvergne; dobrou-se aos ritos da *desponsatio*, voltou com grande pompa para as bodas; na chegada, a *sponsa* tomou-o em seus braços; permitiu que ela o fizesse, cuidando, entretanto, que o abraço fosse, pelo menos do lado dele, sem ardor; conduziu-a à sua câmara nupcial; enquanto todos o imaginavam no prazer, pôs-se a fazer sermão à esposa, passando assim a noite. Melhor, diz o biógrafo, do que santo Aleixo: preocupando-se com a salvação da esposa, ele a "converteu", convencendo-a a "renunciar à luxúria, a manter a castidade, a fazer voto de virgindade"; quando chegou a aurora, ele a enviou ao mosteiro de La Chaise-Dieu e se afastou

O cavaleiro, a mulher e o padre

rapidamente, escapando por pouco da justiça do pai da noiva. Mal tendo voltado à Île-de-France, Guilherme, o Conquistador, o convocou à Normandia. "Conhecendo há muito tempo tua fidelidade e tua afeição, desejo", dizia o duque, "acrescentar ao alimento que recebeste de mim [o pai de Simão o tinha colocado na casa de Guilherme para que fosse 'alimentado' aí, ou seja, educado], recusei dar minha filha a pretendentes gloriosos, eu a cedo a ti como esposa, te escolho, te adoto como filho de minha herança." Os príncipes disputavam esse jovem – não tinha ainda 25 anos – senhor de grandes soberanias, sonhando em tê-lo por genro, a fim de que seus filhos fossem sobrinhos dos deles e, por esse vínculo de afeição privilegiada, ligados às próprias casas deles. Simão, "julgando diabólico um tal favor", agradeceu, muito humildemente: "Grandes foram os benefícios com os quais envolveste minha infância [...], mas nós deparamos com um sério obstáculo; a senhora rainha, tua esposa, está vinculada a mim pelo sangue". Era verdade – um parentesco longínquo; no entanto, de sexto grau. Guilherme propôs se informar com os velhos da região, falar com os bispos, com os abades: seguramente o impedimento poderia ser suprimido por meio de convenientes esmolas. O conde de Crépy, doutrinado pelos gregorianos, respondeu que a dispensa devia vir do papa. Partiu imediatamente para buscá-la e, no caminho para Roma, vestiu o hábito monástico. Essa apologia da castidade heroica – e de santa dissimulação: Simão mente o tempo inteiro, e todos, o conde de Marche e sua filha, seus companheiros de armas, que ignoram o cilício que ele dissimula sob sua couraça, o duque de Normandia, foram enganados – se situa entre as extravagâncias ascéticas do empreendimento reformador, muito afastado de uma pastoral eficaz, porque moderada, atenta às realidades sociais, a que servem, justamente, as outras vidas de santos, estas compostas, as três, nos confins ocidentais do principado flamengo, entre Boulogne e Bruges, expondo as formas de união conjugal consideradas sadias e salutares pelos prelados esclarecidos, endereçadas aos leigos destinados a se reproduzir.

O herói de uma delas é um homem, Arnulfo, "muito nobre", um descendente da casa flamenga de Pamele-Audenarde. Um anjo apareceu à sua mãe quando estava grávida, dizendo-lhe para dar ao menino o nome de Cristóvão: ele carregaria o Cristo e seria um clérigo. Mas o chefe da linhagem o tomou, impôs-lhe no batismo seu próprio nome e, como ele era bem constituído, decidiu que lhe confeririam as armas, solenemente, pelos "ritos da cavalaria dos nobres": seria o campeão da família. Ele o foi e, valorosamente, destruiu inimigos, ganhou glória e renome. "Ofereceram-lhe casamentos muito ilustres": recusou. Finalmente, escapou. Mentindo, ele também, para sua mãe, fingindo, todo equipado, se dirigir à corte do rei da França, foi para o mosteiro de Saint-Médard de Soissons e abandonou lá o "boldrié militar" em prol de um melhor serviço, o de Deus.

Como outro Simão, Arnulfo recusava para si próprio o estado conjugal. Pelo menos não desviava os outros dele, ajudando-os, ao contrário, por suas palavras, a bem vivê-lo. Essa narração faz aparecer, em seus dois graus, a moral eclesiástica: o casamento é perigoso; os perfeitos, portanto, se afastam dele; é a ética dos extremistas do ascetismo, que é também a dos heréticos; mas o casamento convém ao homem comum; Deus o abençoa quando ele assegura a reprodução da sociedade na manutenção de suas hierarquias: é a ética carolíngia. Tonsurado, mas mantendo seus hábitos militares, Arnulfo perturbava o claustro. Colocaram-no numa cela exterior. Encerrado, conservou o silêncio durante 42 meses; depois, pôs-se a falar sem parar pela janelinha.[2] Dizia coisas edificantes, dava conselhos, ocupando-se sobretudo dos flamengos e dos brabanções. Sua reputação cresceu: defensor titular da honra das linhagens e das virtudes familiares, ele surgia como mentor nas dificuldades que preocupavam particularmente a aristocracia desses tempos, os casos de parentela. Ajudava para que os casamentos fossem bons, ou seja, prolíficos. Eu já disse que, sob sua intervenção, a providência concedeu enfim um filho à rainha Berta; Arnulfo escolheu até o nome, Luís, um nome real. Uma outra esposa confiou-se a seus poderes.[3] Seu marido, antigo companheiro de armas do santo, havia se tornado mau. O céu o tinha punido; todos os seus filhos morreram uns depois dos outros; gravemente doente, ele mesmo ia morrer. Seus sobrinhos só esperavam isso para expulsar sua mulher e tomar seu dote: reconhecemos aqui a pesada ameaça que recai sobre a esposa quando ela não tem, ou não terá, filhos. O homem de Deus tomou a esposa em perigo sob sua proteção. Levaram o cavaleiro enfermo "diante da janela". Foi exortado a se conduzir bem e, em particular, a pagar o dízimo ao bispo. À esposa o santo prometeu uma grande alegria "porque ela havia fielmente cuidado de seu homem durante a doença": a moral do bom casamento, com efeito, gratifica as mulheres que sabem servir com diligência a seus mestres. Bem curado, o senhor engendrou, três meses mais tarde, um filho, um herdeiro, para grande desapontamento dos homens de seu sangue, e a boa mãe "viveu tempo suficiente para vê-lo legitimamente casado, procriando, ele próprio, meninos".

2 MGH SS, XV², 877-81.
3 MGH SS, XV², 883-4.

Pelo renome de seus talentos, Arnulfo tornou-se a esperança das linhagens. Ele agia nesse exato ponto em que as duas linhagens concordavam do modo mais estreito: a proliferação. Mas intervinha igualmente num outro nível de concordância, a fim de que a união matrimonial fosse controlada pela sabedoria dos pais, preocupados, em primeiro, lugar em evitar as *mésalliances*. Guido de Châtillon-sur-Marne tinha dado sua filha em esponsais a um cavaleiro:[4] partido muito bom, ele era seu igual em termos tanto de bens quanto de nascimento. Infelizmente, ela preferia um outro, inferior; ela se suicidaria, jurava, se lhe recusassem "os abraços que desejava". Os pais consultaram o recluso. Arnulfo, fiel intérprete da mensagem episcopal, começou enunciando o princípio do consentimento mútuo. Parece que ouvimos Ivo de Chartres, que se esforçava por fazer admitir esse princípio no exato momento em que o abade de Oudenburg se preparava para redigir a vida de santo Arnulfo. "A autoridade canônica proíbe unir moça àquele que ela não quer; eu vos exorto, portanto, a ceder a donzela ao homem que ela ama para não a forçar a inconveniências"; mas esperem: vereis "vossa filha reclamar, ofegante, esse *sponsus* de quem hoje ela tanto deseja ver-se afastada", fazei a vontade dela; a honra não sofrerá. Os pais seguiram o conselho e se felicitaram por isso. Não pensemos que Arnulfo tenha apostado na "inconstância das moças", como diz o texto; não lhe atribuamos a ideia de que a jovem casada pudesse, infiel, ir ter com o primeiro pretendente em adultério, romper o casamento para concluir um outro: a união é indissolúvel. Não, Arnulfo anunciava um milagre. O amado era um "jovem", um desses sedutores que os pais viam, com maus olhos, se exibir diante das

---

4 PL, 174, 1398-9.

moças de sangue melhor para se fazerem desejar por elas. Cavaleiro famoso, ele continuou a arriscar sua vida para aumentar sua glória. Logo, ele a perdeu. De recém-casada, a filha indócil tornou-se nova viúva. O céu escolheu esse desvio para que ela "voltasse ao amor desse esposo que seus pais tinham escolhido primeiro e que, reunida a ele, ela suportasse com coração sereno o luto do primeiro". O amor, portanto, assenta bem com o bom casamento. Deus, tocado pela prece de seu bom servidor e pela virtude de esperança da qual deram prova seus bons pais, permitiu que se conciliassem as estratégias de linhagem e as diretrizes dos bispos.

Mais ricos são os dois últimos escritos dos quais tiro agora o ensinamento. Ao narrar a história de duas mulheres – uma delas malcasada, a outra, esposa muito fecunda –, pretendem mostrar como o casamento devia ser vivido pelo feminino. Mas revelam também como o era, verdadeiramente, pela nobreza. Pelo que dizem, pelo que calam, pela maneira como apresentam fatos, embelezando-os ou enfeiando-os, discerne-se como os dirigentes da Igreja, discretamente, sem precipitar nada, se consagravam a retificar as práticas matrimoniais.

A primeira dessas narrações – pelo menos sua versão primitiva – foi composta em 1084, quando o bispo de Noyon-Tournai, associado ao conde de Flandres, cuidava de solidificar as estruturas de contenção sobre as margens pantanosas do mar do Norte, em campos muito selvagens, mais ou menos conquistados sobre as águas estagnadas.[5] Na proximidade de Oudenbourg, que o prelado confiava a santo Arnulfo para ali estabelecer uma comunidade beneditina, um culto se tinha

---

5 *Annalecta Bollandiana*, v.44, 1926.

espontaneamente desenvolvido na comunidade de Gistel, perto de uma sepultura: doentes vinham, na esperança de uma cura, beber a água de um charco; à volta do túmulo, a lama se tinha transformado em pedras brancas, e aqueles que, por devoção, levavam essas pedras para casa viam-nas se transformar em gemas. Venerava-se, implorava-se a certa mulher ali enterrada. Era mártir: diziam que os asseclas de seu marido a tinham assassinado. Esse fluxo de religiosidade popular devia ser controlado, regulado. Decidiu-se proceder à elevação solene das relíquias e proclamar a santidade dessa mulher. Para preparar essas cerimônias, um monge de uma abadia vizinha, Drogon, especializado na hagiografia, foi encarregado de recolher sua lenda e fazer dela objeto de edificação. Alguns anos mais tarde, esse texto, para ser mais eficaz, foi corrigido por outro religioso.[6]

A mulher cujos poderes benéficos irradiavam à volta de Gistel chamava-se Godelive. Um nome tedesco. O segundo biógrafo pensou ser necessário traduzi-lo – a devoção, com efeito, começava a se expandir na região em língua românica: *Caro Deo*, amada de Deus: o nome combina com uma santa. Bem demais? Entretanto, o personagem não é mítico. As cartas do tempo trazem o traço de seu pai, um cavaleiro, vassalo do conde Eustáquio de Boulogne. Godelive nasceu, portanto, ela também, de "pais célebres", mas em camada inferior da aristocracia – como o marido a quem ela foi entregue, Bertolf, "poderoso", "de raça insigne segundo a carne": era um oficial do conde na região de Bruges. Os dois esposos combinavam bem, eram da mesma categoria. Foi, no entanto, um mau casamento. A *Vita* descreve esse aspecto ruim para melhor mostrar onde está o bem. É importante,

---

6 AASS, Juillet II, 403.

O cavaleiro, a mulher e o padre

antes de mais nada, que o bom casamento seja decidido pelas duas parentelas, e estas devem, primeiro, levar em conta as qualidades morais dos cônjuges. Foram o pai e a mãe de Godelive que escolheram, mas, entre a chusma de pretendentes ardentes de "amor" que rodeava a filha deles, passiva, como se deve, e bonita – embora morena, de sobrancelhas e cabelos escuros; mas Drogon logo corrige: sua carne parecia mais branca, "o que é deleitável, agrada nas mulheres e é honra para muitas" –, "preferiram Bertolf por causa de seu *dos*": era o mais rico. Casamento por dinheiro, mau casamento. Outro defeito: Bertolf não quis se apresentar como sedutor; não falou de casamento à moça, que não tinha nada a dizer, mas a seus pais; entretanto, estava aí o defeito, tinha agido "por sua única vontade", como um caçula que era, buscando fortuna longe de casa. Ora, ele tinha também pai e mãe. Deveria ter pedido, pelo menos, o conselho deles. Mais tarde, foi criticado por isso, e essas críticas tiveram alcance. Primeiro preceito, perfeitamente admitido pelos chefes de linhagem: o casamento não é questão de indivíduos, mas de famílias.

Segundo preceito, o marido deve ficar junto de sua mulher, ele tem o dever de cuidar dela. Ocorreu que Bertolf tomou ódio por sua esposa – logo, enquanto ele, conforme o costume, a conduzia da casa de seus pais àquela em que ele mesmo morava, na Flandres marítima, em Gistel, com sua mãe. Esta era separada do marido; nessa "pequena morada", o leito matrimonial se encontrava livre. Durante a viagem – bastante longa: era preciso dormir no caminho –, o diabo mudou seu espírito. E a aversão foi reforçada pelo discurso que lhe fez sua mãe, quando chegaram, zombando do aspecto físico da recém-casada, dos cabelos negros dessa estrangeira. Havia também algo de mau na parentela do marido: teria sido necessário que ela acolhesse melhor a mulher que ele trazia. Mas, diz Drogon, "todas as sogras odeiam suas noras; elas ardem por verem seus filhos casados, mas tornam-se logo ciumentas dele e de sua esposa". (É também por isso que essa biografia me interessa, pela relação que ela mantém com o mais concreto, o cotidiano da vida, o mais vulgar, por todos os ditados que ela contém: ela informa bem melhor do que uma crônica.) Bertolf, portanto, se distanciou de sua mulher. Já não queria participar da cerimônia nupcial que ocorreu, segundo as conveniências, em sua casa. Durante os três dias de bodas, seu lugar foi ocupado por sua mãe, mulher. Escândalo. A ordem moral, a ordem sexual havia sido transgredida. Em seguida, Godelive ficou sozinha no domicílio conjugal. *Desolata*, ocupando o dia em tecer e a noite em orar. "Com a ajuda desses escudos [o trabalho e a oração], ela se esquivava dos dardos desses devaneios dos quais a adolescência é, de ordinário, acometida": o cuidado do segundo biógrafo, para tornar mais convincente a versão de seu predecessor, foi de estabelecer que, abandonada a seu próprio governo, essa mulher não se tornou, por isso, impudica; pois, na opinião das pessoas, a mulher, a jovem mulher, sobretudo, cai no pecado, quer dizer, na luxúria, no momento em que o homem deixa de vigiá-la. Essa vigilância incumbe aos maridos. Eles precisam estar presentes, nos bons e nos maus dias, tomar para si a pena, já que devem, "por lei", dar suporte à esposa, viver com ela "pacientemente" até a morte, porque eles são dois numa só carne, já que, antes, "formam um só corpo pelo acasalamento conjugal". A carne, o corpo: os promotores da canonização de Godelive, creio, nunca pensaram em celebrar, nessa mártir, uma virgem (eis por que, mais tarde, no tempo em que os bolandistas editavam a segunda *Vita*, Godelive era principalmente venerada em Gistel). No século XI, consideravam-na uma esposa, plenamente mulher, e é assim que ela serviu, no duplo texto que analiso, para demonstrar as virtudes da relação conjugal.

Consumado, realizado pela *copulatio conjugii*, o casamento é indissolúvel: eis o terceiro preceito. Bertolf negligenciou Godelive. Quis se livrar dela. A ideia, muito simples, de repudiá-la não passou, segundo os biógrafos, nem por seu espírito, nem pelo de seu pai. Tramaram, na casa, tratá-la tão duramente que ela se cansou. Puseram-na a pão e água. Cansada de tantas "injúrias", ela fugiu. Era uma falta. Como se esperava. Drogon não se dá conta disso. O monge de Oudenbourg, retocando a primeira biografia, reconhece que Godelive transgredia assim "a lei evangélica", a proibição de separar o que Deus uniu: uma esposa não deve abandonar o lar conjugal. Ela partiu, descalça, faminta, acompanhada, é claro, de um serviçal: só mulheres sem-vergonha vão pelos caminhos desacompanhadas. Ela reclamou justiça ao homem que, com seu marido ausente, devia defender seus direitos: seu pai. Este, sem entusiasmo, se queixou ao conde de Flandres, o senhor do mau esposo. As duas *Vitae* inserem aqui um discurso proclamando — e esses escritos são, no meu conhecimento, os mais antigos que o fazem nessa região — que a Igreja tem competência exclusiva em matéria de casamento. Drogon, habilmente, faz o príncipe falar. Não pode julgar esse tipo de caso: eles são "de cristandade"; cabe ao bispo trazer para a reta via aqueles que se "desviam da santa ordem"; "sou", diz ele, "apenas o auxiliar", o braço secular. Cabe ao bispo admoestar; cabe ao conde, se for preciso, obrigar. *Auctoritas* de um lado, *potestas* de outro: a divisão é gregoriana, confere preeminência ao espiritual. O bispo de Noyon-Tournai julgou que era seu dever reconciliar os esposos; nenhuma presunção de adultério, com efeito, nenhuma referência à impotência do marido, nenhuma dúvida sobre o fato de que o casamento havia sido consumado. Godelive teve menos sorte do que a esposa do conde de Meulan: o direito canônico se tinha reforçado nesse meio-tempo, impunha que ela fosse reconduzida à casa de Bertolf.

Este jurou não mais a maltratar. Mas a manteve na solidão, privada de homens. O que chocava. Lamentavam que Godelive estivesse privada "dos prazeres do corpo". Ela demonstrava desprezá-los. Nesse ponto da narração, cheio da ressonância das liturgias mariais, desponta um pouco a ideologia do *contemptus mundi*. Fugazmente. A santa, nas privações consentidas, avança para o martírio. Bertolf decidiu suprimi-la, manda matá-la, à noite, por dois servos. Ele reaparece, uma noite, com sorriso nos lábios; faz sua esposa estupefata se sentar junto dele, numa almofada, na postura exata das conversas amorosas. Ele a toma em seus braços, lhe dá um beijo, aperta-a. Reservada, ela, contudo, consente, obediente, prestes a entregar-se aos deveres conjugais, já que o marido o exige. Bem de perto, este a seduz: "Não estás habituada com minha presença, nem de se alegrar com as doces palavras, com a volúpia compartilhada da carne [isso também necessário a um bom casamento] [...], vou pôr um verdadeiro fim ao divórcio do espírito, tratar-te como esposa querida e, abandonando pouco a pouco o ódio, trazer de volta a unidade de nossos espíritos e de nossos corpos [...], encontrei certa mulher que se diz capaz de nos unir por amor firme, de nos fazer amar continuamente e mais do que outros cônjuges jamais o fizeram sobre a terra". Elogio do amor espiritual, mas do amor carnal também – e, se o filtro é indispensável, é preciso se decidir a empregá-lo. Elogio também da submissão feminina.

Godelive hesita, aceita: "Sou a serva do Senhor; confio nele; se isso se pode fazer sem crime", ela seguirá os serviçais que vieram para levá-la à feiticeira, ou seja, à morte: com efeito, eles a estrangularam durante o trajeto. A hagiografia, nessa passagem, se maravilha diante de tanta virtude. Essa mulher se voltou a Deus, primeiro, temendo ser separada dele pela magia. Mas se prestou ao sortilégio; ela optou, diz ele, pelo casamento, "a fim de não ficar separada do Senhor que une os casais". Eis a grande, a espantosa lição dessa leitura piedosa. A união conjugal é selada pelo próprio Deus. Sacralizada, mas desse modo a carne o é também, assim como o amor, do qual é questão de uma ponta à outra da história. Um amor que não rompe em nada a hierarquia necessária, subordinando ao marido uma esposa dócil. Os esposos não somente falam, eles o fazem. E eis que o bispo de Noyon, em 1084 – mais audacioso do que o serão, durante muito tempo, seus confrades –, lúcido, consciente da realidade das coisas e da necessidade de conceder seu ensinamento à verdadeira vida, desejou que se tomasse como pretexto essa história de malcasada para celebrar, no casamento, nada além da plenitude, corpo e alma, da conjunção amorosa.

A outra campeã das virtudes matrimoniais é bem diferente. Ela foi satisfeita na relação conjugal e é uma grande dama, Ida, condessa de Boulogne. A autoridade eclesiástica foi pressionada para canonizá-la, não, dessa vez, pelo povo devoto, mas por sua neta e herdeira, a esposa de Estêvão de Blois. Enquanto este percebia crescerem suas chances de se tornar rei da Inglaterra, sua mulher decidiu, por volta de 1130, fazer reconhecer a santidade da segunda de suas avós; a primeira, Margarida da Escócia, já sendo oficialmente considerada santa. Os monges de Vasconvillier que velavam o túmulo de Ida foram chamados para narrar sua vida.[7] Essa existência nada tinha de excepcional, a não ser o fato de que a condessa era mãe de Godofredo de Bulhão. O hagiógrafo teve de colocar a maternidade no centro do panegírico. Adivinhamos seu constrangimento no prólogo. Ele se esforça para justificar o viés. Os santos, diz ele, ajudam a resistir às agressões demoníacas; a providência colocou-os, portanto, em todos os graus do corpo social. Mesmo nessa parte inferior, a feminina. Entre os santos, encontramos mulheres, e mesmo mulheres casadas. Com a condição, evidentemente, de que sejam mães. Acontece, nesse caso, que elas sejam "inscritas no livro da vida em razão de seus méritos e daqueles de seus filhos". Segue um elogio do bom casamento: é remédio para a luxúria; "segundo a lei", a progenitura o abençoa; é preciso vivê-lo na castidade: "Decerto, a virgindade é boa, mas, está provado, a castidade depois do parto é grande". Tendo disposto esses princípios como proteção, um beneditino pode se arriscar a demonstrar a santidade de uma esposa. Ele o faz discretamente, à maneira de Cluny, com um sentido agudo da oportunidade social, ajustando, como o bispo de Noyon, mas num outro sentido, o ensino dos Evangelhos e de Santo Agostinho aos valores profanos que se exaltavam nas casas da mais alta nobreza.

Genus, gignere, generositas, essas palavras ritmam a descrição dessa vida conjugal exemplar. Notemos sua conotação carnal: insistem sobre o sangue, o bom sangue. Ida foi, "pela clemência de Deus", um dos elos de uma cadeia genealógica. Bem unida em 1057, judiciosamente cedida, com 16 ou 17 anos por seu pai, o mui poderoso duque de Lothier — ele tinha tomado conselho e, confiando no conhecimento notório que permite "aos

---

7 AASS, abr. I, 141-4.

valentes juntarem-se", aceita a demanda que decentemente lhe tinha expresso por seus mensageiros o conde Eustáquio II de Boulogne, um "herói", de "raça nobilíssima", "do sangue de Carlos Magno" –, casada "segundo o uso da Igreja católica", Ida viveu a relação conjugal como todas as boas cristãs deveriam fazê-lo. Na submissão, primeiro: sua piedade se desenvolveu "de acordo com seu homem e por vontade dele": como imaginar que uma esposa seja devota apesar de seu esposo? Obediente, portanto, discreta no governo de sua casa, casta. "Segundo o preceito apostólico", foi "usando do homem como se não o tivesse", desviando-se do prazer, que ela engendrou. Três filhos – nada é dito das filhas: o segundo foi Godofredo de Bulhão; o último, Balduíno, rei de Jerusalém. Da glória que sairia de suas entranhas, Ida tinha sido advertida desde a adolescência: em seu sono, ela tinha visto o Sol descer do céu, repousar um momento em seu seio. O biógrafo expulsa com cuidado o erotismo pré-púbere do qual poderíamos, num tal sonho, discernir os sinais. Ida dormia, diz, mas com o espírito "voltado para as coisas do alto". Esse sonho, portanto, não a levava na direção da lubricidade. Anunciava uma santa maternidade. Quanto a seus filhos, Ida decidiu nutri-los ela própria – o elogio deixa pensar que o uso comum era diferente na aristocracia: ela queria evitar que, pelo leite de outro peito, eles fossem "contaminados" e "conduzidos aos maus costumes". De um corpo generoso, submetido à autoridade marital, vem todo o bem que esse texto edificante diz emanar dessa esposa santa.

Quando seu marido morreu, em 1017, ela conservou a viuvez, "alegrada pela nobreza de seus filhos", "enriquecida pelo amor do alto"; "ela se uniu ao esposo imortal por uma via de castidade e de celibato". Outrora, havia passado do poder de seu pai ao de seu homem. Caiu agora – as mulheres não devem permanecer sem guia – sob aquele do mais velho de seus filhos, Eustáquio III, sucessor de seu pai. Continuou a engendrar, não mais por seu ventre, mas por sua riqueza: ela havia abandonado seus bens hereditários aos homens de seu sangue contra dinheiro; desse dinheiro, cuja fonte longínqua era ainda o *genus* paterno, ela se serviu – com o "conselho", está claro, segundo a "opinião" do conde Eustáquio – para procriar outros filhos, aqueles espirituais: fecundou a região de Boulogne, reconstruindo, restaurando, fundando três mosteiros, de homens: ainda só conta a parte masculina de sua prole. Derivou assim, lentamente, para uma outra família: o abade de Cluny a adotou "como filha"; ela deixou a casa de seu filho, mas sem se tornar monja. Sempre dirigida por um homem, o abade da Capelle-Sainte-Marie, ela viveu na porta dessa casa, rodeada por suas aias. Recitando orações, mas "moderadamente". Nutridora, sobretudo. Nutrindo os pobres, os religiosos. "Servindo" homens, como é bom que as mulheres não deixem de fazer. Viram-na realizar milagres, testemunhos, também, de sua capacidade de engendrar. Uma pequena muda tinha, certa manhã, se encolhido sob seu manto; foi como nova gravidez; nascendo para o espírito, a criança se pôs a falar: a primeira palavra que pronunciou foi "mãe". E como essa filha, por ter pecado duas vezes mais tarde, dado à luz fora do casamento, tinha recaído em sua enfermidade, santa Ida por duas vezes a curou, purificando-a dessa maternidade pecaminosa. Esse panegírico encomendado dirigia-se aos homens que comandavam as casas aristocráticas: ele lhes falava de castidade, dos "usos da Igreja católica". *Mezza voce*. Mas, por pouco que a mensagem passasse, esse texto sublinhava fortemente a necessidade de submissão das esposas e a função genética do corpo feminino. Não se preocupava em evocar o amor. Celebrando o parto e a boa ordem, ele exaltava uma santidade puramente matricial. Pois os clunisianos sabiam bem o valor principal que se atribuía às mulheres nas mansões dos poderosos, e que os chefes de linhagem esperavam que lhes dissessem isso.

VIII
Guiberto de Nogent

Passo agora a duas narrativas, contemporâneas dessas vidas de santos, que são de interesse excepcional. Provêm de dois homens saídos da mesma região, o Beauvaisis. Uma é muito íntima. Ela é monástica: texto composto numa pequena abadia nos arredores de Laon; é, além disso, introvertida: seu autor, Guiberto, beneditino, se separou do século e oferece do casamento a imagem fantasmática que o assombra no fundo de seu retiro ansioso. A outra narração é, ao contrário, muito aberta ao mundo verdadeiro, de uma abertura intelectual – a escola – e social – a cidade: volto, com efeito, para a obra do bispo de Chartres, Ivo, empenhado inteiramente na ação direta, construindo aos poucos, em relação a problemas concretos, precisos, a pastoral, a teoria do bom casamento segundo a Igreja rigorista e erudita.

Em 1115 – onze anos depois da reconciliação de Filipe I –, Guiberto, abade de Nogent-sous-Coucy, então com 60 anos, escreve suas *Memórias*.[1] Esse livro é extraordinário. Nele vemos se misturarem a autobiografia, à maneira de Santo Agostinho, e a crônica. O olhar para o movimento da história se fixa num acontecimento recente, escandaloso, a erupção das lutas comunais na cidade de Laon, ali perto, em 1112. Foram, talvez, essas perturbações que incitaram o monge a escrever tal obra, a sair de seu retiro, a considerar a cidade, os manipuladores de dinheiro, os cavaleiros saqueadores, o mundo maculado do qual se deve fugir. Guiberto mostra o horror desse mundo. Seu objetivo? Incitar aqueles que quiserem ler o que ele traça no pergaminho a desejar mais ardentemente a terra sem o mal, o Paraíso prometido, reencontrado, do qual se veem, aqui embaixo, duas prefigurações simbólicas, os mosteiros e a Terra Santa. Sete anos antes, Guiberto havia escrito um outro livro, *Da ação de Deus por intermédio dos francos*, celebrando a grande migração para o leste, capaz de refrear a turbulência militar, de livrar a soldadesca de seus pecados: os cavaleiros escapando à corrupção mundana ao tomarem a rota de Jerusalém, como outros o podiam fazer ao se fecharem num claustro. Quando retoma a pena, pretende, por anedotas edificantes, com muitos "exemplos", confortar seus irmãos religiosos no esforço da perfeição, esperando também que desse ensino o eco soasse fora das paredes da abadia. Sua pedagogia se fundamenta num postulado: o século é repugnante. Não devo esquecer esse pessimismo sistemático quando exploro esse testemunho: ele, evidentemente, o deforma.[2]

---

1 De Nogent, *De vita sua*, ed. Bourgin.
2 Benton, *Self and Society in Medieval France*; Kantor, A Psycho-Historical Source: The *Memoirs* of Abbot Guibert of Nogent, *Journal of Medieval History*, v.2, n.4, p.281-303, dez. 1976.

Entretanto, pelos próprios excessos, a obra cria uma imagem muito preciosa dos comportamentos matrimoniais da cavalaria durante a segunda metade do século XI. Com efeito, Guiberto fala longamente de sua infância, portanto do casal que seus pais formavam.[3] Seu pai pertencia, como o pai de Godelive, à aristocracia intermediária: era um dos guerreiros ligados ao castelo de Clermont-en-Beuavaisis. Tinha se casado em 1040, quando a reforma estava mal começando. A esposa lhe foi cedida por um homem importante. Protetor do mosteiro Saint-Germer-de-Fly (do qual Anselmo de Canterbury foi prior por um período), o sogro tinha poder. Na hierarquia das honras, ele se situava um grau mais alto do que seu genro. O caso era comum: Eustáquio de Boulogne também tinha recebido uma esposa de melhor origem; Bertolf igualmente, sem dúvida. A moça não era herdeira; viera morar com seu marido. Ao falar das bodas, Guiberto qualifica seu pai de "jovem", o que não diz nada de sua idade. Quanto à noiva, tinha ela apenas 12 anos, idade-limite abaixo da qual o costume profano e o direito canônico proibiam de levar as donzelas para um leito conjugal. Que o casamento não tivesse sido imediatamente consumado parece explicável. Porém, de pronto gritaram que se tratava de sortilégio, imaginando um desses encantamentos que Bourchard de Worms descreve no *Medicus*. O feitiço não vinha, como de costume, de uma concubina abandonada, mas de uma "velhinha", madrasta do rapaz, ciumenta, pois essa união contrariava seus projetos: ela tinha desejado que seu enteado se casasse com uma de suas sobrinhas. Guiberto não duvida do fato. Ele julga que, "entre os ignorantes" – compreendamos, os leigos –, essas magias eram práticas correntes.

---

3 I, 12.

Levemos em consideração que o uso de casar meninas muito jovens com frequência provocava tais acidentes.

Um casamento imperfeito era inútil para a linhagem, porque ele não podia dar herdeiros; ele o era, também, sem dúvida, aos olhos de muitos membros da Igreja: como não extinguia o fogo da concupiscência, não desempenhava sua função. Podia-se mesmo considerá-lo um casamento verdadeiro? Nessa data, não é seguro que tenha sido abençoado. Apenas o laço dos esponsais parecia suficientemente forte para que não se pudesse desfazê-lo com facilidade? O fato notável é que, no caso, houve hesitação em rompê-lo brutalmente. Apelou-se para as formalidades. Aconselhando, em primeiro lugar, a esse esposo aparente de entrar na religião, ao mesmo tempo que sua esposa. O lugar de um impotente não era num mosteiro? Na Igreja, muitos julgavam salutar que, por consentimento mútuo, os cônjuges se separassem dessa maneira. Mas o marido recusou. Depois de três anos, tentou-se um outro meio legal: os textos canônicos, os que Bourchard de Worms havia reunido, autorizavam o homem incapaz de conhecer mulher a se divorciar. Mas era preciso que a incapacidade fosse provada. "Maus conselheiros"[4] incitaram o rapaz a tentar com outra parceira. "À maneira dos jovens", fogoso, sem juízo, o futuro pai de Guiberto seguiu esse conselho; tomou uma concubina, sem, por isso, parecer bígamo: ele estava mesmo casado? E, além disso, a companheira escolhida para essa experiência, de baixa condição, não tinha o título de esposa. O concubinato sobrevivia vigorosamente no reverso do verdadeiro casamento. O resultado foi convincente: um filho nasceu, mas morreu logo, como morriam então, acidentalmente

---

4 I, 18.

O cavaleiro, a mulher e o padre

ou não, muitos bebês legítimos, e mais ainda pequenos bastardos. Desaparecia o motivo de uma dissolução lícita.

Então, a linhagem agiu sobre a moça. Tentou, primeiro, por maus-tratos, levá-la a fugir, quer dizer, romper por ela mesma os laços, abandonando o lar. Essa adolescente sofreu essas humilhações às quais santa Godelive não pôde resistir: o paralelo entre essas duas aventuras femininas impressiona: Guiberto queria, ele também, que acreditassem na santidade de sua mãe, insiste sobre sua beleza, insiste sobre sua força. Suportou tudo. Restava uma causa de separação: a fornicação da esposa. Quiseram fazer dela uma infiel ou, pelo menos, levar seus pais a romper, eles mesmos, a *desponsatio*, por um melhor partido. Na casa, atraíram então um "homem muito rico". Ela resistiu. Deus, diz seu filho, a muniu de uma devoção mais forte que sua "natureza" e sua "juventude"; a graça impediu-a de arder; seu coração – entendamos, seu sangue – permaneceu sob o controle Dele. Guiberto vê na mãe a anti-Eva, a mulher forte das Escrituras, a virgem sábia. Continente, fria, como era desejável. Enfim, sete anos depois da cerimônia nupcial (desconfiemos: o número sete é simbólico; se a computação é exata, essa mulher tinha por volta de vinte anos), seu esposo a deflorou. O feitiço havia sido desfeito por outra "velhinha", graças a encantamentos de poder inverso, aqueles mesmos que o marido de Godelive fingiu querer empregar, e o monge de Nogent, assim como o de Bergues-Saint-Winock, contando a história da santa, não julga condenável um tal recurso aos sortilégios. A magia agrada a Deus quando é branca, quando favorece uniões legítimas. Em todo caso, desde esse resultado, a noiva, tão dócil quanto o foi Godelive, "se submeteu às obrigações conjugais". Passiva, como devem ser as boas esposas, prestando-se sem estremecimentos ao homem, para que ele se purgue de seus excessos de vigor.

O casamento é abençoado quando se mostra prolífico. Este o foi, abundantemente. Sem falar das filhas, das quais não se faz caso, quatro filhos nasceram (dos quais um foi monge em Nogent, com seu irmão). Guiberto foi o que nasceu por último. Sua mãe quase morreu ao dar à luz. Outra provação, complacentemente descrita, o parto durou mais de um dia.[5] As dores começaram na Sexta-Feira Santa – por compaixão pelos sofrimentos de Cristo. Como a parturiente ia morrer, quiseram rezar missa na manhã seguinte; as liturgias da véspera de Páscoa o proibiam de fazê-lo. Então, diante do altar da Virgem, foi feita a oblação da criança por nascer: menino, seria da Igreja; menina – de sexo "inferior", *deterior*, diz Guiberto –, sua virgindade seria consagrada. O bebê veio ao mundo. A mãe reviveu: é um filho.

Guiberto tinha oito meses no momento da morte de seu pai. Ele a considera providencial: se tivesse vivido, o pai, sem dúvida, rompendo a promessa, teria feito dele um cavaleiro. A linhagem pensou então em se livrar da viúva.[6] Ela não servia mais: tinha produzido um número suficiente de filhos homens, até demais. Conservava seu dote e tinha ascendência sobre seus filhos. Conversou-se com sua parentela. Esta não retomaria essa mulher ainda jovem, útil para estabelecer novas alianças? Erguendo-se contra aqueles que a queriam expulsar, ela tomou Jesus como protetor. Prosternada diante do crucifixo, era difícil expulsá-la. Ficou, mas sob a dependência dos parentes de seu marido. O filho de seu cunhado, que se tornara chefe da linhagem, julgou

---

5 I, 3.
6 I, 13.

seu dever tratá-la como tratava suas irmãs, suas filhas ou sobrinhas: deveria dar-lhe novo marido. No seio da família, o poder estava distribuído de tal maneira que ela não pôde se opor a essa decisão. Pelo menos, exigiu um homem mais nobre do que ela. Não era possível contrariá-la: ela era de nascimento melhor, e isso fazia sua força. Já mencionei que, nos casais aristocráticos, a hipergamia do marido é a regra. A diferença de classe, nesse sentido, mantém, no coração masculino, o temor da mulher; tende a projetar sobre ela a noção de mácula, própria, como nos ensina Mary Douglas,[7] a conjurar o perigo de que ela é portadora. No caso em questão, o obstáculo ao segundo casamento era insuperável: como, derrubando a desigualdade, encontrar um partido conveniente? A mãe de Guiberto, por obstinação, conseguiu não romper "a união de seu corpo ao de seu marido pela substituição de uma outra carne". A Igreja oficial não condenava, como os heréticos, as segundas núpcias. Mas os rigoristas, como Guiberto, consideravam o estado de viuvez, decerto inferior à virgindade, entretanto, como afirmava são Jerônimo, muito mais meritório que o estado conjugal. Essa mulher, como santa Ida, escolheu se impor as obrigações particulares exigidas pelos membros dessa *ordo*.

A primeira era a de aliviar a alma em sofrimento do defunto por práticas piedosas das quais, de passagem, Guiberto sublinha a eficácia. Sua mãe, ele conta, viu aparecer seu esposo sob um aspecto corpóreo, semelhante ao de Cristo ressuscitado: como este, a aparição proibiu ser tocado. Estava ferido de um lado; perto dele, uma pequena criança gemia. A ferida no flanco, no lugar da costela de Adão, significava que ele havia rompido o

---

7 Douglas, *Purity and Danger*.

pacto conjugal: o narrador está, com efeito, persuadido de que seu pai pecou, quando tomou, depois da *desponsatio*, uma concubina; compartilha portanto a opinião de Ivo de Chartres, que, na própria época em que escreve, insiste em fazer reconhecer que, mesmo se as bodas não ocorreram, mesmo se seus corpos não se misturaram, os esposos são unidos indissoluvelmente pela troca de consentimentos, pelo empenho das vontades; a ideia de não mais admitir que o concubinato seja diferente da fornicação se impôs: Guiberto, portanto, julga seu pai fornicador e bígamo. Quanto à criança, trata-se, é claro, do bastardo morto sem batismo e, em consequência, atormentado. A viúva interroga: o que fazer? O defunto responde: esmolas, e revela então o nome de sua companheira ilícita – ela ainda vivia na própria casa: novo indicador do caráter doméstico das exuberâncias sexuais. Para ajudar a redenção do pequenino morto, a boa mãe adotou um recém-nascido; encarregava-se assim da falta e escolhia, como penitência, suportar os gritos do pequenino vivo. E notemos que isso ainda prova que não era comum que as damas da aristocracia tomassem, elas próprias, cuidado de seus bebês.

Sua condição de viúva implicava também jejuar, ser assídua aos ofícios litúrgicos e ser pródiga com as esmolas. Essa mulher dilapidava, portanto, distribuindo aos pobres, as rendas de seu dote para grande descontentamento dos parentes de seu esposo. Enfim, no final de doze anos, eles a viram partir.[8] Podemos imaginá-la, em seus trinta anos, rodeada de varões, restrita à sua continência. Tinha pouco a pouco ficado sob o poder dos padres, e em particular desse clérigo que ela sustentava na casa para que instruísse seus filhos. Esse homem dirigia sua consciência,

---

8 I, 14.

O cavaleiro, a mulher e o padre

explicava-lhe seus sonhos: ela disse, certa manhã, para grande surpresa de seus filhos, de seus amigos, de seus parentes, que havia sonhado com um segundo casamento: nenhuma dúvida, o marido era Cristo, ela aspirava unir-se a ele. Essas mulheres frustradas são rodeadas por eclesiásticos, grandes e pequenos, que tentam capturá-las. Mas que se chocam com contraditores: Guiberto diz louco, possuído pelo demônio, um personagem que percorria a mansão gritando: "Os padres enfiaram uma cruz nas ancas dessa mulher". Em suma, ela partiu, acompanhada do confessor, e se instalou na porta do mosteiro de Saint-Germer. Havia cortado seus cabelos, tinha-se feito velha, vestia-se como as monjas. Tinha dado o passo, e seu último filho veio se juntar a ela, se incorporando, ele, à comunidade monástica.

Guiberto é excepcional por sua inteligência, sua sensibilidade tão viva. Vejo nele o representante desses rapazes tardiamente nascidos de casais formados como este. O que se pode entrever de sua infância o mostra rejeitado. Pela ausência de um pai, por esse menininho adotado para pagar a falta paterna. Excluído. Está destinado à Igreja. Nesse meio militar, toda a atenção é consagrada a seu irmão mais velho, cavaleiro, e a seu primo, chefe da linhagem, que Guiberto detesta.[9] Rancor, retração, que o fazem se agarrar à mãe, rodeá-la de mórbida veneração:[10] ela era bela, modesta, sobretudo casta: ela, pelo menos, tinha nojo da carne, fechava seus ouvidos às histórias obscenas, fugindo da bestialidade de uma raça de cavaleiros brutais e assassinos. Guiberto se agarra a suas saias; separou-se delas pela primeira vez em 1104, quando se tornou abade de Nogent: tinha mais de

9 I, 7.
10 I, 2.

185

50 anos. Um laço homólogo o liga à Virgem. Ele lhe fora consagrado mesmo antes de ter nascido. Ela é, para ele, a dama não maculada, a mãe fora de alcance. Com 20 anos, em Saint-Germer, ele escreve um tratado sobre a virgindade, refuta Eusébio de Cesareia, prova que são Paulo nunca fora casado. Guiberto testemunha excelentemente a frustração dos filhos caçulas. Uns, com as armas, encontram o modo de se desafogar na aventura, no rapto e nas formas suavizadas que ele toma nos rituais do amor cortês; os outros, clérigos ou monges, se enfurecem contra o que há de sangue e de alegrias no casamento e se abismam na devoção marial. Como todos os "jovens" que a disciplina da linhagem mantém no celibato, Guiberto tem raiva dos *seniores*, cuja sorte é ter mulher. Ele os condena na pessoa de seu pai, criticando-o à maneira desses jovens catalães que Pierre Bonnassie encontrou nas cartas do século XI, arrastando o pai diante de juízes, acusando-os de heresia, de bebedeira, de lubricidade. A esse rancor, duas obsessões se ligam: a fobia do sangue, da violência, quer dizer, da potência viril – Guiberto o exprime no *Tratado das relíquias*, por esse nojo que lhe inspiram esses restos corporais sórdidos que se veneravam nos relicários; a fobia do sexo: ela se traduz, nas *Memórias*, pelas narrações de castração, todos os boatos contados sobre os senhores da região de Laon que, nas noites de combates, cortavam o sexo de seus prisioneiros, os dependuravam pelos testículos. Guiberto guardou na memória a história que lhe contou o sobrinho do abade de Cluny. Ela lhe agrada, ele a introduz em sua narração; é a de um jovem marido culpado: ele amava por demais sua esposa[11] ("não como um esposo, o que seria normal, mas como um usurário,

---

11 III, 19.

O cavaleiro, a mulher e o padre

o que é um amor anormal" – o amálgama se operando naturalmente nessa comparação entre o gosto imoderado pelo dinheiro
e o do prazer sexual); partindo em peregrinação para Compos-
tela, ele havia levado consigo o cinto da amada; são Tiago lhe
apareceu – era, em verdade, o diabo – furioso, ordenando-lhe
que se castrasse; ele obedeceu, depois se degolou. Emasculação:
horror das mulheres, mantido nas abadias pelo que contavam
dessas devoradoras os monges que entraram tardiamente na
religião e que não eram, como Guiberto, virgens – tal como esse
velho nobre de Beauvaisis que se retirou em Saint-Germer, esgotado, meio morto: "Sua esposa mostrava mais vigor do que ele
no ofício do leito conjugal".[12] Perturbação dos velhos tomando
jovenzinhas em segundas núpcias, perturbação dos adolescentes tomando menininhas em primeiras núpcias: a mulher ater-
roriza. Ainda, outrora, ela era pudica, diz Guiberto;[13] como ela o
poderia ser hoje, vestida de ornamentos imodestos, perseguida
incessantemente por sedutores, desviada pelo mau exemplo? O
propósito de edificação deforma o olhar que o abade de Nogent
dirige para o exterior. Ele o é também por certas disposições da
alma, estas procedendo de uma experiência infantil, quer dizer,
no fim das contas, da maneira como se empregava o casamento
na classe de Guiberto e no seu tempo.

O que ocorreu na cidade de Laon em 1112 mostra a podridão
do mundo. Esse abcesso que estoura nos tumultos da comuna,
Guiberto o mostra amadurecendo no correr de um longo conflito.[14] Os protagonistas são Tomás de Marle, um senhor luxurioso,

---

12 II, 5.

13 I, 12.

14 III, 14.

sexualmente perverso, e a nova esposa, *superinducta*, do senhor de Coucy, seu pai, Sibila, sua madrasta, não menos luxuriosa e perversa. Um duelo entre Marte e Vênus. O sangue e o sexo. Na origem de tudo, o pecado da carne: Sibila é uma nova Messalina; para tomá-la, seu marido repudiou sua mulher, a mãe de Tomás; esta era fornicadora, e Tomás, ele próprio, sem dúvida, um bastardo. Assim, a explosão final, a guerra social, a raiva do povo temerariamente revoltado contra os mestres naturais, escandalosamente unidos em conjuração nefasta, finca raiz nessa concupiscência. Guiberto está convencido disso e, particularmente, quando, ao relatar o acontecimento, fala, aqui e ali, do casamento.

Ao lê-lo, revela-se, primeiro, que as atitudes mentais mudavam com extrema lentidão. Boa lição para os historiadores, sempre inclinados a privilegiar a inovação em seu primeiro despontar. Os comportamentos que esse texto nos informa diferem pouco daqueles que o ano 1000 deixa entrever. A heresia está lá, enraizada, ainda mais teimosa por ser camponesa, e é a mesma, aquela que Geraldo de Cambrai denunciava, oitenta anos antes – condenando especialmente o casamento. Para descrevê-la,[15] Guiberto retoma as palavras de Ademar de Chabannes, do monge Paulo de Saint-Père de Chartres: recusar o casamento é dar livre curso a todas as pulsões luxuriosas. Associação de iguais, a seita é uma comuna, tão detestável quanto a da cidade, não municipal, sexual. E volta a mesma história: de noite, no segredo, homens e mulheres misturados, apagam-se as tochas, grita-se "caos"; orgia; o fruto queimou-se nisso; as cinzas misturadas com o pão, é a eucaristia herética. Um novo traço, entretanto: sob a aparência de continência, a homossexualidade se esconde: "Os homens vão

---

15 III, 17.

com os homens, as mulheres com as mulheres, porque julgam ímpio que os homens vão com as mulheres". Como poderia ser de outro modo? Só escapam da tentação os esposos que, como Simão de Crépy e sua *sponsa*, se retiram, cada um, num claustro.

Remanência da heresia, remanência do nicolaísmo. Os pais de Guiberto queriam tirá-lo de Saint-Germer para que fizesse carreira na Igreja secular. Era o momento, por volta de 1075, em que, segundo as *Memórias*, na França do Norte – ao norte dos Alpes, dizem eles – começava a ação vigorosa contra o casamento dos padres. Algumas famílias senhoriais a apoiavam, esperando que a depuração lhes fosse permitir encaixar mais facilmente alguns dos rapazes em bons lugares do clero. O chefe da linhagem de Guiberto conseguiu fazer destituir um cônego casado; ele se preparava para instalar seu jovem primo na prebenda liberada; o outro reagiu e, como tinha influência, fez excomungar toda a família por simonia, por tráfico de bens da Igreja; conservou seu cargo e sua mulher. A resistência à reforma gregoriana foi, portanto, poderosa, eficaz. Não havia sido ainda quebrada quando Guiberto terminava sua obra: em 1121, em Soissons, um concílio lutava com dificuldade pelo celibato sacerdotal; enfrentava fortes contradições: uma vida de santo, a de Norberto, fundador de Prémontré, bem perto de Nogent, conta esse fato maravilhoso: tomando partido, sem o saber, por aqueles que, julgando que os clérigos eram homens como os outros, recusavam privá-los de companheiras, um menininho de cinco anos, em 1125, tivera a visão do Menino Jesus carregado nos braços de um padre casado.[16]

---

16 Na Inglaterra e sem dúvida na Normandia, o momento de plena intensidade do debate sobre o celibato se situa entre 1125 e 1130; Flint,

A rotina, enfim, não é menos pesada sobre as práticas matrimoniais no século XII. Mantém-se, em particular na aristocracia, o uso do concubinato. Já mencionei que Guiberto não gostava do chefe de sua linhagem: Este "recusava", diz ele, "ser regido pela lei dos leigos" — entendamos que ele não queria, segundo a regra gregoriana, contrair um matrimônio legítimo. Nisso constituía sua "devassidão". E a companheira desse reitor que fazia a gestão, na cidade de Laon, dos direitos do rei, a mãe de seus filhos, Guiberto diz que ela é "concubina".[17] A palavra, na boca dos homens da Igreja, designava toda esposa ilícita, por causa de bigamia ou de incesto. É assim que foi chamada Sibila de Coucy.[18] Ela não exprime também a reprovação de Guiberto e dos dirigentes da Igreja em relação aos esposos cujas bodas não tinham sido abençoadas segundo os ritos prescritos? O que recusava o primo "depravado" não era simplesmente o cerimonial que os padres se esforçavam por impor? Sabe-se que na mesma época, em 1116, o monge Henrique – de Lausanne, condenado por heresia em Toulouse em 1119 – pregava em Mans, não contra o casamento, mas, como os espirituais de Orléans em 1022, contra a sacralização. "Basta o consentimento para constituir o casamento", ele proclamava (nesse ponto, de pleno acordo com a ortodoxia), "qualquer que seja a pessoa [ele julgava que os casos de sangue, os laços de parentesco, não eram da conta dos padres] e sem que seja necessária a celebração, a publicidade, nem instituição pela Igreja." Os rigoristas podiam denunciar em tais declarações uma incitação à união livre, portanto, à

The *Historia Regum Brittaniae* of Geoffrey of Monmouth: Parody and Its Purpose. A Suggestion, *Speculum*, v.54, n.3, p.447-68, 1979.

17 III, 13.

18 III, 14.

forniçação. Na verdade, o desprezo da carne os inspirava: é indecente misturar o sagrado com os ritos preliminares à procriação, à união dos sexos, necessariamente repugnante. Afirmar a plena liberdade do compromisso conjugal incomodava as estratégias familiares e chocava os chefes de linhagem: o monge Henrique teve de fugir. Mas sua prédica contrariava também a intenção dos padres de se imiscuir nas cerimônias do casamento. Já tentavam fazê-lo nessa região, no início do século XI: a reação dos cônegos de Orléans, em 1022, o atesta. Teriam eles conseguido chegar a seus objetivos cem anos mais tarde?

Fora da casa real e de algumas casas principescas, parece que o ritual matrimonial permaneceu, durante muito tempo, profano. Isto é seguro no que se refere à festa nupcial, banquete, cortejo até a morada do casal, até o quarto. E no que se refere aos esponsais, à *traditio*, à cessão da moça pelos dirigentes de sua parentela? As cartas de Cluny de *sponsalitium* falam, desde o ano 1000, de Deus e do amor, mas falam sobretudo do dote. Na igreja de Civaux, um capitel – que pode ser datado do final do século XI[19] – historiado, o único da nave, dirigindo aos laicos uma admoestação muda, apresenta, em uma de suas faces, sereias atraindo homens para fora de um barco. Os homens, com efeito, navegam no mar do pecado, perigoso, e o perigo vem da mulher. Para se proteger dele, o leigo deve se casar. É a lição dessa escultura, que, na outra face, descreve, em contrapartida, o casamento. Aí se veem o esposo e a esposa com as mãos dadas. Eles não olham um para o outro, como se fosse necessário significar que, no ato

---

19 Segundo Labande-Mailfert, L'Iconographie des laïcs dans la société aux XIe et XIIe siècles, em *I laici nella "Società christiana" dei secoli XI e XII*, parte 3.

procriador, os cônjuges castos se desviam o quanto for possível dessa coisa imunda. Em todo caso, dois personagens, e não três. Nada de pai: o acordo das vontades é livre. Mas também nada de padre, de quem a iconografia cristã incessantemente afirmará a necessária presença. Um outro capitel, realizado por volta de 1100 em Vézelay, figura a tentação de são Bento. Um homem conduz pela mão a mulher até outro homem. A palavra *diabolus* está inscrita duas vezes: acima daquele que oferece, acima daquela que é oferecida – a luxúria é filha do diabo. Quem casa, aqui, é bem o pai, não o padre.

A imagem, nessa época, assegurava à mensagem a difusão mais larga. Na pesquisa muito difícil sobre a evolução dos ritos, ela é de pouca utilidade, pois, com relação ao casamento, é raríssima – já que toda a arte desse tempo que nos resta é sagrada, e essa raridade prova que o casamento quase não o era – e se deixa mal interpretar. Mais convincente é o testemunho dos textos, dos livros litúrgicos. Permanece conjectural, pois esses livros são mal datados e não se sabe bem qual era o uso deles; encontra-se a introdução de uma fórmula num pontifical; onde, quando, a respeito do que ela era realmente pronunciada? A pista assinalada por traços desse tipo é incerta.[20] O hábito de associar um homem de Igreja às solenidades sucessivas da *desponsatio* e das *nuptiae* parece penetrar pela Normandia, dirigir-se para Cambrai, Arras e Laon. Um manual redigido em Évreux no século XI contém o texto de preces recitadas por um padre. Ele opera dentro da casa. Abençoa. Abençoa tudo, os presentes, o anel, o quarto antes que os esposos entrem, o leito nupcial. Trata-se de outra coisa além de exorcismos multiplicados dos

---

20 Molin; Mutembé, *Le Rituel du mariage en France du XIIe au XVIe siècle*.

quais se esperava que barrassem o mal, precauções tomadas no momento mais perigoso, o da cópula, quando cai a noite? Um pontifical mais recente, datado da segunda metade do século XI, utilizado na diocese de Cambrai-Arras, mostra que uma parte do cerimonial era, agora, transferida para a igreja. "Depois que a mulher foi desposada (*desponsata*) pelo homem, e legalmente dotada, que ela entre na igreja com seu marido." Ajoelhados, eles são benzidos, antes da missa. Em consequência, as práticas rituais inauguradas dois séculos antes, por ocasião do casamento das rainhas, se tinham expandido. As autoridades eclesiásticas tinham obtido que, no meio dos ritos de passagem, entre a entrega da mulher, a promessa, o compromisso verbal, e sua introdução no quarto conjugal, ela se apresentasse diante do altar, de maneira que o casal já formado, mas não unido pela cópula, fosse abençoado. Nada mais. Um missal de Soissons do século XI relata, antes da missa, a bênção do anel, depois da missa, a bênção do quarto. Assim, parece que foi aplicado, muito lentamente, o que prescrevia em Rouen, em 1012, um sínodo: antes da refeição nupcial, "que o esposo e a esposa, em jejum, sejam abençoados na igreja pelo padre em jejum" – a sacralização, sancionando um levantamento eclesiástico prévio: "Antes de conceder aos esposos a bênção da Igreja, o padre deverá verificar se não há incesto, ou bigamia". É preciso, entretanto, esperar o século XII para descobrir um sistema litúrgico coerente nos manuais sacerdotais que subsistem, na maioria normandos, um deles, entretanto, de origem inglesa, empregado em Laon em 1125-1135. O lugar dos esponsais não é mais, então, a casa da moça. Diante da porta da igreja, os anéis são abençoados, o ato de dotação lido, o consentimento mútuo requerido, e pelo padre; ele está lá, agora, testemunha privilegiada, ainda passivo, no entanto: não realiza nenhum gesto cuja importância seja primordial; para dizer claramente, ele não põe a mão. "Que venha então aquele que deve entregar a moça [o ator principal, o que preside ao casamento: é o chefe da linhagem, o pai, o irmão, ou o tio], que ele a segure pela mão direita [como o diabo no capitel de Vézelay] e que a entregue ao homem como esposa legítima, se ela é moça, com a mão coberta; se é viúva, com a mão descoberta." O esposo introduz sucessivamente o anel em três dedos da mão direita da esposa, em nome do Pai, do Filho e do Espírito Santo, depois o põe na mão esquerda. Pronuncia a fórmula de compromisso: "Com este anel eu te esposo, com este ouro eu te honro, com este dote eu te gratifico". Em Laon, a mulher deve então se prosternar aos pés de seu mestre. Depois, entra-se na igreja; os esposos são abençoados, sob o véu, exceto para as segundas núpcias. Depois da missa, com a noite caindo, quando ganham o leito, que o padre venha abençoar a cama e, depois, de novo o casal: "Deus de Abraão, de Isaac e de Jacó, abençoe estes adolescentes, semeie no coração deles a semente da vida eterna".

Sacralização, portanto, ainda discreta. O padre ainda não substituiu o pai no momento essencial da conjunção das mãos, da cessão da esposa: o mais antigo traço dessa mudança decisiva está em Reims na segunda metade do século XIII. Quando o abade de Nogent escrevia suas *Memórias*, a partida parece estar longe de ser vencida. Hildeberto de Lavardin, bispo de Mans, afirmava que a bênção "une em casamento". Respondia assim à prédica do monge Henrique. Mas devemos notar que ele considerava essa bênção um favor especial, e sua insistência em exaltá-la leva a pensar que ele tinha de vencer fortes contradições. Para os leigos, o casamento permanecia coisa profana. Achavam bom que os padres viessem recitar orações à volta da cama, como nos campos para que caia a chuva, como sobre as espadas ou os cães. Mas desejavam manter o clero à distância.

O casamento, com efeito, entre os cavaleiros que Guiberto de Nogent vitupera, é um negócio, um meio de preservar, de realçar a honra da casa. Para tanto, tudo é bom, o rapto, o repúdio, o incesto. Leio esse texto e considero pelos olhos de seu autor os "poderosos" da vizinhança: João, conde de Soissons, o senhor de Coucy, Enguerrando, seu filho Tomás, apelidado de Marle, porque, esperando a morte de seu pai, reside em sua herança materna. Estes dois últimos mostraram-se *rapaces*, tomando à força moças ricas, "moças de castelo", como diz Dominique Barthélemy.[21] Precisam defender seus principados contra rivais poderosos. São obrigados a casamentos úteis. O que não é fácil e requer, frequentemente, a violência. Enguerrando, segundo Guiberto, cometeu sucessivamente dois raptos: por volta de 1075, tinha arrebatado Ade de Marle a seu marido, o conde de Beaumont; ele se livrou dela, tomou a esposa do conde de Namur;[22] este, guerreando a serviço do imperador Henrique IV, a tinha deixado num castelo das Ardennes; Enguerrando foi lá e a seduziu. Facilmente. Sibila deu seu consentimento. Guiberto a considera devorada pelo ardor: Godofredo de Namur, diz ele, mais jovem, entretanto, que Enguerrando, não a saciava. O abade não vê o jogo político, vê só a *libido*. Ao rapto, ao adultério, acrescentava-se aqui o incesto: não mais do que Filipe I, que Guilherme da Aquitânia, Enguerrando não era o primo dessa mulher, mas o era de seu primeiro marido; como o rei, como o duque, foi excomungado; o bispo, porém, era seu

---

21 Tese inédita, Universidade de Paris IV, 1980.

22 III, 3.

primo: foi absolvido do anátema. As *Memórias* reconhecem que Tomás usou o casamento para se apropriar dos bens: viúvo de uma primeira esposa, filha do conde de Hainaut, raptou, por volta de 1107, uma de suas primas, casada; ele a expulsou porque ela não lhe dava filhos. O repúdio era fácil: as mulheres são ou parentes, ou adúlteras. Ade de Marle foi acusada de sê-lo. João de Soissons,[23] para se liberar, pediu a um de seus familiares para se introduzir no leito de sua mulher, depois das luzes apagadas; ela rejeitou o intruso, ajudada por suas servas. É um boato? Uma carta de Ivo de Chartres confirma que João empreendeu uma ação judicial contra aquela que dizia infiel, pretendendo confirmar o crime pela prova do ferro em brasa.

É preciso taxar Guiberto de pessimista? O que se sabe do comportamento do rei Filipe não contradiz o que ele conta dos senhores menores, seus vizinhos. Polígamo, Fulque Réchin, conde de Anjou, o foi mais ainda. Seu tio, Godofredo Martel, em 1060, o tinha casado com a filha de um de seus fiéis. Essa mulher morreu. Ele se tornou genro do senhor de Bourbon. Pretextando um parentesco, ele rompeu essa união, tomou Orengarda de Châtelaillon. Em 1081, tinha se cansado dela: foi encerrada no mosteiro de Beaumont-les-Tours. Para selar uma reconciliação, Fulque prometeu então a Guilherme, o Conquistador, esposar uma de suas filhas, mas voltou atrás nesse compromisso. Os legados estavam de olho nele; deveria anular essa *desponsatio* segundo as formas exigidas; na abadia de Saint-Aubin de Angers desenharam-se então quadros genealógicos que, voltando sete gerações, atestavam que a *sponsa* era sua parente.[24]

---

23 III, 16.
24 Anjou, genealogias III e IV.

O cavaleiro, a mulher e o padre

Um outro esquema de ascendência, de mesma origem, leva a pensar que Fulque se separou, dessa vez depois das bodas, pelas mesmas razões, de uma filha do conde de Brienne.[25] Antes de 1090, tratava com Roberto de Courteheuse para obter Bertranda de Monfort. Esta, sabe-se, o deixou. Os cronistas contam que ela tomou a iniciativa, pois não queria, como as esposas precedentes, ser "expulsa como uma puta". Fulque, já o mencionei, ultrapassava os limites.[26] Mas, de todos os lados, manobras parecidas se descobrem. Henrique I, rei da Inglaterra, não queria, a nenhum preço, que seu sobrinho Guilherme Clito tomasse como esposa a filha do conde de Anjou. O papa terminou por anular, por causa de parentesco, os esponsais: Henrique havia obtido "por meio de orações", diz Orderico Vital, "assim como por um enorme peso de ouro, de prata, e outras especiarias".[27] A corrupção e a violência, a proibição de incesto empregada para contornar a proibição do repúdio ou então para lançar um suplemento de infâmia sobre as ligações indesejáveis, prelados às vezes exigentes, às vezes dóceis, conduziam seu próprio jogo: é evidente que Guiberto não exagera.

Podemos crer que ele delira um pouco quando evoca a sexualidade dos castelãos de sua vizinhança. Enguerrando de Coucy merecia, a seus olhos, todos os elogios; ele é muito nobre, generoso, cortês, respeitoso para com os padres; por infelicidade, ele é lascivo, cheio de mulheres. Seu filho Tomás mantém em casa um bando de "prostitutas" – e sempre voltam as mesmas palavras: *meretrices*, *pellices*; prisioneiro das mesmas obsessões,

---

25 Anjou, genealogia V.

26 Supra, p.19.

27 Burton Hicks, The Impact of William Clito upon the Continental Policies of Henry I of England, *Viator*, v.10, p.1-22, 1979.

Guilherme de Malmesbury não imagina o duque de Aquitânia, lúbrico, fundando em Niort uma abadia alegre para suas concubinas? As más frequentações perverteram João de Soissons.[28] Ele vive rodeado de heréticos, de judeus e, é claro, de moças. O que lhe agrada: estuprar as monjas. Abandona sua esposa, jovem, bonita, por uma velha que vai encontrar na casa de um judeu. É punido: a doença o toma. O clérigo, perscrutando sua urina, o exorta a se moderar — os médicos, que são da Igreja e persuadidos de que a mácula de sua alma, mais especialmente a luxúria, repercute nos humores do corpo, são os mais preciosos auxiliares para uma exortação à continência. O conde ouviu o conselho. Mas, numa noite de Páscoa, nas matinas, quando seu capelão explicava o mistério da Ressurreição, João zombava, repetindo: são fábulas, é tudo vento. O predicador o repreende: "Por que tu vens? — Por causa dessas moças bonitas que vêm aqui *coexcubare* [dormir fora], junto a mim". Essa declaração conduz a nos interrogarmos sobre a descrença, ou, antes, sobre a influência, menos restrita talvez do que se supõe, das doutrinas heréticas. Pois, em seu leito de morte, esse pecador inveterado respondia ainda ao padre que o convidava a se arrepender de sua falta mais pesada, esse gosto que tinha pelo corpo feminino: "Aprendi com mais sábio do que tu que as mulheres devem ser em comum, e que esse pecado é sem consequência". Essas palavras que Guiberto lhe atribui são aquelas atribuídas cem anos antes aos heréticos de Orléans. Quando, descrevendo sob as cores mais sombrias esse século perverso que ele detesta, Guiberto de Nogent estabelece, numa conexão indissociável, a heresia e a depravação, devemos pensar que ele divaga? Os rigores

---

28 III, 16.

ascéticos que alguns perfeitos se impunham não parecem autorizar todos os outros, delegando a esses abstinentes a função de purificá-los, a viver em liberdade suas paixões? Reconheci que o autor das *Memórias* não carrega tanto nas cores quando mostra as esposas indo, vindo, de uma casa para outra, na cavalaria da região de Laon. Ele está mais submetido a seus fantasmas quando evoca o uso que esses guerreiros faziam das mulheres? O historiador não pode, eu já o disse, medir a parte do desejo.

Que pensar do desejo feminino? Sibila, dama de Coucy, nunca tinha dominado seus ardores. O senhor guardião da abadia de Saint-Jean de Laon se gabava de ter compartilhado sua cama antes de suas primeiras núpcias.[29] Contava-se em todos os lugares que o conde de Namur a tinha desposado grávida e – notemos o fato – isso causava escândalo.[30] Ela havia abandonado esse esposo, insatisfeita.[31] Velha, obesa, deu sua filha ao jovem pelo qual tinha uma queda para que ele viesse viver perto dela. Desse genro, desse amante, ela fez o aliado de seu velho marido contra seu enteado. Poder da esposa – excessivo aqui, maléfico: ela inverte as diretrizes naturais, engendra a desordem, um tumulto, uma podridão que termina por infectar a cidade de Laon e toda a região. Esse poder, Sibila o devia à qualidade de seu sangue, à sua riqueza. Para Guiberto, ela o devia principalmente a seus encantos.

Se é preciso admitir que mulheres conseguiam, empregando seus encantos, comandar seus lares, não esqueçamos tantas

---

29 III, 5.

30 III, 3

31 III, 14.

vítimas, as maltratadas, as repudiadas. Confiavam-se aos bispos — estes, obstinados em reconciliar, as devolviam a suas misérias. As comunidades de abstinência ofereciam um asilo mais seguro. Assim, nos confins da Bretanha, bom número de damas nobres cansadas do casamento seguia os passos de Roberto de Arbrissel. O pequeno rebanho que elas constituíam errava pelos bosques, mal se distinguindo dos grupos heréticos. As mulheres estavam em contato com os companheiros do mestre. De noite, estes dormiam de um lado, elas do outro, o chefe no meio, presidindo a esse exercício de dominação de si mesmo cujo uso tinha se espalhado desde as ilhas britânicas, essa proeza: dormir na proximidade das mulheres e vencer seu corpo. Loucura, escândalo. Roberto teve de renunciar logo, fundar uma instituição regular, um mosteiro, Fontevrault, misto, mas no qual as duas comunidades viviam separadas por paredes.

Condição da mulher? Verdadeiro poder da mulher? A questão fica sem resposta. Não podemos propô-la sem acrescentar aos dados sociais e carnais — a costumeira inferioridade de nível, de nascimento, do marido no seio do casal, o poder sobre ele do apetite sexual — o jogo ambíguo que travavam os membros da Igreja. Ambíguo, porque sua posição também o era. A aventura de Abelardo data dessa época. Hoje, põe-se em dúvida a autenticidade de sua correspondência com Heloísa: essas pretensas cartas, que pelo menos foram remanejadas, compõem um sermão edificante que mostra a via de uma conversão, de uma ascensão progressiva. Mas revelam também a atitude de certa *intelligentsia* do clero. Como são Jerônimo, esses estudiosos condenavam o casamento porque ele impede de filosofar. Conservavam, no entanto, o gosto pelas mulheres. Abelardo era torturado por ele, hesitando entre as prostitutas, repugnantes, as

burguesas, desprezíveis, as damas nobres, cuja captura obriga a
perder muito tempo. Voltando-se para a sobrinha do cônego,
seu hospedeiro, facilmente seduzida nas familiaridades da casa,
oferecendo oficializar a união, mantendo-a, porém, secreta, sem
publicidade, sem bênção, sem bodas: um concubinato – não
tendo finalmente escolha senão entre esse estado clandestino
e a castração, corporal ou espiritual. Quantos Abelardos entre
esses homens divididos, que proclamam a necessidade para os
leigos de contrair laços indissolúveis, mas os invejando e, com
ciúmes, sonhando em impor-lhes a continência, coisa à qual sua
própria condição os obrigava?

Vemos os conventos de mulheres se multiplicarem na França
do Norte na virada do século XI para o XII. Esses refúgios tornavam-se mais necessários. O estrito controle exercido pela
linhagem sobre a nupcialidade masculina, os progressos da
reforma eclesiástica atirando na rua as companheiras das quais
os padres deviam se separar, exigiam que as moças, em número
excessivo, fossem recolhidas, encerradas. Mas as malcasadas não
abandonariam, em maior número, a morada conjugal por esses
asilos de devoção? Os prelados sentiram o perigo. Volto a essa
mulher, Ermengarda, que seu pai, Fulque Réchin, tinha cedido
a Guilherme de Aquitânia. Repudiada, ela coubera ao conde
de Nantes; quis abandoná-lo pelo monastério de Fontevrault,
reclamando a anulação de suas bodas. Os bispos recusaram.
Roberto de Arbrissel teve de devolvê-la a seu marido, fazen-
do-lhe sermão:[32] ela devia ser submissa, permanecer na sua
"ordem" de esposa e de mãe, ter paciência, se consolar, seguir

---

32 Lettre inédite de Robert d'Arbrissel à la comtesse Ermengarde, ed.
Pétigny, em *Bibliothèque de l'Ecole de Chartes*, t.15, 1854.

uma pequena regra para seu uso, muitas esmolas, não muitas orações, não muitas macerações para conservar energia no corpo. Aguentar, até que a matem, que a queimem, como o havia ocorrido, sob pretexto de adultério, à esposa de Fulque Nerra, seu bisavô. Mas essa filha de príncipe, que os bispos do concílio de Reims, em 1119, estupefatos, viram chegar, enfim viúva, para acusar diante deles seu primeiro marido de bígamo, não se tinha mostrado, ela própria, no seio de seus dois lares sucessivos, indócil, impossível?

A intrusão dos eclesiásticos nos negócios conjugais atiçou o rancor dos maridos. Guilherme de Aquitânia é tomado como autor dos poemas occitanos mais antigos. Consideram-no o primeiro cantor do amor cortês. A canção X da edição Jeanroy zomba dessas mulheres que, ligadas aos padres e aos monges, "fazem dar errado o amor dos cavaleiros". Elas cometem pecado mortal. Convém queimá-las, como se faz com as esposas fornicadoras. Vem a metáfora da brasa, cuja conotação erótica é evidente. Trata-se, é claro, de uma canção para rir, entre homens. Não a considero um prelúdio a esses debates de cortesia que colocarão em lados opostos, cem anos mais tarde, o clérigo e o cavaleiro, mas a expressão mais viva da animosidade marital contra esses diretores de consciência que contestavam o poder dos esposos e cultivavam a frigidez feminina. É o único eco direto que nos chega. No ponto em que me encontro, no início do século XII, a voz dos servidores de Deus cobre tudo. Ouvimos o monge Guiberto, ouçamos agora o bispo Ivo.

IX
Ivo de Chartres

A escrita de Ivo de Chartres é menos saborosa.[1] Ensina muito, também, sobre o casamento cavaleiresco, pois esse prelado queria retificar comportamentos que julgava condenáveis. Ele os descreve. O olhar que lança sobre o mundo é severo, tanto, talvez, quanto o do abade de Nogent. Ivo não era monge, mas havia vivido muito tempo nas comunidades regulares: condiscípulo de santo Anselmo na abadia do Bec, tinha sido nomeado pelo bispo de Beauvais, em 1078, já maduro, com 38 anos, para dirigir o mosteiro modelo de Saint-Quentin, uma fraternidade de clérigos que observavam a regra de Santo Agostinho, muito austera. Essa experiência fez dele o auxiliar ardente da reforma. Mostrou-o no caso de Filipe I.

Esse caso deu-lhe a oportunidade de falar alto, de formular claramente seus princípios. Antes de tudo, que os leigos e, em primeiro lugar, os mais poderosos, devem se submeter à

---

1 Labonte, *Le Mariage selon Yves de Chartres*.

autoridade da Igreja, aceitar que ela controle seus costumes, e especialmente seus costumes sexuais. É por aí que se pode mantê-los sob controle: pelo casamento. Todos os problemas matrimoniais devem ser submetidos à Igreja e resolvidos apenas por ela, tendo como referência um conjunto legislativo uniforme. Ivo de Chartres foi canonizado por ter assiduamente trabalhado para constituir esse instrumento normativo. Entregou-se inteiramente a essa tarefa entre 1093 e 1096, no tempo do intenso conflito entre o rei Filipe e os que o queriam separar de Bertranda. O trabalho consagrado a duas coleções preliminares levou à *Panormia*, uma síntese clara, rigorosa. Oito seções – em vez das dezessete do *Decreto* de Bourchard –, elas mesmas divididas em subseções, cada uma trazendo um título. Mede-se aqui o progresso da racionalidade durante o século XI. O pequeno mundo da alta Igreja esperava esse perfeito instrumento.

Ivo classificava mais judiciosamente os textos canônicos. Não dissimulava as discordâncias; até mesmo acrescentava, introduzindo extratos de leis romanas que exumavam os apaixonados juristas de Bolonha. Esperava, com efeito, deixar aos juízes a liberdade de escolher entre os textos em função das circunstâncias. "Se outros escreveram num sentido diferente", responde ele ao bispo de Meaux,[2] "entendo assim: querendo, numa intenção de misericórdia, adiantar-se à fraqueza de alguns, preferiram suavizar o rigor dos cânones. Entre as duas opiniões, não encontro outra diferença a não ser aquela que existe entre justiça e misericórdia, as quais, cada vez que, em algum caso, elas se encontrem presentes, caem sob a apreciação e decisão dos reitores [ou seja, dos bispos]. A estes

---

2 Carta 16, ed. Leclerc, p.69.

cabe ter em vista a salvação das almas e, em relação à qualidade das pessoas, levando em conta a oportunidade dos tempos e dos lugares, ora aplicar a severidade dos cânones, ora empregar a indulgência." Entretanto, desde Bourchard de Worms, a "discrição" permitida aos pastores tinha mudado de natureza. Ela não era mais discriminação, caso de inteligência, mas moderação, caso de coração. Ivo de Chartres partia, com efeito, de um postulado: se é permitido interpretar em espírito de caridade os preceitos de simples disciplina, ninguém poderia transigir quando na lei se exprime a vontade divina. Quando ele fala do casamento, apoia-se, portanto, em dois pilares inabaláveis: a união conjugal é indissolúvel; é de natureza essencialmente espiritual. Disso deriva o duplo dever dos prelados: acentuar o empenho mútuo dos esposos; reprimir os movimentos da carne, condenar sem fraqueza o que se refere ao sangue, à fornicação e ao incesto. A triagem que ele opera visa pôr em plena luz essas injunções, a extraí-las do matagal que as ocultaria. O bispo de Chartres não compôs, como o de Worms, um penitencial. Não trabalhava para os confessores, mas para homens que exerciam essa jurisdição da qual a Igreja se arrogava a exclusividade. E é por isso que ele colocou, no centro de suas coleções, passando dos cânones referentes aos clérigos aos que se referiam aos leigos, duas seções maiores, os dois pivôs de toda a obra, uma tratando das "bodas e do casamento", outra, "do divórcio".

A atenção daqueles a quem cabe julgar se encontra atraída para quatro pontos fortes. Primeiro em direção aos gestos e às palavras pelos quais se constitui a sociedade conjugal. Ivo queria ajudar o ritual a se impor, afirmando a necessária presença do padre nas cerimônias conclusivas. Reuniu então os textos referentes à publicidade das bodas, às bênçãos.[3] Mas insistindo, logo de início, na preeminência do acordo das vontades, portanto, dos esponsais:[4] a moça, entregue pela mão de seu pai, e o rapaz que a toma em sua mão não devem, nem um, nem outro, serem passivos. É deliberadamente que eles se juntam. Em consequência, é preciso que tenham atingido a idade da razão, 7 anos. E é enunciado o princípio de que as bodas são acessórias, que os esposos estão unidos antes que seus corpos o sejam. O pacto de *desponsatio* é, portanto, indissolúvel.[5] O que conduz ao segundo ponto: desencarnar, tanto quanto for possível, o casamento. Modéstia nas festas nupciais, nada de muita alegria, de muitas danças impudicas. Extratos de Santo Agostinho lembram que o único objetivo da união dos sexos é engendrar.[6] Extratos de São Jerônimo convidam à castidade: "No casamento, fazer amor voluptuosamente e imoderadamente é adultério"; o que é o *illicitus concubitus*, o que é abusar de sua esposa: é usar das partes de seu corpo que não são destinadas à procriação.[7] Ora, é evidente, a luxúria no casal vem da mulher; ela deve ser rigorosamente refreada. As referências a Ambrósio, a Agostinho se acumulam,[8] dispondo-a sob a dominação (*dominium*) de seu homem: "Se há discórdia entre marido e mulher, que o marido dome a mulher e que a mulher domada esteja submetida ao homem. A mulher submetida ao homem é a paz na casa". E, "já que Adão foi induzido

---

3 PL, 161; *Panormia*, VI, 2 e 5.
4 Ibid., 3 e 4.
5 Ibid., 4.
6 Ibid., 7 e 8.
7 PL, 161; *Decretum*, VIII, 42.
8 Ibid., 85 a 97.

em tentação por Eva e não Eva por Adão, é justo que o homem assuma o governo da mulher"; "o homem deve comandar (*imperare*), a mulher, obedecer (*obtemperare*)"; "a ordem natural é que a mulher sirva ao homem"; "que ela seja submetida ao homem como o homem o é ao Cristo"; que ela use véu, "porque não é a glória nem a imagem de Deus". Inversamente, que o homem não cuide demais de sua cabeleira. Ives condenou num sermão[9] as "modas impudicas": "Por ordem divina, o homem tem o primado sobre a mulher"; cabelos exuberantes demais, que o velariam a ele também, seriam sinal de sua abdicação. O modo de se vestir, de tratar seu corpo, deve manifestar aos olhares a diferença fundamental, sobre a qual a ordem social está fundada: a subordinação do feminino ao masculino.

Terceiro ponto: a lei da monogamia. Coloca-se aqui a questão do concubinato. A melhor maneira de reabsorver esse tipo de união é de a assimilar ao casamento legítimo: quando o homem usa sua concubina como esposa, o casal é indissolúvel.[10] Não é mais permitido repudiar uma concubina para se casar. Encontra-se, assim, formalmente condenado o casamento "à moda dinamarquesa". Aliás, há uma quantidade de textos que vêm apoiar a proibição do segundo casamento depois do divórcio.[11] O divórcio pode ser pronunciado por "causas carnais", a fornicação ou o incesto. Mas a separação é, então, apenas carnal: o laço espiritual não se desfez. O livro VII da *Panormia* traz um título significativo: "Da separação da união carnal por causa de fornicação carnal". A carne é

---

9 PL, 162, 608.

10 *Decretum*, VII, 59, 66.

11 *Decretum*, VIII, 140, 221-7, 230, 236, 239, 241, 255, 257-60; e a maior parte do livro VI da *Panormia*.

desprezível: podemos, em consequência, tomar esse objeto, o corpo, aqui, e pô-lo ali. Entretanto, e este é o quarto ponto, só a Igreja tem o direito de fazê-lo. Ela pode separar por causa de adultério,[12] por causa também de fornicação espiritual, quando um dos cônjuges trai Deus, quando ele adere, por exemplo, à heresia. O pastor, porém, não pode se decidir pela ruptura a não ser como último recurso, depois de ter feito tudo para consolidar a união. Porém, caso se trate da segunda causa carnal, o incesto, ele é obrigado a desunir. A "reconciliação" não é possível: ninguém pode mudar seu sangue. Em uma das coleções preparatórias figura, a esse respeito, um texto que se refere ao divórcio de Roberto, o Piedoso, e de Berta, sem dúvida empregado no esforço para afastar Filipe I de Bertranda. O casamento é anulado por si próprio no momento em que se constata a consanguinidade.

Compreende-se que, nesses anos, os prelados que lutavam contra a bigamia – a do rei da França, a do duque de Aquitânia – tenham posto o incesto em evidência. Como, porém, conciliar essa proibição absoluta – que não existe nos Evangelhos, tampouco em nenhuma das Escrituras: o Levítico está longe de ser tão rigoroso, com o princípio – enunciado por Jesus – da indissolubilidade absoluta? Ivo contorna essa contradição. Todo seu esforço doutrinal refere-se ao respeito à monogamia. Chega mesmo, enquanto reunia os textos canônicos – os que o bispo de Worms tinha coligido –, a manipulá-los. Tão desenvolto, senão mais, quanto havia sido Bourchard. Apaga deste ou daquele decreto certas palavras que o incomodam, porque elas autorizariam o segundo casamento depois do divórcio. A autoridade que Bourchard citava permitia ao "homem que sua

---

12 *Decretum*, VIII, 238.

O cavaleiro, a mulher e o padre

mulher quis matar", e que ele está no direito de expulsar, de "tomar outra esposa se quiser": retomando a citação, Ivo omite essa parte da frase.[13] Da mesma maneira, ao tratar de exilados mantidos muito tempo longe de seus lares: "Que tomem outras mulheres se não conseguem se conter", lê-se na coleção constituída pelo bispo de Worms; essa sentença desapareceu da *Panormia*. Ivo se refere a ela em uma de suas cartas, mas a amputa. Em seu tempo, o problema era incandescente. Muitos cavaleiros da França do Norte buscavam a aventura longínqua; sabe-se por Orderico Vital que, por ocasião da conquista da Inglaterra, as damas abandonadas da Normandia ameaçavam: "Vamos tomar um outro homem". Mas o que dizer agora aos cruzados que descobrem, ao retornar, que suas esposas fornicaram? Separá-los? Ao arcebispo de Sens que o interrogava Ivo fornece a resposta:[14] que os cavaleiros se prestem à reconciliação, considerando "a fragilidade do vaso feminino, indulgentes em relação ao sexo mais fraco, e se perguntando se eles próprios nunca haviam pecado"; ou então que se obriguem à continência até a morte de suas mulheres — caso contrário, seriam adúlteros; e é aqui que vem citado o texto de Agostinho, truncado.

Falei muito brevemente dos instrumentos normativos que o santo canonista forjou. Foram objeto de estudos eruditos, muito acessíveis. Com efeito, se a norma me interessa, é porque revela comportamentos que quer reprimir. Interesso-me, portanto, mais pela correspondência de Ivo de Chartres, complemento dessas coleções. Ela mostrava aos utilizadores como

---

13 Bourchard de Worms, *Decretum*, VII, 41; Yves de Chartres, *Decretum*, X, 169.
14 Carta 125; PL, 162.

empregá-las. Mostra aos historiadores como a teoria enfrentava a prática.

As coleções de cartas floresciam por essa época. Eram obras elaboradas, que seguiam regras precisas. Algumas compostas pelo prazer do texto, a maioria pela utilidade, para ensinar. Depois de 1114, enquanto de todos os lados se recorria à sua competência, o velho prelado elaborou o que havia conservado de suas missivas, cortando e, sobretudo, acrescentando. Queria confeccionar uma obra útil. Conseguiu: esse livro foi largamente utilizado. Foi copiado especialmente no oeste da França. Também em Laon: em certos manuscritos, junta-se a escritos teóricos referentes ao casamento. Com efeito, trata abundantemente das questões matrimoniais.

Algumas epístolas – são cartas de direção voltadas a leigos – exaltam a virtude da conjugalidade. Como esse bilhete dirigido ao rei Luís VI.[15] O monarca estava para se casar com uma sobrinha da condessa de Flandres, "moça de idade núbil, de nobre condição, de bons costumes", portanto perfeitamente recomendável. Hesitava. Insistiam para que escolhesse. Ivo de Chartres, por sua vez, o exorta: a sociedade humana é composta por três "condições": "os cônjuges, os continentes, os dirigentes da Igreja [...], diante do tribunal do juiz eterno, quem quer que não esteja em uma dessas profissões será privado da herança eterna". O homem deve se instalar em algum lugar: a marginalidade não é mais admitida. Luís é rei. Sem dúvida, tem o dever de procriar: "Se não tivesse sucessor, o reino seria dividido contra ele próprio". Ele precisa tomar mulher. Evidentemente, mulher legítima. Que ele saia dessa situação intermediária, que

---

15 Carta 239.

se estabeleça no lugar que lhe foi designado: na "ordem da vida conjugal". Três razões o convidam a se apressar: destruir a esperança daqueles que estão espreitando para tomar a coroa; "reprimir os movimentos ilícitos da carne", impor silêncio àqueles que zombam. Do quê? Da impotência, ou então, de apetites homossexuais? Outra carta, com a mesma tinta, ao conde de Troyes. Este meditava sobre partir para Jerusalém e, mudando de *ordo*, sobre se pôr ao serviço de Deus. Que tome cuidado, Satã se disfarça por vezes em anjo de luz: "Ele persuade alguns a não cumprir o dever conjugal com suas mulheres; ele quer, sob aparência de castidade, levá-los ao estupro ilícito, e levar suas esposas a perpetrar o adultério". Tens tua mulher. Não podes deixá-la sem que ela o consinta. "Se, no consentimento de tua mulher, servisses à castidade, mesmo se o fizesses por Deus, não servirias à união conjugal, o sacrifício oferecido não seria o teu, mas o do outro."

A correspondência do bispo de Chartres nos informa, pois examina todos os casos espinhosos sobre os quais os reitores da Igreja podiam ter de decidir. Essas análises são apresentadas como respostas a consultas. Podemos nos perguntar se o diálogo não é, por vezes, imaginário, se certas eventualidades não foram abstratamente consideradas a fim de que o guia ficasse completo. O que faz pairar uma dúvida: as cartas permitem apreender a prática real do casamento na aristocracia da região? Aqui e ali, a teoria não emerge novamente? Não conseguimos separar o vivido do sonhado. Sem recusar uma parte ao sonho, podemos, porém, considerar essencial a do vivido. Das 30 cartas que tomo, 11 tratam da conduta dos maridos, 20 da conduta dos que presidem ao casamento. Na primeira categoria, 4 fazem referência ao concubinato, 7 ao adultério; na segunda,

8 concernem à *desponsatio*, 12 ao incesto. Essa classificação bruta faz aparecer três traços notáveis: a autoridade episcopal se preocupa menos com a vida conjugal do que com a formação do casal; quando ocorre a conclusão do pacto, as decisões dos parentes tomam, via de regra, mais importância do que aquelas dos indivíduos e, mais precisamente, do que aquelas das moças; enfim, o incesto é a pedra que faz tropeçar. Avancemos mais no interior do texto.

Os bispos se interrogam,[16] voltam-se para o colega de Chartres. Eles esbarram na noção de mácula. Essa mulher já está no leito. Às vezes, está até grávida. Pode-se, como o deseja o homem, transformar por meio de gestos e de fórmulas esse concubinato em casamento legítimo? E essa esposa, casada segundo todos os ritos, que dá à luz três meses depois, pode-se, por ter cometido falta, privá-la da dignidade matrimonial? O que é a dignidade do casamento? Hesitam entre textos canônicos divergentes. Ivo os guia. É preciso, diz ele, considerar sempre os casos, as pessoas; mais rigor se impõe em relação àqueles que dão exemplo. Entretanto, a primeira regra é não separar, se não são primos ou adúlteros, esses homens e essas mulheres que, por suas vontades conjuntas, se uniram, que o são também por seus sexos "tornados uma só carne". "E ainda mais quando há um fruto, não do vício, mas da natureza." Diante desses casos – pois eis aqui a realidade social, a frequência das relações pré-nupciais e desses casais, tão numerosos, que se uniram fora dos rituais eclesiásticos, mas que desejam agora que suas uniões, como as dos reis, como as dos príncipes, sejam consagradas; que tais questões

---

16 Cartas 16, 148, 155, 188.

O cavaleiro, a mulher e o padre

tenham sido postas para os bispos não é também o sinal de que o uso da bênção nupcial se propagava e que, a respeito do simples concubinato, o descrédito, na aristocracia, começava a pesar? Ivo de Chartres conclama a vencer as repugnâncias, a admitir que a *commixtio sexuum* não é sem valor, que, sem o ato sexual, "os direitos do casamento não são perfeitamente realizados". Que o carnal não está inteiramente do lado do mal. Essas respostas, entretanto, acentuam a monogamia. Pois é bem essa a grande preocupação dos prelados que o consultam: conter todos esses esposos; em volta deles, todos os primos, os irmãos, impacientes por mudar de mulher; levá-los a respeitar mais o pacto conjugal do que tantos tratados de paz, de aliança, rompidos à primeira oportunidade. Ora, há o adultério, motivo de legítima separação.

O adultério feminino, na correspondência, é o único em jogo. Mas ele o é sem cessar. Por homens sempre à espreita. O cavaleiro Guilherme voltou depois de nove meses de uma expedição à Inglaterra; ele encontrou sua mulher dando à luz sete dias antes do termo; a suspeita nasceu, cresceu, voltou-se para um outro cavaleiro; não se deve, diz Ivo de Chartres,[17] contar tão minuciosamente: a "natureza" é viva ou indolente, vê-se bem isso nos intervalos, de ano em ano, do amadurecimento das colheitas. E, aí, eis que aparece João de Soissons reclamando que sua esposa lhe foi infiel: viram-na com seu amante "conversar em lugar privado". São necessárias, diz Ivo de Chartres,[18] pelo menos três testemunhas seguras. Eis, enfim, alguns herdeiros lesados pelo segundo casamento de uma viúva e que a acusam:

17 Carta 205.
18 Carta 280.

aquele que ela desposa é seu amante. Ivo de Chartres lhes impõe o silêncio:[19] "Se por medo ou por amizade não denunciaram a pecadora quando seu primeiro marido estava vivo" foram cúmplices do adultério. Defendidas por seus irmãos, seus pais,[20] que protegem a honra, que recusam a "infâmia", as suspeitas se dizem prontas para provar "que elas nunca foram senão uma só carne" com o homem designado. Vão jurar, enfrentar o julgamento de Deus, tomar nas mãos o ferro em brasa. Ivo, como todos os homens, pensa que, por natureza, as mulheres têm inclinação para pecar, para enganar. Geralmente proíbe empregar o ordálio, mas julga que, em certos casos, quando a acusação foi recebida segundo as formas e quando nenhum testemunho vem contradizê-la, é forçoso recorrer ao ferro em brasa. Mas, sobretudo, exorta à reconciliação. A não romper a união senão em último caso, cuidando escrupulosamente então a que os divorciados não se casem novamente.[21] As palavras que pronunciaram nos ritos de esponsais unem suas almas para sempre.

O valor assim atribuído à *desponsatio* incita a vigiá-la de perto, dirigi-la, lutar contra o mau uso que se pode fazer dela. A correspondência faz aparecer três pontos de discordância entre o modelo que Ivo de Chartres trabalhava para aperfeiçoar e a prática dos casamenteiros, especialmente aqueles que ofereciam esposas. O hábito era, primeiro, de combinar cedo demais entre casas e de unir crianças muito novas, muito antes mesmo dessa "idade da razão" que nem a lei eclesiástica, nem a lei humana fixam, mas que todos sabem começar aos sete anos. Fazia-se

---

19 Carta 249.
20 Carta 252.
21 Cartas 18, 222.

O cavaleiro, a mulher e o padre

isso pelo bom motivo, a paz, a extensão da "caridade". Mas o que pensar de empenhos a respeito dos quais os interessados não se pronunciavam, que saíam da boca de seus pais?[22] O segundo mau costume era o de romper facilmente os acordos – e era uma consequência direta do primeiro costume: quanto mais precoces eram os pactos, maior era o risco de ver os casamenteiros mudarem de opinião antes que as bodas fossem possíveis. Uma tal desenvoltura fornecia a prova de que, na consciência dos leigos, o que concluía verdadeiramente o casamento era a conjunção dos corpos, a mistura dos sangues, a festa nupcial. Não viam, por exemplo, o que podia impedir a substituição da esposa por uma de suas irmãs: a amizade não se encontraria rompida. Há um cheiro de incesto? Desaparece se a substituída é escolhida em uma outra parentela.[23] Ocorria também que os esponsais fossem quebrados por causa de violência. O rapto não havia desaparecido. Diminuía, porém: Ivo de Chartres o assinala apenas uma vez.

Um pai havia feito queixa:[24] sua filha, já prometida a Galerano, cavaleiro do rei, havia acabado de ser raptada pelo sobrinho do bispo de Troyes. Ninguém pensava em negar a competência da justiça da Igreja: o bispo de Paris foi investido do caso e reuniu sua corte. A moça é interrogada. Por que ela resiste? Eu já tinha sido dada, diz ela; tomaram-me à força, eu me debatia, eu chorava, minha mãe chorava comigo. Às questões que lhe são feitas, em seguida, o raptor – presente – não responde nada; eclipsa-se; não deviam mais revê-lo. Dez testemunhos

---

22 Cartas 99, 134, 243.
23 Carta 99.
24 Carta 166.

confirmam então as afirmações da vítima. Imediatamente é liberada, "não digo do casamento, mas do concubinato". O concubinato então pode ser rompido? Ivo parece se contradizer. Na verdade, para ele, nesse caso, apenas os corpos estavam em questão, não as vontades, e é do acordo das vontades que decorre a indissolubilidade do casal. Essa mulher podia entrar no leito de outro homem sem pecar. Ou antes, os varões de sua linhagem podiam utilizá-la para concluir um outro pacto. Galerano não a queria mais. Um outro senhor aceitava tomá-la como esposa. Mas temia ser considerado bígamo. E foi para tranquilizá-lo que Ivo escreveu tudo isso a seu bispo, o de Auxerre.

Para ele, quem jurou o pacto conjugal realizou, diz em outro lugar, a parte essencial do "sacramento" do rito: José não foi o esposo de Maria? – e é a primeira vez que é feita uma referência à sagrada família.[25] Em compensação, quem não se empenhou por suas próprias palavras não está unido. É o caso dessas moças de quem o pai concluiu um acordo e que podem contradizê-lo.[26] Em nome de tais princípios, os apoiadores da reforma combatiam os três costumes a que me referi anteriormente. Batiam de frente contra uma das bases principais da sociedade de linhagens: o direito do chefe de família de dispor das mulheres da casa.

Restam as cartas mais numerosas, ou seja, sobre a questão do incesto. Ivo expõe a Hildeberto de Lavardin a doutrina.[27] Já que "o casamento foi consagrado [pouco a pouco a ideia de sacralidade, de sacramento, toma corpo] desde a origem [como

---

25 Carta 167.
26 Carta 183.
27 Carta 230.

a repartição dos homens entre as três funções, a ordem da conjugalidade é pressuposta como estabelecida, *ab initio*, fora da história] da condição humana, é uma instituição natural". Não é possível rompê-la exceto por esse motivo previsto pela "lei" e pela Igreja: a fornicação. Entretanto, uma outra causa de divórcio foi acrescentada mais tarde "no desenvolvimento da religião cristã [portanto na história, na cultura, não na natureza, e em nenhum lugar, talvez, apareça mais claramente o embaraço do jurista diante da contradição entre a exigência de monogamia e o interdito de consanguinidade]". Isso porque, "segundo a doutrina apostólica, a união deve ser honrosa, e sem mácula em tudo". Ivo se refere à *honestas*, à noção de mácula. Não diz mais nada sobre isso. Impotente para melhor convencer, para justificar por argumentos claros, apoiados por autoridades seguras, a exigência obstinada dos padres. O refinamento do instrumental intelectual, a classificação minuciosa dos textos, sua crítica mais aguda, não servem para nada. Um bloco está lá, inabalável. Um monge de Saint-Bertin, compilando em 1164 uma genealogia dos condes de Flandres, o diz claramente em relação a Balduíno VI, excomungado com sua mulher, viúva de um de seus parentes: "O incesto é pior do que o adultério".[28]

No entanto, o incesto pululava. Nas consciências dos cavaleiros, a repulsa em misturar sangues saídos de troncos próximos era, ao que parece, muito menos viva. Não ausente, e unida talvez ao medo de engendrar filhos monstruosos, esse medo do qual os reformadores rigoristas, como Pedro Damião, tiraram partido: o autor do *Romance de Tebas* utiliza esse medo quando introduz, por volta de 1150, na história dos irmãos inimigos,

---

28 MGH SS, IX, 320.

a de Édipo, dispondo-a como fundo trágico.[29] Mas na moral laica o campo da interdição parece sensivelmente mais restrito. Quando os bispos os convidavam a examinar suas ascendências para além do terceiro grau, até o sétimo, os príncipes e os cavaleiros tinham dificuldade em compreender por que – ainda mais que muitos eclesiásticos, nas margens da ortodoxia, iam repetindo que não cabe aos padres voltarem-se para esses casos propriamente carnais. Eles viam, sobretudo na pesquisa genealógica, que sempre se chegava a descobrir laços de parentesco, o meio mais seguro de desfazer os laços de uniões que eles não queriam mais.

Quer a iniciativa viesse de chefes de linhagem que desejavam, como o velho rei Filipe e seu filho Luís,[30] obter que o divórcio de uma filha fosse solenemente pronunciado numa corte plenária, quer viesse dos prelados, levados ou não a contrariar tal projeto de casamento porque ele os embaraçava,[31] reuniam-se jurados, "nobres saídos da mesma linhagem"; contavam-se publicamente os graus, prestava-se juramento diante da justiça da Igreja.[32] Clérigos, familiarizados com a escrita, registravam essas declarações. Assim se multiplicavam os pergaminhos em que as filiações se encontravam inscritas. Serviam, e serviam de novo. Já falei daqueles que o conde Fulque Réchin utilizou para se separar de suas mulheres. Ivo de Chartres tinha, "sob sua mão", uma coleção dessas árvores genealógicas "que

---

29 Poirion, *Edyppus et l'énigme du roman médiéval, Senefiance Aix-en-Provence*, n.9, p.285-98, 1980.
30 Carta 158.
31 Carta 45.
32 Cartas 129, 130, 261.

começam pelo tronco e que vão, de grau em grau, até as pessoas em causa". Construídas sob o modelo das genealogias bíblicas.

Tais procedimentos estimularam a memória ancestral. Ela era naturalmente viva. O papa Alexandre II bem o sabia. Em 1059, para justificar a amplidão do interdito, ele assegurava que, até o sétimo grau, a amizade, a *caritas* natural, existe entre parentes, que não é preciso avivá-la por novas alianças porque até lá as filiações podem ser "prolongadas e trazidas à memória".[33] Mas, passando da oralidade à escrita, a lembrança adquiria clareza, solidez. Os inumeráveis processos por causa de incesto, portanto, favoreceram, no fim do século XI, a consolidação da consciência de linhagem. O efeito deles se conjugou com o movimento das estruturas para passar, da horizontal à vertical, a imagem de seus parentescos que as casas aristocráticas tomavam nessa região.

Esses quadros genealógicos, tal como o que Ivo de Chartres pôs diante dos olhos do rei da Inglaterra para evitar que a "majestade real autorizasse aquilo que ela deve punir",[34] ou seja, os casamentos consanguíneos, revelam que semelhantes uniões eram frequentes nas gerações anteriores, que os prelados eram muito menos exigentes e que alguns deles o foram, mas apenas depois de 1075 e no grande impulso do movimento reformador. Mostram, assim, que grandes senhores não recusavam tomar por esposas filhas que Henrique, rei da Inglaterra, havia concebido fora do casamento legítimo. Bem ao contrário, eles brigavam por elas.[35] Na minha opinião, é a prova de que não existia

---

33 Friedberg, *Corpus juris canonici*, v.I, p.224.

34 Carta 261.

35 Carta de santo Anselmo; PL, 159, 245.

no final do século XI, na Normandia, na aristocracia mais alta, apesar das objurgações do clero reformador, reticência com relação ao casamento de segunda zona, à moda dinamarquesa, nem de seu fruto. Cada um sabia que os filhos procriados por tais uniões inferiores não podiam pretender à herança, mas eles tinham o sangue de seus pais: o sangue real fazia o valor dessas moças. É duvidoso que essa atitude tenha sido própria apenas à região normanda. O rei Luís VI se preparava, ele próprio, para se casar com uma bastarda do marquês Bonifácio. O pacto já havia sido concluído: Ivo de Chartres o incentivou a rompê-lo, por respeito à *majestas*:[36] um rei não podia se rebaixar a se unir, contra a "honestidade", a moça "infame", porque de nascimento ilegítimo. Diante desses que queriam trazer a sociedade cristã àquilo que diziam ser o bem, erguiam-se práticas seguidas tranquilamente havia séculos. Formavam como um dique inabalável. Por força de palavras, de ritos de exclusão, os padres rigoristas pouco a pouco o desarticularam. Mas tiveram de se esforçar durante muito tempo para conseguirem que se considerassem "desonestos" o concubinato e a bastardia. Quanto ao uso de esposar prima, resistiam a ele mais fortemente ainda. Pois não apenas as uniões reputadas incestuosas serviam frequentemente à glória das linhagens, mas muitos incestos se produziam fortuitamente nas grandes casas por causa da promiscuidade familiar. O *Decreto* de Bourchard de Worms atestava a frequência da sexualidade doméstica. Ela preocupava ainda Ivo de Chartres. Três de suas cartas o mostram bem.

Um homem se acusava. Antes das bodas legítimas, ele havia tido com a irmã de sua esposa. O que fazer? Seis jurados

---

36 Carta 209.

estavam prontos para confirmar seu próprio juramento. Separada, a mulher conservará o dote, "preço", diz Ivo, "de sua virgindade".[37] Uma esposa pretendia ter compartilhado o leito do primo de seu marido (não era ela que falava, era o homem, o primo, que levantava a questão). Resposta: seria preciso que outros jurem com ele; a mulher poderá se purgar da acusação apenas por seu juramento.[38] Um homem, enfim, antes de seu casamento, confessava ter maculado a mãe de sua prometida com uma "polução exterior". Um mesmo caso havia sido debatido diante do papa Urbano, o qual tinha recusado o divórcio: com efeito, a *disjonctio* de um casamento "mal começado ou violado" não pode ser pronunciada na ausência de todo comércio carnal; ora, e Ivo traz aqui uma precisão interessante, é pela "mistura dos corpos, a *commixtio carnis*, que os esposos se tornam uma única carne na mistura dos espermas".[39] Retenhamos a evidência de uma larga liberdade sexual no interior das famílias. Bastante comum: quem quisesse ser legalmente separado de sua esposa podia evocar, diante dos padres, tais desregramentos; estava seguro de encontrar testemunhos prontos a confirmar seus dizeres: quem, nessas vivendas sem separações, não tinha visto, ou acreditado ter visto, a louvável amizade das linhagens desviando-se para abraços menos castos?

O interesse desse documento é também, emergindo das brumas, mostrar os prelados mais esclarecidos obrigados a flexibilizar seus rigores. Ivo não transige sobre a indissolubilidade. Um cônego de Paris se casou: que ele abandone sua prebenda, que

---

37 Carta 225.
38 Carta 229.
39 Carta 232.

desça para a *ordo* inferior, a dos cônjuges, e nela permaneça: não se separa o que foi unido pelo Senhor.[40] Entretanto, chega um momento em que ele vacila. Falam-lhe de um marido que descobre que a esposa é de condição servil. Seria uma boa razão para a repudiar: não se mistura o sangue dos "nobres" ao dos "servos"; aliás, aqueles que cederam a moça fraudaram. Ivo é inflexível:[41] é permitido autorizar a interrupção da "obra das bodas", a separação dos corpos, não de quebrar o "sacramento". Retrucam-lhe: ele próprio não está admitindo que homens livres repudiem uma esposa que não o seja? Ele se defende, com dificuldade.[42] O que dissolvi, diz ele, não foi um casamento, mas um mau concubinato. Cita, em seu apoio, um decreto do papa Leão; afirma, sobretudo, que o pacto que faz o bom casamento, indissolúvel, deve ser contraído de boa-fé. Se há engodo, Deus não pôde atar o laço: foram os homens que o amarraram mal; menos apertado, estamos no direito de desfazê-lo. O eminente canonista se debate. Suas razões não são as melhores. Como ele poderia ir contra as estruturas da ordem social, contra uma hierarquia de "ordens", de categorias, de classes, contra o princípio que ele próprio enunciou quando exortava a degradar o padre casado, rebaixá-lo do campo da lei divina àquele da lei humana? A lei humana prescreve a união conjugal. Ora, segundo essa lei "natural" – ele próprio a escreveu [43] –, não há nem livres, nem servos. Então? Entre as duas "condições" da sociedade laica, levantou-se uma barreira. Pelo próprio Deus. A teoria do bom

---

40 Carta 218.
41 Carta 221.
42 Carta 242.
43 Carta 221.

O cavaleiro, a mulher e o padre

casamento não podia contradizer uma outra teoria, maior, a da desigualdade providencial.

Ivo hesita, tateia. Mas esse caso difícil o conduz a prolongar sua reflexão sobre a espiritualidade da união conjugal. Não é o coito, ele retoma, que faz o casamento, mas o empenho das vontades, a fé, a boa-fé. Entre cônjuges que perceberam que foram enganados, que o sangue de um é capaz de aviltar o sangue do outro, que um reduz o outro à servidão pelo concubinato, não pode existir verdadeira *dilectio*, mas rancor e ódio. Se o "preceito de amor" não é respeitado, o casal não pode significar a união de Cristo e da Igreja, não pode ser o "sacramento", o signo desse mistério. A elaboração de um direito, passo a passo, ao longo dos casos, preparava, como se vê, a construção de uma teologia, ela própria estreitamente dependente da construção progressiva de uma liturgia.

Por volta de 1100, na alta Igreja cuja depuração se acelerava, alguns, como Ivo de Chartres, trabalhavam para aperfeiçoar o instrumental jurídico que, designando os casais destinados a serem, em nome de Deus, unidos ou desunidos, submetendo ao controle dos clérigos os costumes matrimoniais, assegurava por esse meio a dominação do poder espiritual sobre o temporal. Os mesmos prelados e outros trabalhavam para solidificar o sistema ideológico justificando essa dominação. Esse sistema é uma teologia do casamento. Perto das catedrais, em Laon, em Chartres, em Paris, a meditação pouco a pouco se concentrava no mistério da encarnação. Às questões que os prelados vinculados à justiça se faziam em relação ao casamento juntavam-se assim duas questões que os mestres se propunham quando comentavam as Escrituras. A da maternidade e da virgindade de Maria. A das relações entre Cristo e sua Igreja.

A primeira se tornava mais urgente nesses anos, enquanto se amplificava a devoção à Virgem mãe, um movimento que, o caso de Guiberto de Nogent o demonstra, estava relacionado com o rigor crescente das obrigações sexuais impostas aos padres, exaltando a virgindade, reforçando as estruturas de linhagens, venerando a maternidade. Maria mostra a imagem da mulher que, unida pelo verdadeiro casamento, pondo no mundo um filho, escapa, entretanto, ao mal. É o modelo da boa esposa. Tanto quanto às palavras de Jesus, os mestres, elaborando um modelo de virtuosa união conjugal, se referiam às narrativas anedóticas, canônicas ou apócrifas, cuja mescla prolifera em volta da pessoa do filho de Deus.

O refluxo da ansiedade escatológica tornava mais atual a segunda interrogação. Enquanto durar este mundo – e não se acreditava mais que seu fim estava tão próximo –, Jesus se encontrará presente por meio daqueles que transmitem sua palavra. Como se deve representar a *societas* estabelecida entre aquele que está sentado à direita do Pai e todos seus irmãos humanos que partem o pão em sua memória, aqueles que, muito mais numerosos, comem esse pão e balbuciam? A relação inefável do homem com Deus não pode se apreender senão pela analogia, a partir da experiência humana de outras relações, elas também de fervorosa reverência, tal como a do vassalo com seu senhor, como aquela, mais iluminadora e de mais forte poder metafórico, da esposa com esse homem que a domina, a corrige e a deseja.

Esse tipo de reflexão levava a precisar a noção de sacramento. Os homens de ciência reunidos em volta das catedrais se dedicavam a formar clérigos. Estes espalhavam tanto a palavra quanto a graça. Por intermédio deles, necessariamente, desce do céu e se espalha entre o povo esse benefício impalpável. Os

O cavaleiro, a mulher e o padre

mestres encontravam a palavra *sacramentum* nos livros com que o renascimento carolíngio tinha enchido as bibliotecas episcopais. Santo Agostinho fala do "sacramento das bodas" e coloca o "sacramento" entre os três valores que fazem o bem do casamento. "O que é grande em Cristo e na Igreja", escreve ele, "é pequeno em cada marido e mulher e, entretanto, o sacramento de uma conjunção inseparável." Para dizer a verdade, embaçado no latim dos Pais, o sentido dessa palavra tinha se tornado mais confuso ainda no pensamento selvagem da alta Idade Média. O termo, no falar comum, designava, em primeiro lugar, simplesmente o juramento, o fato de se unir tomando Deus como testemunha, tocando um objeto sagrado, uma cruz, relíquias: nessa acepção, a palavra tomava lugar naturalmente no campo verbal dos ritos matrimoniais. Ela se aplicava mais geralmente ainda a todas as fórmulas, todos os gestos que eram usados, por qualquer motivo, para abençoar grande quantidade de objetos: quando o anel, o leito nupcial, eram abençoados, a palavra, carregada dessa significação muito vaga, vinha aos lábios. Por *sacramentum*, os eruditos compreendiam, enfim, signo, símbolo. Por tê-lo reduzido a esse único sentido em relação às Escrituras, Béranger, mestre da escola de Tours, tinha sido taxado de herege em meados do século XI. A ampla controvérsia que suas proposições suscitaram tinha justamente dado início, nas equipes de intelectuais, ao trabalho de refinamento semântico. Ele prosseguiu ativamente. Quando Ivo de Chartres reunia suas coleções canônicas, a noção de sacramento permanecia, entretanto, flutuante: ela se ligava ao casamento mais estreitamente do que, por exemplo, ao juramento vassálico? O sentimento tenaz de que o casamento é um negócio carnal, e por isso inelutavelmente culpado, era um obstáculo para colocá-lo junto com o batismo e a eucaristia.

Georges Duby

Essa reticência, entretanto, ia se desagregando ao mesmo tempo que se propagava o hábito de transportar diante da porta da igreja, na presença de um padre, os ritos de palavras, de inspiração, espirituais e não carnais, pelos quais se concluía o pacto conjugal, e enquanto se fortificava a estrutura jurídica. Desde o fim do século XI, textos vindos da Itália se introduziam nas coletâneas canônicas: preceitos de santo Ambrósio referentes às *sponsalia*, preceitos de direito romano referentes ao consentimento. Sobre eles, Ivo de Chartres se apoiou para distinguir nitidamente a promessa de casamento, a "fé do acordo", fórmula que podia ser pronunciada apenas pelos que presidiam ao casamento, do casamento propriamente dito, unido por adesão solenemente expressa por cada um dos cônjuges, e principalmente pela moça. Na escola de Laon, os comentadores das Escrituras formulavam a distinção entre o empenho preliminar, e o empenho definitivo, *consensus de futuro, consensus de presenti.* Nesse próprio momento, um dos interlocutores privilegiados de Ivo de Chartres, Hildeberto de Lavardin, ousava estabelecer o casamento entre os "sacramentos", e numa posição muito eminente: "Na cidade de Deus", dizia, "três sacramentos precederam os outros pelo tempo de sua instituição, e são os mais importantes para a redenção dos filhos de Deus [desponta aqui o sentido novo: *sacramentum* poderia significar não mais apenas um signo, mas canal, veículo da graça eficiente]: o batismo, a eucaristia e o casamento. Desses três, o primeiro [entendamos, o mais antigo] é o casamento". Portanto — e é aqui que Hildeberto queria chegar —, o casamento pertence às leis eclesiásticas e à jurisdição dos prelados, apesar do carnal que gruda nele.

Durante as décadas que se seguiram à morte de Ivo de Chartres, entre 1120 e 1150, no jorro de fertilidade que levava,

O cavaleiro, a mulher e o padre

nesses lugares, a reconstruir Saint-Denis, a esculpir o tímpano de Chartres, a elaboração doutrinal se precipitou. Tomando a palavra *sacramentum* no seu sentido mais claro, apoiando-se na noção de signo, pesquisadores aprofundaram a significação simbólica da união conjugal. Partiram da metáfora: a Igreja é a esposa de Cristo. Entre uma e outro, uma relação de caridade se estabelece. Ou, antes, a corrente vivificadora emanando do *sponsus* eleva a *sponsa* para a luz. Não se trata, de modo nenhum, do *amor*,* que vem do corpo, mas da *dilectio*, essa solicitude desencarnada, condescendente, operando no seio da hierarquia necessária, fundamento de toda ordem terrestre, que coloca o masculino acima do feminino. Pouco depois de 1124, Hildeberto de Lavardin, belo retórico, mas um pouco perdido nos meandros de uma dialética hesitante, empreendeu definir o que é, no pacto matrimonial, o empenho mútuo.[44] Segundo Mateus e Paulo, o marido e a mulher devem ficar ligados até a morte. Por quê? É que o Cristo e a Igreja "não morrem, nem um nem outro"; entre eles, o fluxo e o refluxo da *caritas* não podem se interromper; como imaginar esse casamento "muito santo e espiritual" rompido? Isto constitui o significante (*designat*) da estabilidade do casamento carnal. Portanto, "é a estabilidade no casamento que é o sacramento porque ela é o signo [o equivalente simbólico] da coisa sagrada", a projeção do invisível no visível. Se ele não se rompe, se ele se mostra capaz de manter até a morte a caridade, o casamento humano é, ele próprio, sacramento; lugar que lhe cabe junto do batismo e da eucaristia, junto das coisas santas instituídas pelo Senhor. Geraldo de

---

* Em latim no original. (N. T.)

44 PL, 171, 963-4.

Cambrai, exatamente um século antes, enfrentando os heréticos, teria julgado tais declarações desarrazoadas, até sacrílegas.

Dado esse passo, restava um outro. Admitamos que o casamento seja o sinal do sagrado. Ele seria, por essa razão, veículo da graça, apto a contribuir para a "redenção dos filhos de Deus"? No mosteiro de Saint-Victor, nas portas de Paris, o cônego regular, Hugo, se dedicou a resolver esse problema. Em seu tratado *Dos sacramentos da fé cristã*, ele examina todas as maneiras pelas quais os clérigos devem agir sobre a sociedade. O título é significativo. Os sacramentos, mais que os signos, são os meios dessa intervenção mediadora. No livro II, 11, 2, Hugo de Saint-Victor trata do casamento como de um remédio que os servidores de Deus têm a função de administrar aos leigos para os curar. O casamento é, portanto, o portador de uma "virtude", de eficácia salvadora. Mas, para que ele se encarregue disso, é preciso retirá-lo do sexual. Hugo é, ele também, um apoiador do ascetismo. Pretende espiritualizar completamente o casamento. Com essa intenção, ele amplifica, mais fortemente do que Ivo de Chartres, outro asceta, tinha feito, o valor do empenho mútuo pronunciado no momento dos esponsais:[45] "Quando o homem declara: eu te recebo minha de maneira que tu te tornes minha mulher e eu teu marido, e que ela própria faz a mesma declaração [...] quando eles dizem e fazem isso segundo o costume existente [pouco importa o invólucro ritual] e que concordam sobre isso, é aí que quero dizer que estão casados de agora em diante". Que eles tenham agido assim diante de testemunhas (é importante que o façam) ou que "porventura tenham feito isso sozinhos, à parte, em segredo e sem testemunhas presentes

---

45 PL, 176, 488.

O cavaleiro, a mulher e o padre

podendo atestá-lo, o que não devem fazer; entretanto, nos dois casos, eles estão casados de verdade". Aqui, a audácia foi grande. Ela respondia ao desafio herético, ela afrontava Henrique de Lausanne no seu terreno, mas liberava os indivíduos do domínio da parentela. Não se preocupava nem com o interesse das linhagens, nem das negociações prévias, dos negócios de dotes, de dinheiro, de anel. Nudez. Os ritos não têm importância. Reduzido a essa troca de juramentos, o casamento ficava completamente fora da sociedade. Perdia sua função fundamental, que é a de introduzir oficialmente, entre os outros, um casal procriador. E adivinha-se a reticência, a resistência das tradições, a sociedade se defendendo. Havia coisa pior: Hugo de Saint-Victor julgava que se pode – é ilícito, mas se pode – tornar-se marido e mulher aos olhos de Deus sem bênção, sem intervenção dos padres, portanto, sem controle, sem se submeter ao interrogatório: são eles aparentados? Em que grau? Essa proposição pode parecer renegar todo esforço conduzido para encerrar nos ritos da Igreja os procedimentos conclusivos do pacto matrimonial. O sacrifício era enorme. Mas ele era necessário para chegar a esse resultado essencial: que as bodas não contam mais, que o sexo não conta mais, que, na sua essência, naquilo que lhe proporcionava sua virtude curativa, que lhe permite, como o batismo, lavar o pecado, o casamento seja desencarnado. O pensamento de Hugo de Saint-Victor se aventurava em direção ao espiritualismo radical.

As pesquisas de Francesco Chiovaro me conduzem a outra obra de Hugo, o tratado *Da virgindade de Maria*,[46] que data das proximidades de 1140. O autor medita sobre o mistério: como a mãe de Deus pôde ser a "verdadeira esposa" embora

---

46 PL, 176, 859, 864.

permanecesse virgem? E disso se coloca esse problema, concreto, terrestre – já que se trata de uma história vivida e, além disso, exemplar: o empenho matrimonial, pelo que ele implica de submissão ao outro na realização do dever conjugal, é conciliável com o propósito da virgindade? Associação legítima estabelecida por acordo mútuo, o casamento impõe aos contratantes obrigações recíprocas. Hugo, juntando-se a Hildeberto de Lavardin, vê o principal do consentimento mútuo na promessa de não desfazer o laço até a morte. Entretanto, ele reconhece, pelo avesso, uma outra consequência da adesão, a "de pedir e de aceitar reciprocamente o comércio carnal". Esse empenho, distinto do primeiro, como o corpo é distinto da alma, por consequência em posição subalterna, é, para ele, "o companheiro (*comes*) e não o criador (*effector*) do casamento". Seu papel é funcional (*officium*), derivado. Não é mais ele que une o laço. Intervém ainda, de maneira decisiva, o conceito de hierarquia, subordinando o carnal ao espiritual que forma a pedra angular de toda a ideologia "gregoriana". "Se essa função cessa, não podemos pensar que cessa a verdade ou a virtude do casamento, mas, ao contrário, que o casamento é tanto mais verdadeiro e mais santo quanto mais ele se fundamenta exclusivamente sobre o vínculo de caridade e não sobre a concupiscência da carne e o ardor do desejo." Hugo passa, então, ao comentário do Gênesis: "O homem deixará seu pai e sua mãe...". O marido deve reencontrar em sua esposa o que abandonou por ela. Ora, o que o ligava a seus pais não era, evidentemente, a união dos sexos, mas "a afeição do coração e o vínculo da dileção associativa". "É assim", diz Hugo, "que é preciso se representar o sacramento conjugal, que é em espírito" – como é espiritual a dileção da mãe por seu filho. Nós descobrimos esse cônego muito puro, irresistivelmente atraído, como o monge Guiberto de Nogent, na direção de sua mãe e, por meio desta, na direção da Virgem. Portanto, quando é dito que o homem "se ligará à sua esposa [...], é o sacramento [signo] dessa invisível sociedade que se une em espírito entre Deus e a alma". A glosa tropeça então no fim do versículo: "Serão dois numa só carne", quer dizer, no obstáculo do qual ninguém pode se desviar, o corpo. Essas palavras são "o sacramento [signo] da invisível participação que se conclui na carne [entendamos, no mundo terrestre] entre Cristo e a Igreja. O segundo [o segundo elemento da metáfora] é grande, mas o primeiro é maior: eles serão dois num só coração, numa só dileção em Deus e alma". O comércio carnal se encontra assim rejeitado para o acessório. Pode ser interrompido sem que o pacto seja desfeito. Seria bom que os maridos tomassem o exemplo de José. Hugo de Saint-Victor se retirou do mundo. Toma, por sua conta, o que ensina a vida de são Simão de Crépy, a história do imperador Henrique, que o papa logo irá canonizar. Indiferente à sorte das linhagens, à sorte da espécie humana, ele mistura sua voz a todas aquelas, heréticas ou não, que convidam obstinadamente à virgindade conjugal.

Os prelados atentos em levar uma ação positiva entre os homens, e antes de tudo nas casas da aristocracia, se contiveram de modo prudente em não avançar mais. Quando, dez anos mais tarde, Pedro Lombardo, em Paris, procura uma definição do sacramento que foi recebida como definitiva: "O sacramento é o signo sensível e eficaz da graça" [à ideia de signo, implicando, no casamento, que ele seja indissolúvel, se junta a ideia de transferência real do benefício], ele partiu da distinção sobre a qual Hugo se tinha fundado. Existe, diz ele,[47] entre os esposos

---

47 *Livro das sentenças*, IV, 26.

uma dupla conjunção, "segundo o consentimento das almas e segundo a mistura dos corpos"; a Igreja está unida a Cristo do mesmo modo, por vontade e por "natureza": ela, querendo o que ele quer, ele assumindo a natureza humana. "A esposa é dada ao esposo, espiritual e corporalmente, quer dizer, por caridade e conformidade com a natureza. O consentimento, a *desponsatio*, é, portanto, o símbolo da união espiritual entre a Igreja e Cristo; as bodas, a mistura dos sexos, o símbolo de sua união corporal." Portanto, o casamento que não foi consumado não é menos santo. Já é "perfeito". O *consensus de presenti*, o compromisso pessoal do esposo com a esposa "basta por si só para contrair casamento". O resto é apenas apêndice (*pertinencia*): a intervenção dos pais que cedem, mas também aquela do padre que abençoa; nem uma nem outra acrescentam algo à força do sacramento, elas o tornam apenas mais "honesto". Entretanto, e esse ponto é capital, a sexualidade conserva seu papel, seu lugar essencial, e sobretudo no seio desse corpo que forma a sociedade humana, porque é ela, e só ela, que dá significação a esse outro aspecto da conjunção misteriosa entre o divino e o humano, "do que, pela encarnação, une os membros ao chefe, à cabeça...". A carne, as bodas, se encontram, assim, subtraídas à reprovação. Entretanto, porque foi até aí, Pedro Lombardo se impede de dizer que o casamento transmite a graça. Sua virtude, conferida na sua plenitude desde a *desponsatio*, sua eficácia, é de ordem negativa: o casamento protege do mal. O casamento é, decerto, um sacramento, mas ele não é como o sacramento da ordem, fonte vivificadora. Sua ação é profilática. Isto, nesse momento, quando chegou a se estabelecer oficialmente entre os sete sacramentos da Igreja, fez o casamento ficar como que dobrado sobre si, constrangido, permanecer impregnado pelos restos de uma inquietação e de uma repugnância, uma e outra vinculadas ao que se passa de noite no leito conjugal.

O único dos sete sacramentos que não foi instituído por Jesus, mas apenas "restaurado por ele", o casamento existia no Paraíso antes da falta. Mas essa própria falta o precipitou na corrupção e, por mais que seja purificado, elevado, alguma coisa o marca como consequência dessa queda, e que pode levá-lo a cair ainda. Com a junção do espiritual e do carnal, o sacramento do casamento é também aquele dos sete que mostra o signo mais manifesto do mistério da encarnação — na aresta, em posição média, perigosa. O importante é que ele tenha acabado, no meio do século XII, por ser sacralizado sem ser desencarnado. Nesse momento, o conflito entre dois modelos, o eclesiástico e o leigo, perdia, com efeito, de maneira decisiva, sua aspereza.

SÉCULO XII

X
Na casa real

Para situar a dianteira desse conflito, para entrever seus avanços e recuos durante a segunda metade do século XII, o mais simples é voltar primeiro à linhagem mais alta, a do rei da França. Apreendemos aí, melhor do que em qualquer outro lugar, pelo desenrolar de três casos matrimoniais, os acordos e desacordos entre a moral dos guerreiros e a dos padres.

Em 1152, Luís VII se separou de sua esposa, Alienor. Ela partiu com sua herança, o ducado de Aquitânia, do qual seu novo marido, Henrique Plantageneta, tomou o comando. Por suas consequências políticas, esse acontecimento doméstico foi examinado bem de perto pelos historiadores dos séculos XIX e XX. Mas, mesmo na época, esse divórcio provocou grande agitação. Comentou-se. Escreveu-se muito a respeito, e por muito tempo. Subsiste uma braçada de testemunhos, que é frutuoso reler. Um deles expõe a versão que se desejava dar dos fatos na corte da França. Em 1171, talvez antes, um monge de Saint-Germain-des-Près escreveu o elogio do "rei gloriosíssimo".[1] A ocasião desse panegírico foi talvez o nascimento em 1165 de Filipe, herdeiro macho que Deus enfim dava a Luís como recompensa. Favor insigne: poupava aos franceses – cito a narração do autor – de ver o reino, como havia sido muito tempo o da Inglaterra, disputado entre pretendentes; percebe-se bem: o Todo-Poderoso prefere a França; desde as suas primeiras expressões, a história que escrevemos em Paris, perto do trono, é chauvinista; é preciso manter isso na memória quando se busca desembaraçar a trama a partir desse texto.

Quando se tornou pai, o soberano estava em sua terceira esposa. A primeira lhe havia sido entregue em 1137. Ele tinha 16 anos, ela, entre 13 e 15. Alienor não tinha irmão, seu pai acabara de morrer. Ela era a herdeira. Por seu casamento, Luís tornou-se o chefe da casa de Aquitânia; ele próprio casou a irmã de sua esposa; para estreitar a aliança entre as duas linhagens, ele a cedeu, apesar dos impedimentos de parentesco, a Raul de Vermandois, primo-irmão de seu pai. Alienor demorou para ter filho. Foi menina, a primeira, em 1145, outra nasceu em 1149. O casal voltava da Terra Santa. O historiador oficial nada diz sobre o que teria ocorrido entre os dois esposos durante a viagem.

Trata do divórcio no capítulo XV. Segundo ele, "próximos e primos do rei vieram até ele e, reunidos, lhe disseram que havia uma linha de consanguinidade entre ele e Alienor, sua mulher, o que eles prometeram confirmar por juramento". De fato, os cônjuges eram parentes em quarto e quinto graus. A parentela teria, depois de quase trinta anos, bruscamente revelado o incesto. "Surpreso", o rei não suportou viver mais tempo no

---

1 Ed. Molinier.

pecado. Voltou-se para os bispos, o de Paris, do qual era paroquiano, o de Sens, metropolitano. Em Beaugency, em março de 1152, reuniram-se quatro arcebispos cuja autoridade se estendia sobre o patrimônio do marido e da mulher, muitos de seus sufragâneos, "grandes e barões do reino da França". Essa assembleia mista constatou a consanguinidade em presença dos dois esposos. Como deveria ser, o divórcio foi "celebrado".

Nesse ponto, a *História* mostra Alienor se precipitando no segundo casamento. "Apressadamente", ela foi para a Aquitânia; "sem tardar", desposou Henrique, duque da Normandia. De fato, ela escapou primeiro do conde de Blois, que a espreitava; depois, de Godofredo Plantageneta, irmão de Henrique. Foi Henrique que se apoderou dela e a pôs, no mês de maio, em sua cama; em julho, Luís VII atacava, apoiado por Godofredo; a guerra prosseguiu até o ano seguinte. Quanto a Luís, nós o vemos, como bom chefe de linhagem, ocupado em casar suas duas filhas: a primeira – com 8 anos – com o conde de Troyes, a segunda – com apenas 3 – com o conde de Blois, consolando-se assim de ter perdido a mãe delas. Depois, o próprio rei se casou.

Nenhum obstáculo se impôs. Incestuoso, seu primeiro casamento não tinha existência. O monge de Saint-Germain teve o cuidado, entretanto, de justificar o segundo por duas razões. Luís pretendia viver primeiro "segundo a lei divina" que prescreve aos leigos o estado conjugal; respeitoso, por outro lado, com a moral da linhagem, ele agia "na esperança de um sucessor que, depois dele, governasse o reino de França". Em 1154, o "imperador" da Espanha lhe cedeu sua filha. Ela lhe deu uma criança. De sexo feminino, a recém-nascida foi quase imediatamente, em 1156, "aliada" (*sociata*) em casamento a Henrique, filho do rei da Inglaterra e de Alienor, nascido em março de

1155. O historiador nos tranquiliza: esse casamento – em tão pouco acordo, por causa da idade e do parentesco dos cônjuges, com os mais claros preceitos canônicos – foi concluído "por arranjo (*dispositio*) obtido da Igreja romana". *Dispositio, dispensatio*, o vocabulário flutua ainda, mas o mecanismo funciona perfeitamente, permitindo, com o respeito da autoridade pontifical, torcer a lei. Uma segunda menina nasceu em 1160. O rei tomou outra mulher. Bem rápido. Quinze dias depois, segundo o historiador inglês Radulfus de Diceto. Em verdade, esperou durante cinco semanas. Não mais: o tempo urgia, ele envelhecia. O panegírico explica essa pressa. O rei, primeiro, se decidiu, "aconselhado e incitado pelos arcebispos, bispos e outros barões do reino"; o casamento do patrão, com efeito, não é questão apenas dele, é questão de toda sua casa, nesse caso, dessa imensa casa que, pelos laços de vassalidade, se estendia por todo o norte da França. Luís agiu sobretudo "para sua salvação", preferindo se casar a arder (ele era ainda assim tão ardente?). Chega, enfim, o bom motivo: "Ele temia que o reino da França não fosse governado por um herdeiro originado de sua semente". Escolheram-lhe, para lhe assegurar esse sucessor, uma filha de Teobaldo de Blois: seu pai não era rei; cheia de irmãos, não esperava herança nenhuma; mas tinha para si seu sangue, o de Carlos Magno, e sua juventude, penhor de fertilidade. Isso fez ignorar o laço de parentesco, muito estreito: Luís VII desposava a irmã de seu genro. Cinco anos depois nascia Filipe.

A *Historia pontificalis*,[2] redigida mais perto do acontecimento, em 1160-1161, e por uma testemunha segura, põe o divórcio sob uma luz muito diversa. Seu autor tinha visto, em 1149,

---

2 MGH SS, XX.

O cavaleiro, a mulher e o padre

Luís e Alienor atravessando o campo romano de volta da cruzada, levados ao senhor papa Eugênio III. Este "apaziguou inteiramente a discórdia que havia surgido em Antioquia entre o rei e a rainha, depois de ter ouvido as queixas de cada um deles [...]. Entendeu que havia, agora, menção de consanguinidade entre eles; confirmou o casamento; proibiu, verbalmente e por escrito, de ouvir, sob pena de anátema, quem quer que atacasse esse casamento e quisesse dissolvê-lo [...]. Enfim, ele os fez deitar num mesmo leito que havia ornado com suas próprias e mais preciosas roupas de cama". Esse episódio é de interesse extremo. Entra em cena, pessoalmente, o soberano pontífice, o monarca cujas decisões primam sobre todas as outras nas estruturas que a Igreja, reformando-se, estabeleceu. De modo resoluto, o papa coloca a exigência da indissolubilidade antes daquela da exogamia. Não nega o incesto, proíbe que se fale dele. Bloqueia a máquina judiciária: não haverá divórcio por nenhuma razão que seja. O papa, enfim, confirma o casamento, digamos até que ele celebra as novas bodas, pois, não contente em pôr um termo na "discórdia do espírito", como diz a vida de Godelive, reúne os corpos, conduzindo os esposos para o leito, suntuosamente paramentado para ser como o altar-mor do rito nupcial; nesse rito, o papa toma o lugar do pai, abençoando o casal, exortando-o a viver na "caridade". Com efeito, depois de ter ouvido as queixas das duas partes, ele deu sua sentença na plenitude de sua função pastoral. Ele reconciliou. O bispo deve fazê-lo. Em que caso? Vejam as coleções canônicas: em caso de suspeita de adultério. Segundo o reto cânone, a fornicação é um motivo de separação. Mas o divórcio pronunciado por esse motivo exclui o segundo casamento. Ora, Luís, nesse momento, tem apenas uma filha, e ele é rei. É preciso fazê-lo, com toda força, suportar sua esposa. Percebemos o que a versão parisiense dissimulava cuidadosamente: o casamento real não estava apenas viciado pelo incesto. A *Historia pontificalis* – bem informada: a centralização romana fazia chegar à cúria todos os rumores – diz mais. Tudo começou em Antioquia. O rei e a rainha ficaram durante um tempo lá; era preciso pôr o exército em ordem; eram hóspedes do príncipe Raimundo, tio de Alienor; "a familiaridade do príncipe com a rainha, suas conversas assíduas e quase ininterruptas, causaram suspeitas no rei". Conversas, palavras: primeira etapa no trajeto ritual do amor cortês, e que prepara para outros prazeres.

Quando Luís VII decidiu retomar o caminho de Jerusalém, Alienor recusou segui-lo. Como explicar a atitude de Raimundo de Antioquia? Era apenas um jogo? Ele era o tio. Não estava pensando em retomar sua sobrinha para cedê-la, com sua bela herança, não sem lucro, a este ou àquele? Era preciso, para tanto, que ela pudesse casar-se uma segunda vez, portanto, que fosse separada de seu esposo atual não por fornicação, mas por incesto. E foi justamente em Antioquia que o parentesco foi evocado. Não como a história capetiana queria levar a crer, pelos primos do rei, mas por outra linhagem. A rainha "mencionou sua parentela, dizendo que era ilícito permanecer mais tempo juntos porque existia entre eles um parentesco de quarto e quinto graus". Alienor dizia a verdade, e João de Salisbury acrescenta: "Já havíamos ouvido isso na França, antes que eles tivessem deixado o país, quando o falecido Bartolomeu, bispo de Laon, contava os graus de parentesco, mas sem poder assegurar que a *supputatio* era fiel ou infiel". Essa revelação (?) teria perturbado Luís VII. De fato, ele já o estava pelo medo de ser enganado. Uma carta do abade Suger o convidava a reprimir seu "rancor" até a volta.[3] Mas "ele gostava da rainha com um afeto quase imoderado [...]. Ele a amava [de amor, não de *dilectio* nem de *caritas* – desse amor terrestre, carnal, aquele que conduz ao pecado] de maneira veemente e quase infantil". Segundo João de Salisbury, o erro do rei foi não se comportar como cabe ao *senior*, coisa já criticada retrospectivamente em seu avô Filipe. O mal, com efeito, se introduz no casal quando o homem se entrega à paixão e se deixa ir sob a influência de sua mulher. Luís aceitou a separação, mas primeiro se aconselhou com sua casa.

Veem-se aqui, misturados aos negócios matrimoniais, junto a parentes de sangue, os que o são pelos laços vassálicos. No século XII, a nova moda era, para os jovens vassalos, assediar a dama, a esposa do mestre, fingindo, por brincadeira, roubá-la dele. Mas o dever deles era também vigiá-la e vigiar o senhor: que ele não largue sua esposa, que não tome outra sem consultar seus "amigos". Quando acontece que o chefe, puerilizado pelo amor, não consegue mais controlar a casa, esta se divide. Alienor tinha seus partidários, zombava dos outros. Assim, de um dos familiares mais fiéis, ela dizia, rindo: eunuco. Ele o era, com efeito, pelo espírito, porque era cavaleiro do Templo. Esse homem, como os aduladores, os ciumentos dos romances corteses, deu, por despeito, este conselho ao rei: levar sua mulher, e rápido; em todo caso, não divorciar, pois, "por causa de seu parentesco, poderia se tornar um opróbrio perpétuo ao reino da França se, entre outros infortúnios, se dissesse do rei que lhe tinham roubado a esposa ou que ela o havia abandonado". O perigo era a vergonha – que o rei Luís fosse "odiado por sua

---

3 HF, XV, 509-10.

mulher" como o foi Ysengrin, enganado por Goupil, a Raposa. Quanto ao perpétuo opróbrio, não seria ele a bastardia? Os dois esposos partiram juntos, mastigando a dupla amargura. Eugênio III conseguiu apaziguá-los? Ele não falava de *amor*,[*] e sim de *caritas*; mas queria, ele também, evitar o opróbrio e, para isso, preparou o leito com fins de procriação legítima. Apesar da proibição pontifical, Luís e Alienor, três anos mais tarde, divorciavam-se em Beaugency.

As outras crônicas da época confirmam, quase todas, os dizeres de João de Salisbury.[4] Lamberto de Wattrelos,[5] que foi um dos primeiros, talvez, a escrever sobre o divórcio, também acusa o rei de "puerilidade". Meditando sobre o fracasso da terceira cruzada, Guilherme de Tiro[6] vê a causa disso no pecado dos príncipes. A pior falta: a luxúria, aquela de Raimundo de Antioquia, que quis raptar (*rapere*) a esposa do rei "por violência e por maquinações ocultas"; ele podia triunfar: Alienor era uma dessas "mulheres loucas" que gostavam de brincar; imprudente, "ela negligenciou a lei do casamento em detrimento da dignidade real"; foi "infiel ao leito conjugal". Pesando suas palavras, Guilherme revela o que todos pensavam em Antioquia ou em Tiro; o caso era banal: um adultério feminino. No fim do século XII, do lado inglês, os historiadores lançam um julgamento mais severo. Que sejam favoráveis ou hostis ao rei Henrique II, eles investem contra Alienor. Guilherme de Newburgh

---

[*] Em latim no original. (N. T.)

4 Dois testemunhos discordantes apenas: o de Roberto du Mont, HF, XIII, 293; e o de Ricardo de Poitiers, HF, XII, 120, clunisiano, feroz adversário dos cistercienses, portanto, de Eugênio III.

5 HF, XIII, 507.

6 PL, 201, 670.

O cavaleiro, a mulher e o padre

atribui a derrota na Terra Santa à paixão do rei Luís.[7] Deu o mau exemplo, levando com ele, na santa peregrinação, sua esposa. Teria sido preciso que o exército permanecesse puro, sem mulheres, e os cruzados, continentes como devem ser os guerreiros para ganhar as batalhas. Portanto, é mesmo a rainha, nova Eva, tentadora e enganosa, que estava na origem do desastre. Para Guilherme, como para Gervásio da Cantuária,[8] ela foi adúltera; descontente com os costumes do rei, ela se queixou de ter desposado um monge; ela sonhava com outras "bodas", "mais conformes a seus costumes". Digamos, a seu temperamento. Obteve o divórcio por um juramento artificioso. Para Geraldo de Gales,[9] enfim, ela é Melusina, a fada má, e, por ela, a raça dos reis da Inglaterra foi corrompida. Henrique Plantageneta ficou com o bom papel; ele não foi, como Luís, pueril; era um "jovem", no bom sentido do termo, o dos romances corteses, o da aventura; fogoso, raptou a mulher do rei da França e, pelo "amor de cavaleiro", vingou nobremente seu antepassado Fulque Réchin. O pecado no caso veio de Alienor, adúltera, e duplamente. Pois o pai de Henrique, "Godofredo Plantageneta, quando era senescal da França, tinha usado dela". Havia expressamente proibido a seu filho de tocá-la por duas razões: "Porque ela era esposa de seu senhor; porque seu pai a tinha previamente conhecido; no apogeu, portanto, de um enorme excesso, o rei Henrique, segundo o que se conta, ousou poluir a rainha da França por uma cópula adúltera". Alienor "não se conduzia

---

7 HF, XIII, 101-2.
8 HF, XIII, 125.
9 HF, XVIII, 155-6.

como uma rainha, mas como uma puta": o cisterciense Helinando de Froimont não julga necessário dizer mais.[10]

Iluminadoras, revelando nesse nível social altíssimo um grande respeito às formas jurídicas no seio de um aparelho da Igreja hierarquizada em que tudo se passa com flexibilidade, essas peripécias mostram, sobretudo, como, trinta anos depois da morte de Ivo de Chartres, ocorria o impedimento do casamento por parentesco. As autoridades eclesiásticas mantinham o interdito em reserva para se servirem dele eventualmente: Guilherme de Newburgh disse que as bodas de Alienor e de Henrique foram precipitadas; não é que os prelados do Oeste, requisitados pelo rei da França, se preparavam para impedir, argumentando com uma consanguinidade bem real? Mais frequentemente, talvez, a presunção de incesto preparava a outorga de uma dispensa, essa graça que, de um modo ou de outro, se pagava. Mas o argumento servia sobretudo aos leigos. Um depois do outro, Alienor e Luís VII o utilizaram. Eles acreditavam verdadeiramente na mácula? Não penso que o papa Eugênio III tenha acreditado nisso. Através das linhas de narrativas cujos autores são quase todos familiares das cortes, transparece também o jogo do amor, suas figuras rituais, suas ostentações, as formas que a sedução tomava agora na alta sociedade. Mais evidente é a liberdade que se tinha para se aproximar das damas nas casas principescas: Alienor não parece ter sido muito protegida em Antioquia; ela não o era mais em Paris, se acreditarmos na história – fabulosa talvez – de suas relações com Godofredo Plantageneta. Tais disposições mantinham as surpresas, sempre

---

10 PL, 212, 1057-8.

prontas a se dirigirem para a esposa. Essa facilidade fazia também da sedução uma engrenagem nas estratégias desenvolvidas em torno dessas heranças, mais precisamente da herdeira que, sabendo-o, comandava seu próprio jogo. Em todo caso, no meio que observo, o adultério feminino não parece apenas temido pelos esposos. É um traço de sociedade. Os aduladores bem o sabem, e aproveitam. É pretexto para divorciar. O homem hesita em empregá-lo, pois ele o cobre de vergonha. Mas todo mundo está persuadido de que a fornicação da esposa desune, rompe com a união dos corpos. Os chefes da Igreja, quando conseguem reconciliar, devem então repetir o rito nupcial. Enfim, Luís VII, de quem se zombou em todas as cortes, foi certamente bom esposo segundo a Igreja, submetido, talvez demais, aos caprichos de sua esposa. Mas ele, sem dúvida, considerava mais imperiosa ainda a lei da linhagem porque, esquecido das injunções pontificais, advertido pelo céu que, quinze anos depois de seu casamento, lhe dava de novo uma filha, ele repudiou Alienor; se ela persistisse a não gerar um macho, a Aquitânia seria, de todos os modos, perdida; essa mulher não era de nenhuma utilidade para a linhagem dos reis da França; ela era nociva. De acordo com os bispos galicanos, no respeito do direito canônico, ele se divorciou.

O divórcio de Raul de Vermandois tinha sido muito menos fácil. O caso permanecera pendente durante seis anos. Em 1142, para esposar a irmã de Alienor, Raul tinha repudiado sua mulher; ela era sua parente. Seu irmão, bispo de Tournai, Bartolomeu, bispo de Laon, e o bispo de Senlis tinham vindo contar e jurar os graus de consanguinidade. Esta era, no entanto, menos estreita do que entre Raul e a esposa que ele se preparava para tomar. "O rumor de perjúrio", registrou Hermano de Tournai,[11] "se espalhou por toda a região e foi levado até a corte apostólica pelo conde Teobaldo da Champanha: aquela que Raul tinha repudiado era sua sobrinha, e ele não suportava essa vergonha." Teobaldo defendeu a honra, esse bem de família, reclamou justiça em Roma, onde se tratavam as causas principescas. O papa acolheu sua queixa. Ela o beneficiava. Por impedir o casamento projetado pelo rei da França, tornava-se um meio de levá-lo a ceder sobre outros pontos, relacionados com as eleições episcopais. Inocêncio II apoiava os cistercienses. São Bernardo tinha apoiado inteiramente o conde da Champanha, seu benfeitor. Ele fazia de tudo, conclamava com veemência à ação. As cartas do abade de Claraval, como as de Ivo de Chartres, revelam, a partir do campo eclesiástico, todo um aspecto do caso.

"O que a Igreja uniu", escreveu Bernardo ao papa[12] – e ele é, no meu conhecimento, o primeiro que afirma nitidamente esse poder da Igreja: em 1084, para o biógrafo de Godelive, o conector do casamento era Deus, e é Deus, segundo os textos sagrados, que une; eis que se ousa dizer agora que são os padres; para são Bernardo, eles não só abençoam a união, eles enlaçam; a extensão da jurisdição eclesiástica provocou essa espantosa transferência –, "o que a Igreja uniu, como o quarto (*camera*) poderia desatar?". O quarto – Bernardo, admirável escritor, joga com a ambiguidade. O quarto é o lugar em que o senhor deve fazer o amor, é o leito, e a palavra evoca a carne, o pecado; mas o quarto, em todas as casas senhoriais, naquela, em particular, do papa, é também o lugar em que se guarda o dinheiro. De fato,

---

11 MGH SS, XIV, 343.
12 Carta 214; PL 182.

O cavaleiro, a mulher e o padre

aqui, é bem pelo dinheiro que o espiritual é corrompido. Aparece esse ator cujo papel não cessará, de agora em diante, de se amplificar, conferindo às relações sociais, e particularmente às conjugais, sempre mais flexibilidade, mas modificando também as atitudes mentais: na cobiça que leva os homens de alto nascimento a tomar ou repudiar tal ou tal mulher, o gosto pelas moedas se infiltra insidiosamente, ainda mascarado pela preocupação com a glória. Bernardo põe o papa em guarda. Que uma dispensa não seja vendida com vistas a legitimar o casamento de Raul.

O alerta não era necessário. Em Lagny, nas terras do conde de Champanha, mas bem perto do domínio capetiano, um legado presidia a um concílio. A sentença foi semelhante àquela proclamada um século e meio antes contra Roberto, o Piedoso; Raul devia retomar a primeira esposa sob pena de excomunhão; os três bispos que juraram foram suspensos por terem apoiado o divórcio. Luís VII, o casamenteiro, ficara, por sua vez, desonrado. Tomou armas. Vencido, o conde de Champanha cedeu. Bernardo, não: estava em jogo o poder da Igreja, toda a construção gregoriana subordinava o temporal ao espiritual. O abade escreveu ao papa para que não voltasse atrás. Insistiu para que Teobaldo respondesse. Por outros casamentos: o de seu filho mais velho na casa de Flandres, o de sua filha na casa do conde de Soissons. O rei imediatamente protestou. Ele deveria ter sido consultado: esses projetos matrimoniais empenhavam o futuro do feudo do conde de Champanha, que dependia dele. A discórdia permite perceber aqui as pretensões do senhor feudal: quer se juntar aos homens da parentela para controlar, com eles, os casamentos nas famílias vassalas. O pretexto? O feudo é hereditário. Passa de geração em geração, da mão de um homem para a mão de outro homem. Se um e outro são do mesmo sangue, pode-se pensar que esse sangue, que a educação recebida, predisporão a manter a amizade, a servir lealmente a dependência. Mas, se o sucessor é um genro, saído de outra linhagem, nada garante que ele se portará como "amigo". O senhor da terra quer ter sua palavra antes que as moças sejam prometidas.

Nesse jogo bastante disputado que ele travava contra as intrigas dos clérigos, Luís VII contestou a validez dos dois acordos de esponsais concluídos pelo conde de Champanha. Em nome do costume feudal, mas arguindo apenas pelo incesto: Hermano de Tournai nos explica. Mudando de lado, são Bernardo ataca agora a proibição por causa de parentesco.[13] Julgando-o, como o havia feito Henrique de Lausanne, caso carnal. Discerne-se aqui a força da corrente que, nesses anos, na época em que trabalhava Hugo de Saint-Victor, expulsava lentamente, em nome da espiritualidade, o conceito de incesto dessa posição sobre-eminente que ele havia ocupado no pensamento dos reformadores da sociedade cristã no tempo de Ivo de Chartres. Passando-o para o segundo plano. Por aquilo que o ligava estreitamente ao corpo e ao sangue. O laço conjugal une as almas. São Bernardo acabara de proclamar que ele é unido pela Igreja. Proclamava agora que esta pode, quando seu poder está em jogo, passar por cima da proximidade dos sangues e recusar desfazê-lo. "Se há consanguinidade [entre os noivos de Champanha, de Flandres e de Soissons]", escreve ele, "nada sei; nunca aprovei e não aprovo os casamentos ilícitos de modo consciente [justamente, ele se recusa a saber]. Mas sabei que se impedirdes as bodas, desarmais a Igreja e a privais de uma grande parte de suas forças." Em nenhum lugar se mostra mais abertamente a ligação fundamental entre o princípio

---

13 Cartas 182, 220, 224.

O cavaleiro, a mulher e o padre

que conduz a ver no casamento um sacramento indissolúvel e a necessidade, para a Igreja, de nada ceder de seu poder.

Finalmente, Teobaldo abandona seus projetos. Mas Raul e o rei da França não obtiveram satisfação antes de 1148. João de Salisbury, então presente na corte de Eugênio III, na *Historia pontificalis*, descreve como.[14] Raul havia compreendido que lhe eram necessárias conivências no colégio cardinalício. Era o lugar das decisões. "A intervenção do dinheiro", escreve João de Salisbury, irônico, "não deve ser excluída." Tudo foi arranjado por baixo do pano. Faltava a solenidade. Diante do consistório que o papa reunira em Reims, Raul se apresentou no dia fixado. Seguro dele, tinha jurado obedecer ao mandamento pontifical. Sua primeira mulher estava lá: dois consentimentos claramente enunciados por palavras presentes fundam o casamento; sua ruptura requer também que os dois cônjuges, face a face, falem e que sejam ouvidos. O papa Eugênio se preparava para cassar um julgamento pronunciado por todos os seus predecessores sucessivos, uma sentença cuja equidade, durante anos, poucos ousaram contestar. Abriu o processo, dirigindo-se primeiro à esposa e, atrás dela, aos homens de sua linhagem vindos para apoiá-la. Defensor das mulheres repudiadas, o bispo de Roma lhe prometeu benevolência: "Tu te queixas que recusaram te ouvir, que te fizeram violência; a parte adversa te prejudicou; eu te introduzo novamente na área da justiça, a fim de, livremente, tu e os teus, da mesma maneira que o conde, por si mesmo, possais alegar aquilo que quiserdes". A esposa, a única legítima no momento, manifestou então que ela não queria voltar para um marido cujo *animus* lhe tinha sido roubado. Ela agradeceu; escutaria de

---

14 MGH SS, XX, 521.

boa vontade o que diriam seus adversários. Avançaram-se então os apoiadores de Raul "para jurar, tocando nos Evangelhos, o parentesco que eles tinham, numa outra vez, falsificado". À frente, Bartolomeu de Laon, santíssimo homem, amigo de são Norberto, de são Bernardo. Prudentemente, o papa o interrompeu quando sua mão se dirigia para prestar juramento sobre o livro. Mas o testemunho foi recebido. Logo, o divórcio foi pronunciado. O casamento era incestuoso; era nulo; o homem e a mulher tinham a licença para contrair um outro. Foi acordado, entretanto, que o conde de Vermandois restituiria o dote àquela que havia sido sua esposa. Soube-se, então, não sem espanto, que o conde Teobaldo já tinha recebido as compensações. Todo o factício da cerimônia se descobria. Alguns se escandalizaram, entre eles, são Bernardo. Furioso por ver triunfar o conde que "por tanto tempo havia escandalizado a Igreja", profetizou: "Nada de bom sairia de seu leito". A predição, continua João de Salisbury, foi em parte confirmada. A segunda esposa morreu logo. Deixava três filhos. Sinal evidente de corrupção, o menino contraiu a lepra. As duas filhas, herdeiras por causa disso, foram casadas, e muito bem, uma com o conde de Flandres, outra com o conde de Nevers. Permaneceram estéreis. O céu punia o adultério em seus frutos. Raul tomou uma terceira mulher e ficou doente pouco depois. Seu médico o proibiu de fazer o amor: ele era *uxorius*, quer dizer, submetido à mulher, prisioneiro de sua *libido*: ele não obedeceu e morreu em três dias. Extraiamos a moral da história. Ela é dupla. Parece que João de Salisbury não pensava que o sangue do conde de Vermandois tinha sido corrompido pelo incesto. Quem acreditaria ainda que este fosse nocivo para além do terceiro grau? Raul fora castigado principalmente por duas faltas: a concupiscência, por não ter sabido se dominar, em todo caso, dominar sua mulher; com sua indocilidade, ele tinha "escandalizado a Igreja". E é a segunda lição: o pecador que se submete à jurisdição dos padres fica perdoado. O bom cristão deve se prestar ao jogo. Um jogo sutil e que é complicado ao mesmo tempo por essa "cupidez" que se vê invadir até os mais altos graus da hierarquia eclesiástica e pela discordância dos textos. Apoiando-se neles, Eugênio III pode dissolver, em Reims, e reunir em Tusculum no ano seguinte. Agindo a cada vez pela "utilidade" da Igreja. O essencial era que a autoridade dela fosse reconhecida.

Ela o foi cada vez mais na segunda metade do século XII. Os papas eram agora eruditos, como Alexandre III (1159-1180), antes mestre Rolando, ilustre jurista. Expulso de Roma por Frederico Barbarossa, residiu muito tempo na França, com a amizade do rei Luís VII, e é aqui, retomando o papel de Ivo de Chartres, mas com mais majestade, que deu a resposta aos bispos que o interrogavam sobre o casamento, que decidiu, que deu sentenças, atento mais do que nenhum de seus predecessores às questões matrimoniais. Mantendo os princípios: indissolubilidade desde as trocas de palavras; solenidade dos esponsais diante da Igreja na presença necessária do padre. Reservando-se o direito de usar com liberalidade, flexibilidade, o poder de desunir, de dispensar, segundo as circunstâncias e as pessoas. Durante seu pontificado se acelerou, no progresso de todas as coisas, o movimento que levava a se acomodar com a moral pregada pela Igreja e a moral pregada pelos responsáveis das linhagens. Depois dele, entretanto, explodiu uma última crise no seio da casa capetiana, ela também indissociável das sinuosidades da política.

Casaram o jovem Filipe, filho de Luís VII, no dia 28 de abril de 1180. Seu pai não estava mais no estado de agir. Desde seu último casamento, ele pendia para os da Champanha; adolescente, por natural oposição, pendia em direção a Balduíno, conde de Flandres. Este era de ascendência carolíngia. Conhecia a profecia da qual se falava em toda a região: sete gerações depois de Hugo Capeto – a sétima era a de Filipe –, a coroa da França voltaria à linhagem direta de Carlos Magno.[15] Balduíno não tinha filhos: sua mulher sofria, nas entranhas, a punição da indocilidade de seu pai, Raul de Vermandois. Entretanto, ele a conservava junto de si. Sua repugnância em relação a um repúdio que todos teriam julgado, mais do que permitido, necessário, meio século antes, é um sinal da pressão vitoriosa que a moral clerical exercia sobre o comportamento da nobreza. Balduíno, entretanto, dispunha de uma sobrinha, de quem gostava e tratava como uma filha, e cujo pai, conde de Hainault, ele também descendente de Carlos Magno, era ainda mais fascinado pela lenda do grande imperador. Elisabete tinha sido, no ano anterior, solenemente prometida ao filho do conde de Champanha. O pacto foi rompido. Ela tinha 9 anos. Tornou-se a *sponsa* de Filipe, que tinha 15 anos. As bodas ocorreriam quando ela se tornasse núbil. Em 1184, julgavam que ela o tinha se tornado, mas as alianças, nesse meio-tempo, tinham se alterado: Filipe sofria agora a ascendência de seus tios maternos da Champanha, que tentavam romper o casamento antes que ele fosse consumado. Para esse fim, um concílio se reuniu em

---

15 Werner, Die Legitimität der Kapetinger und die Entstehung der *Reditus regni Francorum ad stirpem Karoli*, *Die Welt als Geschichte*, v.12, p.203-25, 1952.

O cavaleiro, a mulher e o padre

Senlis. Começava-se a falar de consanguinidade. Os cronistas de Flandres e de Hainaut contam que a jovem Elisabete deambulava pelas ruas da cidade, descalça, seguida pelos leprosos, indigentes que clamavam com ela seu bom direito sob as janelas do palácio. Filipe retomou sua esposa, mas "sem comunicar com ela no leito e por dever conjugal". Ela era jovenzinha. Quantas meninas casadas, de sua idade, entretanto, ficavam grávidas. Ela esperou. Em 1187, pôs no mundo um filho, Luís. Três anos mais tarde, ela morria – talvez por ter sido mãe tão cedo. Tinha preenchido sua função. Seu tio e sua tia a tinham dotado generosamente. O viúvo, em nome de seu filho, conservou em sua mão o suntuoso *maritagium*.

Filipe partiu então em cruzada. Quando voltou, doente, ansioso, quis se casar como o havia feito por duas vezes seu pai, e pelas mesmas razões: ele "ardia"; o dever dinástico o exigia: o pequeno Luís era magrinho e muitos pensavam na profecia. Precisava de uma filha de rei, de sangue muito bom. No dia 14 de agosto de 1193, Filipe desposou Ingeborg da Dinamarca. Tudo estava pronto para coroá-la no dia seguinte às bodas. De manhã, o rei disse que não a queria mais. De repente, durante a noite nupcial, o amor em seu coração, como no do marido de santa Godelive, se tinha transformado em repulsa. O monge Rigord explica: como o pai de Guiberto de Nogent, o noivo não havia podido cumprir sua parte, "impedido por um malefício". Mas o rei não podia esperar sete anos para desfazer o malefício. Em Compiègne, diante de uma assembleia de barões e de bispos presidida pelo arcebispo de Reims, 15 jurados, dos quais 12 vinham da casa real, contaram com grande pompa os graus de parentesco, provando que os esposos eram parentes em quarto grau. Tinham escolhido o meio mais simples. Mas o irmão de

Ingeborg, o rei da Dinamarca, não suportou melhor do que Teobaldo de Champanha sua vergonha. Como Teobaldo, ele apelou ao papa: tinham contado mal; produziu genealogias, estas, exatas. Celestino III pôs Filipe em guarda. Prudente, ele não passou disso. Em julho de 1196, o rei tomou outra esposa, Inês, filha do duque de Merânia. Ingeborg estava viva, e ele, em consequência, era bígamo. Um novo papa, Inocêncio III, desde seu advento em 1198, o convidava, do alto de suas pretensões teocráticas, a expulsar do leito a *"surduite"* e de, assim, pôr fim não apenas no adultério, mas no incesto: a irmã de Inês tinha como marido um sobrinho de Filipe Augusto. O legado, Pedro de Cápua, não foi até a excomunhão. Mas lançou o interdito sobre o reino, implicando a interrupção de todo serviço religioso. As negociações começaram. Prolongaram-se durante quinze anos: segundo o papa se sentisse ou não em posição de força, o rigor ou a indulgência alternavam. Aliás, os prelados não aplicavam a sentença de interdito. E como surgia, muito mais preocupante, o problema da heresia, florescente – eram os tempos do grande incêndio cátaro –, bastou que Filipe fingisse se submeter, aceitasse o julgamento dos cardeais: a sanção foi levantada. O processo se abriu em Soissons, no ano de 1201, diante de dois legados, um, parente do rei, conciliante, outro, antigo beneditino, irredutível. Durante duas semanas, os juristas discutiram asperamente. Um dia, Filipe se retirou bruscamente, levando Ingeborg consigo. Para Rigord, "ele escapava das garras dos romanos".

O papa precisava mais do que nunca da amizade do capeto, e os enviados do rei pressionavam a cúria. Em agosto, Inês morreu – Ingeborg sobrevivia: abandonada, escapava ao perigo das maternidades sucessivas. Filipe não era mais bígamo, mas vivia no pecado: em 1205, uma "donzela de Arras" lhe dava um

O cavaleiro, a mulher e o padre

pequeno bastardo. Podia-se deixar sua alma em perigo? Protestava: tratavam-no mais duramente do que a Frederico Barbarossa, que a João sem Terra, que a seu pai Luís VII. E seu pessoal arquitetava projetos de casamento capazes de satisfazer a Inocêncio III. Este amolecia. Em novembro de 1201, tinha legitimado o filho e a filha nascidos de Inês de Merânia. Justificando-se: tratava-se de bem público, deixando menos arriscada a sucessão à coroa. Filipe, aliás, era tão culpado? Ele tinha vindo a Compiègne; tinha reconhecido a autoridade da Igreja. Passo a passo, avançou-se para um compromisso. O pretexto de consanguinidade decididamente não servia mais. Tomou-se um outro: o casamento não tinha sido consumado, e lembraram uma decisão de Alexandre III autorizando o casamento de um rapaz de 15 anos que, na noite de núpcias, havia arruinado definitivamente sua esposa três anos mais jovem. O obstáculo vinha de Ingeborg: ela recusava obstinadamente admitir que não tinha sido conhecida. Por mais que os casuístas sugerissem uma distinção entre a "mistura dos sexos" e "a mistura do esperma no vaso feminino", foi necessário pensar na última escapatória: que a rainha aceitasse tomar o véu. Mas, em abril de 1213, Filipe, preparando-se, apoiado pelo papa, a invadir a Inglaterra, anunciou que retomava sua mulher. Estava perto de seus 50 anos. Luís, seu filho, acabara de engendrar um menino. O caso estava encerrado.

Ele se prolongara, e, ao longo de suas reviravoltas, estimulara a reflexão dos doutores. Imaginemos, nesse momento, o intenso esforço intelectual, os canonistas aplicados em reduzir as contradições entre os textos normativos, todos os práticos de justiça solicitados em cada cidade para resolver dificuldades concretas, e por fim, em Paris, os comentadores das Escrituras, partindo da metáfora do casamento e prosseguindo com a reflexão sobre as relações entre o corpo eclesiástico e a inspiração divina. Essa reflexão chegava agora à imagem da coroação da Virgem, o grande espetáculo que os escultores colocaram no tímpano de Senlis no exato momento em que Filipe rejeitava Ingeborg. Representar a Virgem-Igreja ao lado do Cristo seu esposo, no seu nível, significava a igualdade dos cônjuges no seio da associação conjugal. Mas o gesto da coroação, anulando a subordinação do filho à sua mãe, impunha também a ideia de que o marido é o chefe de sua mulher, a qual, satisfeita com seus dons, querendo o que ele quer, lhe é necessariamente submetida. De toda maneira, pelo desdobramento do simbolismo, o casamento era exaltado: nas glosas do Apocalipse, Guy Lobrichon me chamou a atenção, não se encontra mais nada depois do início do século XIII que ponha em situação de dignidade menor o estado conjugal.

Contudo, já os mestres das escolas parisienses, preocupados em formar predicadores eficazes, orientavam a "lição", a leitura comentada da *divina pagina*, de maneira a tirar lições morais. Traziam o texto sagrado ao cotidiano, ao real social, pela mediação de anedotas edificantes. Entre esses sábios, muitos estavam ligados à capela real; estiveram diretamente implicados no caso do divórcio, mesclados a esses procedimentos. Como Pedro, cantor do capítulo de Notre-Dame.[16] Graças às notas que subsistem de seu ensino, nós o vemos preocupado com a instituição matrimonial, com a incerteza, com o relaxamento que então ocorria nela: "O casamento é o principal

---

16 Balwin, *Masters, Princes and Merchants.*

sacramento da Igreja. É pela autoridade daquele que o fundou e em razão do lugar, o Paraíso, em que ele foi instituído [...]. Espanto-me que ele seja sujeito a tantas variedades: nenhum outro varia tanto".[17] A falta cabe ao arbitrário pontifical. O papa se tornou mestre do direito: "Está em seu poder fundar os decretos, interpretá-los, derrogá-los": o arcebispo de Lyon, João Bellesmains (1182-1193), tinha dito a clérigos de Paris que partiam para Roma que desconfiassem: iam cair com pessoas acostumadas a fazer malabarismos com os textos. Esses malabarismos eram proveitosos: permitiam vender melhor as dispensas, concedê-las mesmo a primos em terceiro grau. Um outro mestre, Robert de Courçon, toma como exemplo o caso de Alienor.[18] Considerando a indulgência que lhe permitiu primeiro ficar com Luís VII, depois desposar Henrique Plantageneta, ele se interroga: o poder pontifical, consentindo em tais derrogações, agia de fato para a "utilidade" da comunidade cristã? Vejam as guerras que resultaram disso. Entretanto, para esses moralistas, os responsáveis da flutuação eram sobretudo os *curiales*, as pessoas da corte, da cúria romana, mas também de todas essas cortes satélites em ação junto a cada bispo. Denunciavam a cupidez dos homens de lei e todo o tráfico de dinheiro pelo qual os negócios se encontravam reenviados do tribunal pontifical às jurisdições locais, mais indulgentes. Pedro Cantor evoca uma lembrança pessoal. Um casal, seus primos, veio consultá-lo. Essas pessoas se sabiam casadas "aquém do sétimo grau". Estavam constrangidos: o desenvolvimento rápido da predicação, da confissão privada, aguçava o sentimento de culpa

---

17 Ibid., cap.II, p.226 *n.*185.
18 Ibid., p.225 *n.*182.

entre os leigos. O que fazer para tranquilizar-se? "Ide a Roma, mas não retrocedei antes de terdes obtido uma sentença clara de confirmação ou de divórcio." Fizeram tudo o que puderam: mandaram-nos para o arcebispo de Sens, que os remandou ao bispo de Paris, que confirmou o casamento. O que era ajuizado, mas pouco conforme aos princípios que Ivo de Chartres tinha se extenuado em instituir. E, depois, todo o tempo perdido, todo dinheiro gasto, distribuído. Robert de Courçon[19] vitupera esses homens "que, por toda a Igreja das Gálias, são pagos para celebrar o divórcio [para jurar a consanguinidade], e que rompem o laço matrimonial como o fariam a uma coisa vil" – e o contraste, de fato escandaloso, entre uma tal desenvoltura e a sacralidade que se açodava em revestir a cerimônia matrimonial. Estêvão Langton escreve da Inglaterra, de onde vem, uma anedota:[20] o rei, como seu predecessor Henrique I, queria "fazer um casamento entre pessoas ilegítimas"; escreveu ao papa para obter dispensa; um cardeal viu as cartas; "Eu acreditava", disse, "que o rei fosse mais bem aconselhado"; havia outros caminhos, mais curtos. E o mestre tira a lição: "A Igreja permite muitas coisas e dissimula o que ela não aprova". Concussão, hipocrisia, perjúrio, e esse tilintar das moedas que se contam tornam irrisórias as leis do casamento. Alguma coisa não está funcionando – e é precisamente o que põe em contradição a exigência de exogamia e a de indissolubilidade.

Pedro Cantor ouviu[21] um cavaleiro que estava para casar dizer de sua mulher: "Ela me agrada porque o dote é gordo; sem

---

19 Ibid., p.225 *n.*175.
20 Ibid., p.224 *n.*169.
21 Ibid., p.225 *n.*179.

O cavaleiro, a mulher e o padre

dúvida ela está ligada a mim por uma afinidade do terceiro grau, o que não é, entretanto, próximo demais para que eu me separe; mas, se eu quiser, e se ela não me agradar mais, em razão dessa afinidade eu poderei conseguir o divórcio". Esse *exemplum* o demonstra de modo cru: "O embaralhamento dos laços de consanguinidade e de afinidade torna as transgressões infinitas". E são os pobres que perdem. Assim, o dinheiro corrompe tudo. Convém reler o Levítico, o único texto que pode justificar a proibição: veremos que ele é muito discreto; ele proíbe de unir a dez pessoas, não mais. Em nome do quê ir mais longe? Para ampliar mais largamente o mal? Sabe-se que este não é mais natural passado o quarto grau de consanguinidade, o segundo de afinidade. Para fazer nascer e mantê-lo além disso, é preciso permitir os casamentos. Tudo convida a restringir o conceito de incesto, a abaixar a três graus a barreira. Para grande detrimento dos cardeais, advogados, jurados profissionais, os padres do concílio de Latrão retiveram em 1215 essa proposta conciliante.

261

XI
Literatura

Passado o ano de 1150, as brumas que dissimulavam aos nossos olhos a prática do casamento principiavam a se dissipar. O véu subsiste: são sempre os homens de Igreja que têm a palavra. Mas ele perde sua opacidade e, sobretudo, não deforma tanto. Entre os escritos que nos chegaram, multiplicavam-se aqueles redigidos para agradar aos nobres, para, ao mesmo tempo, diverti-los, tranquilizá-los e educá-los. Essa literatura, evidentemente, não mostra a realidade dos comportamentos, mas o que se queria que eles fossem. Sustenta um sistema de valores, e esse sistema permanece fortemente marcado pela ideologia clerical: não ouvimos o que a aristocracia dizia de si própria, mas os discursos dirigidos a ela feitos pelos clérigos. Nesses discursos, cada um dos dois modelos antagonistas, o profano e o eclesiástico, exerce então sua pressão. Entretanto, segundo os gêneros literários, um vence o outro.

O peso da ideologia clerical está no apogeu no sermão. Conhecemos alguns que datam dessa época, Jacques Le Goff me assinala três, inéditos, que Jacques de Vitry compôs no final do reino de Filipe Augusto.[1] Escritos em latim, propunham-se como modelos a seus confrades. Os predicadores os traduziam em língua vulgar. Recitavam diante de homens e de mulheres, reunidos diante deles em dois grupos distintos. Mas é aos homens que eles se dirigiam, acentuando alguns pontos. Um primeiro tema volta sem cessar, dominando todo o discurso: a mulher é má, tão lúbrica quanto uma víbora, lábil como uma enguia, além disso curiosa, indiscreta, rabugenta. Os maridos gostam de ouvir isso. Alguns têm filhas: que eles as preparem cuidadosamente para o estado que lhes convém, o conjugal, que as desviem desses cantos de amor, desses brinquedos de mão que oferecem o gosto do prazer; concluindo o pacto, que respeitem as normas: nada de clandestinidade; nada de casamento com um clérigo: as "clérigas" são o jumento do diabo. O casamento foi instituído no Paraíso, a Igreja é sua imagem; por consequência, deve ser estabelecido em sua porta. Outros ouvintes ainda não tomaram mulher: que eles se apressem; evitarão o pecado da fornicação, os pecados de homossexualidade, de bestialidade. Eles deverão dominar essa esposa. Eva não foi tirada dos pés de Adão; a mulher não deve ser pisoteada. Mas Eva não foi tirada de sua cabeça; a mulher não deve comandar. Num único plano os esposos são iguais, no plano dos deveres conjugais. O marido é obrigado a responder aos pedidos de sua mulher. Entretanto, cabe a ele o controle. É nesse ponto preciso que se situa a "regra", essa *ordo* particular; a ordem dos cônjuges. Essa regra é precisa. Conformar-se a ela é mais difícil do que nas outras ordens da Igreja. Com efeito, o esposo deve se recusar durante os períodos

---

1 BN, ms. 17509, 3284; Cambrai, 534.

O *cavaleiro, a mulher e o padre*

proibidos; precisa conservar a medida – o dilúvio, como se sabe, puniu o abuso sexual – e, quando ele obedece à esposa, que tome cuidado em não se desviar das ordens da natureza: mal usar do sexo é um dos perigos conjugais. Mas bem pior é o adultério. Da mulher, evidentemente. Lá mora o pecado, multiforme: a fé que foi jurada é transgredida, a bênção do padre desprezada; a esposa que se extravia comete um roubo: "O amante tem o pão branco, o marido tem o pão escuro"; as consequências enfim são assustadoras: quem é o pai desse menino? Ele não vai frustrar a sucessão dos legítimos herdeiros? Tomando como esposa aquela que crê uma estrangeira, não irá casar-se com sua irmã? O primeiro dever dos maridos é, portanto, mostrarem-se vigilantes: que não permitam às suas esposas se enfeitarem de maneira sedutora demais: ela atiçaria o desejo de outrem. Com a menor suspeita, que eles a rejeitem para se livrar da falta. A prédica parece tosca. Por isso mesmo, ela fazia efeito.

Um modo mais eficaz de transmitir a mensagem era encená-la. A inovação maior, no período que considero, foi de sustentar a exortação em língua vulgar pelos artifícios do teatro. O *Jeu d'Adam*[2,*] é mal datado, mal localizado. Essa paraliturgia do período de Natal foi construída sem dúvida – não é possível datar melhor – entre 1150 e 1170 e, provavelmente, na proximidade do mais brilhante foco de criação literária, a corte de Henrique Plantageneta. É seguro, em todo caso, que o texto foi escrito para um público aristocrático, encenado dentro de uma igreja, recorrendo, as indicações cênicas do manuscrito

---

2 Noomen (ed.), *Le Jeu d'Adam*.

* *Jogo de Adão*, peça medieval. (N. T.)

o provam, a todos os recursos de uma dramaturgia já muito hábil. O principal, no tema, é o pecado original – quer dizer, o casamento. No Paraíso, portanto no próprio lugar que se instituiu o sacramento, o *Jeu* reúne quatro personagens: o marido, Adão, a mulher, Eva; Deus, o bem; Satã, o mal. O texto comentado do Gênesis, repartido nos quatro cantos desse quadrado pedagógico, penetra com força, por meio da versificação, no espírito dos leigos. A Igreja pretende inculcar-lhes sua moral matrimonial.

Ela expõe, em primeiro lugar, as intenções de Deus, a forma que ele quis dar inicialmente à associação conjugal, à qual seria bom voltar, consertando o que a perturbou desde aquela época. Essa forma exemplar, Maurice Accarie bem viu, é de estrutura feudal. A esses príncipes, a esses cavaleiros, Adão era mostrado como vassalo do Criador, ligado a ele, subordinado a ele tanto na honra como por gestos de homenagem e palavras de fé. Dotado de um feudo que o senhor confiscará se ocorrer felonia. Mas a hierarquia é em três graus: a mulher está situada em sua categoria inferior, vassala do homem, vassala em segundo grau de Deus. Bom suserano, o Todo-Poderoso exorta Adão a governar Eva pela razão; aconselha Eva a servir Adão de todo o coração, a fornecer-lhe "ajuda", a ser "ajudante", e, assim, será recompensada: "Se ajudares corretamente Adão, eu te porei com ele em minha glória". O vocabulário empregado faz do contrato matrimonial o homólogo do contrato vassálico: como este, une dois seres iguais em natureza, mas necessariamente desiguais em poder, um devendo servir o outro. Na relação conjugal se reflete em nível subalterno a relação primária, aquela que submete a criatura ao Criador. Compreende-se melhor o que foi a culpa de nossos primeiros pais. Satã se insinuou para romper essa ordem, para estabelecer entre o homem e a mulher, e, em consequência, entre Deus e o homem, a igualdade, a paridade, ou seja, a desordem. A Adão ele sugeriu: "Serás igual ao Criador". O autor dessa peça admirável, muito livre em relação ao texto das Escrituras, imaginou, com efeito, que Adão foi o primeiro a ser tentado. Por duas vezes. Mas ele resistiu, pela força de sua razão. Satã, então, decidiu agir sobre a sensualidade. Voltou-se para o feminino. Diante da maçã que ele lhe oferece, Eva fala de seu sabor, de seu brilho, do prazer, aquele que os sentidos oferecem. Eva representa a parte da fraqueza da natureza humana, irracional, sensitiva. Ela sucumbe, e se Adão se perde, cede, é por consentir, num dado momento, em olhar sua mulher como sua igual: "Eu acreditarei em ti pois és meu par". Tal é seu pecado: abdicando, ele decai de sua posição preeminente.

Em seguida, é tomado de rancor. Diante do olhar de Deus, ele dissimula, aviltado: "Sucumbi aos maus conselhos da má esposa, ela me traiu". Expulso do Paraíso, ele continua a culpar Eva. Mas esta, no grande monólogo pelo qual se encerra essa parte do espetáculo, mostra o exemplo da humildade que resgata, a de Maria, nova Eva. Entrega-se a Deus, ao suserano. Cabe a ele julgar, não a seu marido: ele falhou em seus deveres senhoriais, insultando-a, recusando-lhe sua ajuda. A partir daí está desligada de sua fé em relação a ele; ela narra isso ao senhor superior. Eva assume igualmente sua culpa, contrita – essa lição de contrição toma toda a importância numa época em que a pastoral tende a se organizar em torno do sacramento da penitência, fazendo apelo ao arrependimento, à submissão, a acolher a graça distribuída pelos padres. Eva mostra enfim o exemplo da esperança: um dia virá aquele que deve retirar o pecado do mundo. Tal é a significação de toda a obra. Adão e Eva figuram aqui, como logo figurarão nos pórticos das catedrais, como os primeiros de uma longa fieira de personagens proféticos, anunciando a vinda do Messias. Moral e teologia são inseparáveis.

O casamento aparece em posição principal, no coração de uma formação ideológica, de uma imagem da perfeita sociedade. Com a teoria das três ordens funcionais, constitui a pedra angular do edifício social. O universo é hierarquizado. A ordem se propaga nele de um grau a outro, todo superior esperando de seu subordinado obediência reverente, devendo-lhe, em retorno, reconforto. Essa relação de desigualdade necessária se exprime pelo simbolismo da *desponsatio*, cujo paralelismo é evidente com o simbolismo da homenagem: mesma troca de fé na paridade, mesmo ajoelhar-se diante daquele que é preciso servir e, no gesto do marido entregando o anel, no gesto do senhor entregando a palha da investidura, o mesmo sinal de condescendência generosa. Os dois ritos constituem, tanto um quanto o outro, uma barragem contra a desordem, o assentamento da paz pública. Foram, tanto um quanto o outro, instituídos no Paraíso, na perfeição: *ratio* dominando *sensus*. Convém lembrar sem cessar essa origem porque, neste baixo mundo, depois da falta, vê-se a sensualidade sempre prestes a dominar; a rebelião é permanente: a dos súditos e a das mulheres.

O *Jeu* foi, ao que parece, montado num momento em que se percebiam, nas profundezas do povo submetido, estremecimentos de turbulência, em que a heresia rebentava, virulenta, por toda parte. Diabólica, ela convidava a tratar as mulheres como iguais. São Bernardo tinha retomado, contra esse perigo, todas as acusações de devassidão que Guiberto de Nogent comentava. Começava-se a condenar os mosteiros mistos de homens e mulheres, em que a superioridade do masculino era posta em questão, em propor novas formas de vida espiritual próprias a afastar de tais seitas desviantes essas multidões de mulheres núbeis, privadas de maridos, a serem relegadas às beguinarias e, por rudes formas de exclusão, pô-las fora de condição de prejudicarem, como os leprosos. E me pergunto se a forte vaga de reação contra as tendências à emancipação feminina não foi, ela também, um pouco responsável pela reviravolta na atitude cujos primeiros sinais observamos nas linhagens aristocráticas do último terço do século XII, incitando a permitir que mais rapazes tomassem mulheres: era melhor pôr as filhas sob o controle de um esposo. A boa sociedade mantinha-se alerta. Gostava de ouvir contar conjuntamente sobre a criação da espécie humana, a da instituição feudo-senhorial e a da relação conjugal: sobre essas duas bases se fundava uma repartição tranquilizadora dos poderes. Estêvão de Fougères, bispo, falava em um outro sermão, em seu dialeto, das mulheres – das damas nobres, está claro, as outras não contavam –, exortando a mantê-las com rédea curta. Entregues a si próprias, sua perversidade se manifesta; elas vão buscar seu prazer com os criados, ou o tomam entre si mesmas. Antifeministas, anti-heréticos, mais amplamente anti-igualitários, tais discursos eram também contra o amor cortês. Condenando esses divertimentos mundanos, em que se viam homens fingirem se inclinar diante de mulheres, simulando o amor compartilhado, e simulando porem-se a seu serviço – escândalo – como se deve servir a um senhor. Em suas palavras finais, o *Jeu d'Adam* convidava a evitar os poetas.

Clérigos, entretanto, começavam a fazer concessão muito mais ampla à ideologia profana. Como André Capelão, que, na chancelaria do jovem rei Filipe, redigia entre 1186 e 1190 um tratado chamado *Do amor*.³ *Amor** – trata-se bem disso, nada dessa troca de reverência e dileção que convém entre bons esposos. Não se trata, em consequência, do casamento, mas desse jogo que, menos complacentes, outros homens da Igreja condenavam. *Do amor*, o livro, é preciso dizer, termina em reprovação: é melhor não amar. Escrito, na versão que foi confiada para ser copiada, em latim e em tom escolástico, é uma obra de educação. Dedicada a um leigo que ainda não se casou, pretende ensinar como trazer à ordem, à "honestidade", os comportamentos amorosos. Não creio que sua conclusão seja factícia. O percurso educativo, de grau em grau, leva, com efeito, ao espiritual, a se destacar do carnal, portanto, da mulher. Seria, porém, perigoso conceder uma parte restrita demais à ironia nesse escrito parisiense cujo essencial trata, num diálogo, de boas maneiras, do modo elegante em praticar o amor cortesão, esse jogo cuja voga, nesse momento, na casa real, triunfava sobre as tradições de austeridade.

André, para justificar esse divertimento, o distingue do amor vulgar, popular, do amor brutal. O amor sobre o qual ele fala tem suas leis. Longe de perturbar a ordem social, a ordem moral, ele contribui para afirmá-la, na própria medida em que se mantém afastado do casamento, um domínio contíguo, mas estritamente separado. "O amor não pode desenvolver suas formas entre dois cônjuges, pois os amantes se doam largamente, gratuitamente, sem razão de necessidade, enquanto os cônjuges estão, por dever, obrigados a obedecer à vontade mútua e a não se recusarem nada." Notemos, entre parênteses, que esse

---

3 Le Chapelain, *Traité de l'amour courtois.*
* Em latim no original. (N. T.)

amor não é platônico. Mas – liberalidade, largueza – ele ocorre na gratuidade, nas margens lúdicas, fora do sério da vida. Por isso mesmo, esse escrito contorna o objeto de meu estudo, o casamento. Porém, contornando-o, ele o circunscreve e revela, em negativo, o que o casamento deve ser segundo a moral cortesã. André mostra, assim, conversando, homem e mulher.[4] Um é muito nobre, a outra também o é, mas em grau menor. Em posição de superioridade social, o macho ensina. À sua parceira, que pergunta se o amor conjugal, já que ele é sem mancha, não seria melhor que o amor cortesão, responde com negativa. Com efeito, se o amor, o amor denso, vivo, que vem do corpo – não a caridade –, cresce no interior do casamento, ele leva ao excesso de prazer, e é pecado. "Melhor: quando se macula uma coisa sagrada abusando dela, é-se mais severamente punido do que quando se comete os excessos habituais. E é mais grave com mulher casada do que com uma outra. Com efeito, como ensina a lei da Igreja, aquele que ama sua mulher com demasiado ardor é considerado culpado de adultério." Tal é, de fato, a doutrina enunciada por são Jerônimo e, recentemente, por Pedro Lombardo: "A obra de gestação é permitida no casamento, mas as volúpias à maneira das putas são condenadas";[5] e por Alain de Lille: "O *amator* [o amador, o amante] veemente de sua esposa é adúltero".[6] Deixemos ao sorriso, é claro, o lugar que lhe cabe. Resta a convicção profunda de que o casamento não é um jogo: é fora dele que se joga. O casamento é ordem e, em consequência, obrigação. Fora dessa ordem, na parte selvagem da vida, se

---

4 Ibid., p.109.

5 Lombardo, *Livre des sentences*, IV, 31, 6.

6 PL, 210, 193.

situa, como a prostituição, o jogo amoroso. A função benéfica do amor cortesão e da prostituição é exatamente a de tirar o excesso de ardor, de fervor, para fora da célula conjugal a fim de mantê-la no estado de contenção que lhe cabe. Aqui, é bem o clérigo, o capelão, quem fala. Seguro de ser ouvido por todos os machos solteiros, ciumentos daqueles que não o são, mas também pelos *seniores*, chefes de linhagem, para quem a conjugalidade não deve se depravar: não se trata sua esposa, *uxos*, como se trata sua amiga, *amica*. Ainda mais que esse campo de liberdade, de busca aventurosa, se abre apenas aos homens. O sexto diálogo do livro II estabelece formalmente a distinção entre duas morais: a masculina e a feminina.[7] Aos homens, e mesmo aos homens casados, a divagação é permitida, se eles não ultrapassam os limites; se, na caça ao prazer, não vão a ponto de desfazer os casamentos nobres: "Isso é tolerado nos homens, porque isso está em seus hábitos e porque é um privilégio de seu sexo realizar, neste mundo, tudo o que é desonesto por natureza". Em compensação, cabe às mulheres serem pudicas, reservadas: ao entregarem-se a vários amantes, transgridem a regra: são excluídas da companhia das damas honestas. No que, em suas profundidades, a lição do tratado *Do amor* difere da do *Jeu d'Adam*? Em um e em outro, o homem domina, comanda o jogo. Essa ética é a sua, edificada sobre um sentimento primordial: o medo das mulheres, e sobre a vontade bem decidida de tratar as mulheres como objetos.

André escrevia, em realidade, para o príncipe. Vendia seu saber, sua habilidade de escrita, e servia a seu patrão arranjando

---

7 P. 160.

as frases para o ensino e divertimento da corte. O príncipe, no final do século XII, pretende domesticar a cavalaria. É preciso atraí-la, retê-la junto dele. Sua corte deve ser agradável, espalhar não apenas, como antes, as alegrias do corpo, mas as do espírito. A generosidade do patrão, essa virtude necessária, se manifesta também em tais diversões. Mas a corte deve ser também educadora. Preenche sua função política, contribui, sob o olhar do mestre, para manter a ordem pública, ensinando aos comensais os bons modos, ensinando-os a viver segundo a *honestas*, reforçando as bases de um sistema de valores. Essa pequena sociedade fechada está cheia de adolescentes que se preparam para se tornar cavaleiros. O ensino se dirige, em primeiro lugar, a essa parte turbulenta da companhia cortesã, a "juventude". Esses jovens, esses "bacharéis", aprendem, seguindo os antigos, a maneira de rastrear a caça, de combater. Mas, no intervalo desses exercícios físicos, aprendem a bem se comportar, ouvindo narrações, episódios exemplares, ilustrações do sonho que a boa sociedade busca para si mesma. Situando esse sonho em dois planos, ou completamente fora do real, na ficção, no imaginário. Ou então numa trama de fatos vividos, na memória verdadeira, na história.

Essas narrações mostram, além disso, como se comportar convenientemente com as mulheres. Os de pura invenção inclinam para o lado do jogo e dão ao casamento um lugar menor e, sobretudo, muito exterior. Esse lugar varia segundo os gêneros. Os cantos épicos, celebrando o valor militar e a lealdade vassálica, relegam a figura feminina às margens. Esposas dos heróis, essas mulheres assumem papéis bem pequenos, do lado bom, ou mau, da intriga. Algumas, excelentes "ajudantes", alentadoras, provedoras, companheiras como se deseja. Outras, ou feiticeiras, ou impudicas, carregadas dessa maldade que ameaça o casamento. Tudo isso como pano de fundo, mal e mal esboçado, fugaz. Fala-se mais das consortes nos pequenos contos para rir. Do que se ri? Do marido enganado. Mas rir de si é rir amarelo. Portanto, os ridículos, nesses contos em versos, raramente pertencem ao mundo elevado. São burgueses ministeriais, camponeses, ou, então, animais da fábula.[8] A corte, entretanto, serve de quadro a algumas dessas novelas. Está em todos os romances. E se veem aí poucos maridos escapando ao infortúnio. As disposições da cena revelam que os adros das mansões aristocráticas se prestam ao adultério da dama. Ela encontra facilmente seu amante no pomar ou no quarto. Nenhum obstáculo impede, no poema do *Ignauré*, por exemplo, tal senhor de obter seu prazer com as mulheres de seus doze pares, uma por vez. O obstáculo vem justamente daí, de que não existe reclusão segura. A esposa é espiada de todos os lados, rodeada de invejosos à espreita, os rivais do feliz eleito, as damas que ele desdenhou, o próprio marido que, envelhecendo, torna-se ciumento. Por vezes, surpreendida em delito flagrante, ela e seu cúmplice são dominados. São amarrados do jeito que estão e se alerta as testemunhas. "Levando o grito pela cidade." O que faz o rei Marco quando descobre a falta de Isolda. A vergonha, com efeito, deve ser pública, constatada, para ser legitimamente vingada. O direito do esposo é de matar. Por mais que Tristão clame pela prova, disponha-se a combater em campo fechado com três barões, Marco se prepara, como outrora Fulque Nerra, para queimar a esposa ao mesmo tempo que o amante desmascarado. É o desenlace natural. Desse modo, os romanceiros, a

---

8 Lorcin, *Façons de sentir et de penser*.

O cavaleiro, a mulher e o padre

fim de prolongar a narração, bordam de boa vontade sobre a suspeita de adultério. Descrevem então a realidade dos procedimentos: Isolda propõe, primeiro, se submeter ao ordálio; é dispensada, como pedem os bispos; em seguida, ela presta o juramento purgatório e sabe-se por meio de qual artifício consegue escapar desse mau passo. O interesse desses testemunhos é atestar que tais infrações à lei do casamento não dependiam da justiça da Igreja. São causas profanas. Acrescento: privadas, puramente domésticas. Cabe às pessoas da casa observar o efeito do ferro em brasa, de ouvir a esposa se desculpar, tomando Deus por testemunho e tocando nos Evangelhos ou em relíquias. É certo que o marido não decide sozinho. Precisa pedir conselho. Mas esse conselho não é solicitado fora da casa, fora da parentela, e os clérigos não se metem. Falo do marido. Seus próprios transvios evidentemente não dão lugar a nenhum procedimento e não são temas de romance. O que está em causa é a honra. A honra é negócio de homem. Depende da conduta das mulheres. Estas nem sempre estão de acordo: estupra-se muito nas casas nobres. Se é verdade que Godofredo Plantageneta tomou Alienor, a esposa muito jovem de seu senhor, não foi à força? Mas vejam, no *Romance da Raposa*, o caso de Leoa, a rainha: a Raposa se introduziu em sua cama, gozou dela contra sua vontade; no entanto, ela é julgada culpada: violada ou não, ela tomou prazer fora do casamento. E os que riem estão do lado do raptor. Ele encarna os poderes da virilidade predadora. Pois é preciso não se enganar: o que esses escritos designam como "amor", em latim ou nos dialetos, é simplesmente o desejo, o desejo de um homem e suas proezas sexuais. Mesmo nos romances que dizemos corteses.

Esse gênero de amor constitui o tema deles. Violento, repentino: de uma labareda, ele se irradia, irresistível. Esquentando o sangue, levando o macho a obter por todos os meios o que Maria de França chama o "excedente".[9] Esse desejo depara com barreiras que é preciso romper, uma depois da outra. Amores sempre contrariados. O amante vai de prova em prova. O percurso é pedagógico. O cavaleiro deve, para atingir a plenitude viril, percorrê-lo tanto tempo quanto dura sua "juventude", enquanto ele próprio não se instala entre os chefes de família. De hábito, o objeto de sua cobiça, ao mesmo tempo que sua iniciadora, é mulher casada, a esposa de seu senhor, o qual é, frequentemente, seu tio. O amor nasce, com efeito, no próprio coração dessa promiscuidade doméstica, com a qual Bourchard de Worms e Ivo de Chartres se preocupavam, propícia aos adultérios, aos incestos. O herói solteiro abandonou a casa de seu pai. Os jovens, normalmente, entram em aprendizagem numa outra casa, que é, com frequência, a do irmão de sua mãe. Essa prática decorre da costumeira desigualdade de nível nos casais aristocráticos. A linhagem materna, de mais alto grau, retomando-os em seu seio desde que atingem a idade da razão, estreita seu ascendente sobre os rapazes, portadores do sangue dos ancestrais, nascidos em uma outra linhagem. Em cada nobre mansão o patrão nutre assim, durante anos, os filhos de suas irmãs que não se consagraram ao serviço de Deus. Ele os educa, os arma, os casa, verdadeiramente pai – e o mito, no caso de Carlos Magno e de Rolando, faz derivar essa paternidade afetiva até a paternidade de sangue, incestuosa... Seus sobrinhos o servem como filhos, mas eles desejam sua esposa. Como, em outras instâncias, a Virgem Maria ocupa em seu coração o lugar da mãe, de quem o exílio da casa natal os separou muito cedo. Tal é o

---

9 Ménard, *Les Lais de Marie de France*.

O cavaleiro, a mulher e o padre

reflexo na intriga cortesã das relações reais de convivialidade: se nunca é descrito o amor entre o tio e a esposa de seu sobrinho, é que o sobrinho, assim que se casa, se instala em outra habitação.

Portanto, o amor está em germe na amizade cujo parentesco é o lugar natural: eu te amei, diz Isolda a Tristão, "porque tu eras seu sobrinho, e que tu fazias mais por sua glória do que todos os outros". Pela própria reverência que ela deve consagrar a seu marido, a esposa do tio tem o dever de querer bem a seu sobrinho. Seu papel, na casa, é cooperar com sua educação. Ela o domina por essa função pedagógica. Além disso, é mais velha, não muito, mas sempre. O que a coloca em situação de "senhor", no sentido etimológico do termo, e ele em situação de "vassalo", de rapazinho. Podemos explicar por aí que os gestos, as posturas, as palavras dos rituais da vassalidade se tenham facilmente incorporado ao ritual do amor de corte. Invertendo a hierarquia dos sexos: Eva se sobrepõe a Adão, ela carrega a responsabilidade de sua queda. O romance é a história de sua falta. Consumado, o adultério permanece, entretanto, estéril. É preciso falar seriamente da bastardia. É temida por demais. Não é decente se divertir com ela.

A dama assim se presta, tomada, ela própria, de desejo. Ela se oferece. Como à mulher de Putifar, acontece-lhe de reter na mão apenas o naco de um manto. Torna-se então ciumenta. Pérfida, ela mente: o herói a perseguiu, violentou. Com efeito, o jovem por vezes resiste. Contido pela lealdade, recusando trair seu senhor, ou então por esperança de um amor que seria compartilhado, lícito, e que lhe valeria uma esposa. Foge da cólera do tio. Parte à aventura.

Nas narrações dos percursos aventureiros transparece ainda o real. No século XII, a maior parte dos rapazes são obrigados a buscar fortuna. Erram, de torneio em torneio, demonstrando seu valor, arriscando sua vida na esperança de granjear fama e mulher se sobrepujarem seus rivais. Transportado para o sonho, esse itinerário perigoso atravessa na verdade dois mundos. Um, parece com este mundo aqui. Veem-se os cavaleiros errantes albergados, por uma noite, por honestos fidalgos cuja casa está cheia de "donzelas". Muito dóceis. Excelentes em *"tastonner"*, ou seja, em massagear, por vezes até a aurora, o guerreiro alquebrado.[10] Se o herói é tentante, o amor desponta, elas são mulheres. Usam, então, livremente de seus corpos:

> Tanto se beijaram e abraçaram
> Que Galvão lhe colheu a flor
> E perdeu o nome de donzela
> Mas lhe cedeu, e palavra não foi dita.[11]

Essas complacentes não se preocupam com laços de parentesco. Arol descobriu, certa manhã, que a mão estendida até sua face[*] pertencia à sua prima: agradeceu ao céu por se ter contido. Fora desse caso, tais jogos são menos culpados porque essas moças que não têm esposos não pensam no casamento. Elas enfrentam, em todo caso, o perigo que evoca Maria de França, em *Milon*: a cólera do noivo ao descobrir, na noite de suas núpcias, que a donzela não o é mais. Exagero romanesco? É preciso

---

10 Oschinsky, *Der Ritter unterwegs und die Pflege der Gastfreundschaft im alten Frankreich*.

11 *Perceval*, vers. 32191-94.

* O autor emprega a palavra *"maiselle"*, que pertence ao vocabulário medieval e pode ser também escrita *"maiscelle"*, cuja tradução é *"maxilar"*, ou "face". (N. T.)

acreditar que, no cotidiano, os probos vigiavam de modo mais ciumento sobre a virgindade de suas filhas?

Por vezes, porém, a errância, atravessando fronteiras invisíveis, mergulha em um universo de maravilhas em que se encontram, perto de claras fontes, indo banhar-se, nuas, belas moças, finas, brancas. Desconhecidas, sem nome. Por isso, perigosas. São, talvez, parentes – novo indício: os clérigos romanceiros captam toda oportunidade de despertar, em seu auditório, o temor do incesto. Ou, também, das fadas. O desejo masculino, brutal, não poupa essas mulheres estranhas: o mais das vezes, são estupradas. Mas se ligam em seguida ao raptor, prestativas, generosas, dando-lhes riquezas e filhos. Entrincheiradas, contudo, inacessíveis. Misteriosas. Dispondo em volta do amante todo um reduto de interditos. Se eles os infringem, são conduzidos para a infelicidade. Considero esses seres fabulosos substitutos da mãe longínqua. O que era Nossa Senhora para Guiberto de Nogent as fadas o foram para tantos cavaleiros frustrados, caçulas, abandonados desde o nascimento a amas de peito, na maioria das vezes órfãos muito jovens de suas mães. Quando imaginavam agarrar, por violência e perigo, essas encantadoras, flexíveis e dominadoras, acreditavam, vitoriosos sobre sua ansiedade, ter voltado para o seio caloroso dos primeiros dias.

A literatura de invenção, como a arte de amar de André Capelão, parece contornar o casamento. Sem dizê-lo, ela tende irresistivelmente para ele. Pois, na alma dos "jovens" que se fartavam dela, pulsões se contrariavam. Sonhavam em sabotar a instituição matrimonial, da qual estavam excluídos, mas esperavam, ao mesmo tempo, conseguir vencer essa exclusão. A esperança deles era se casarem, apesar de todos os obstáculos. No termo de toda aventura, brilha, portanto, a miragem: a mulher perfeita que se agarra, que é impregnada, com a qual se engendram belos filhos. Os valores do casamento estão lá, nas bases mais profundas da intriga romanesca. O *Conto do manto* fala de um objeto mágico que revela, do começo ao fim de uma reunião cortês, a infidelidade de cada esposa; um marido, entretanto, não é traído; solitário, ele encarna a esperança, o objetivo da busca incerta. Nos poemas atribuídos a Maria de França, o amor ideal é aquele no qual o casamento é a conclusão. Maria de França escrevia no último terço do século XII. Passados os anos 1160, nos círculos mundanos da França do Norte, nas cortes que dão o tom, lançando novas modas de se vestir, de falar, de se mostrar, adivinha-se uma preocupação em estabelecer com divergência menor as fantasias da perseguição amorosa e o empenho matrimonial. Chrétien de Troyes pretendia corresponder ao gosto de seu público, o mais requintado daqueles tempos. Examinando mais de perto o cuidado que ele tomou em entrelaçar amor e laços conjugais nas intrigas que compôs entre 1170 e 1180, não conseguiríamos apreender melhor o assentamento de tal preocupação? Para além da brusca virada que, no *Conto do Graal*, vem sublimar, sob as aparências do voto de castidade, as renúncias às quais a "juventude" era obrigada durante as longas provas da educação cavaleiresca, a maioria da produção literária não ensina, com cada vez mais insistência, que o amor, o amor de corpo e coração, se realiza no casamento e nessa procriação legítima, recusada às mulheres infiéis, às Ginevras ardentes demais na paixão para que seu esperma permaneça fecundo? A lealdade, o domínio de si duramente conquistado, valores viris, garantindo, pela firme união do casal sob a autoridade marital, o enraizamento da linhagem e a perpetuação dinástica. O jovem herói do primeiro *Romance da Rosa* se aventura no jardim. A flor que o tenta está em botão, mal desabrochada – uma donzela, não uma dama. E é pelo bom motivo que o bacharel se prepara para colhê-la: para fazer da eleita sua esposa.

No raiar do século XIII, numa sociedade que perde, pouco a pouco, sua rigidez, em que as obrigações que limitavam as bodas masculinas vão se relaxando, entre essas expressões de um sonho que são os romances e poemas, uma nítida distinção subsiste entre os jogos eróticos que André Capelão retém fora do quadro conjugal e a conjunção caritativa que deveria unir os esposos. Mas essas duas atitudes masculinas em relação ao outro sexo pareciam agora convir, cada uma, às duas etapas que normalmente se sucedem na vida de um homem bem-nascido. Um período de predação lhe é permitido, tempo da proeza e da perseguição, de amores que Georges Dumézil diria serem de segunda função. Mas chega um momento em que lhe cabe renunciar às *démarches* aventurosas e se instalar, amadurecido, na tranquilidade, na sabedoria. De uma idade a outra, a passagem se opera ritualmente, e o casamento toma lugar entre esses ritos. Em relação a estes, entretanto, é possível discernir um outro traço, comum a todas essas obras de ficção cuja função é instruir distraindo: elas não se referem às formas que a Igreja requer. Nada de padres nessas narrativas, a não ser nas posturas libidinosas e grotescas que lhes atribuem os contos para rir. Apenas eremitas, marginais, dos quais nem se sabe se são mesmo clérigos, levam as mensagens cristãs aos amantes e aos esposos. Essa indiferença não atesta que os conflitos, em verdade, foram pacificados? A bênção nupcial é agora uma formalidade comumente admitida. Pertence a esse cotidiano cujos romances não têm nada a dizer. Conformismos, concessões recíprocas: os embates entre as duas morais amorteceram. Na literatura cortês parece bem se refletir, no final do reino de Filipe Augusto, essa espécie de paz em que as formas do casamento europeu, depois de rudes solavancos, se estabilizaram por séculos.

A que vale, entretanto, a literatura de evasão? Ela deforma. Onde, até que ponto? Chega o momento de pôr em face dela outras narrativas que relatam histórias verdadeiras. O imaginário representa seu papel aí, mas, forçosamente, não se afasta tanto do real.

XII
Os senhores de Amboise

O filho mais velho do conde de Guines espera pela morte do pai. Ele se casou recentemente. Para a época, já não é muito jovem. Homem do ar livre, é habituado aos exercícios do corpo. Caça, corre de torneio em torneio na companhia de seus camaradas. Quando chove forte e por muito tempo, não sabe o que fazer, entedia-se e, com ele, todo o bando de moços que o escoltam. Para matar o tempo, enclausurado no abrigo, ele pede que lhe contem histórias. Um desses moços conhece os altos feitos de Carlos Magno, um outro, as aventuras da Terra Santa, um primo do patrão, um homem de seu sangue, conhece as proezas dos ancestrais. Guarda essas proezas em depósito na sua memória; é a ele que se pede para subir, de degrau em degrau, a genealogia, se convém, um belo dia, dissolver um casamento, mas, de hábito, ele conta suas lembranças para o prazer das pessoas da casa. Fala também para ensinar. Com efeito, tanto quanto Rolando, Godofredo de Bulhão, Galvão, os avós são modelos de boa e bela conduta, e o relato de suas gestas toca vivamente os homens que frequentam os lugares em que eles viveram, eles próprios persuadidos de que são descendentes desses longínquos defuntos, ou comensais dos homens que descendem deles, de que, quando cavalgam, conversam, oram ou amam, seu primeiro dever é seguir o exemplo desses bravos que, antes deles, como eles se reuniram aqui para a alegria e para a glória. Mais do que qualquer outra, a história familiar mantém, na comitiva do senhor, o cuidado de não degenerar, de evitar que não se evaporem as virtudes que o sangue desses homens carrega, jovens e velhos, em que o antigo valor deve, de idade em idade, se encarnar.

Na segunda metade do século XII, quando a cultura cavaleiresca cessou de ser inteiramente oral e gestual, a memória ancestral foi confiada à escrita, como as canções e os contos. A tarefa de fixá-la coube a um técnico, um homem da Igreja, pertencente à parentela, ou de qualquer forma ligado à casa, seja um desses clérigos domésticos obrigados aos serviços de liturgia, seja um cônego da igreja que, na França do Norte, flanqueava todo castelo de alguma importância. Esperava-se desse letrado que atentasse para a forma, que a lembrança fosse magnificada por seus cuidados, que tomasse aspecto monumental. Essa exigência de solenidade explica que os escritos desse gênero, dos quais conservamos os textos, tenham sido, até o raiar do século XIII, redigidos em latim, na linguagem das cerimônias funerárias e dos livros eruditos. Em latim pomposo, ornado com todos os atavios da retórica. Ao longo da transcrição, a memória não apenas se tornava menos flutuante, nem apenas se cobria de ornamentos, mas era alargada, aprofundada. O escritor se apoiava sobre esses esquemas genealógicos que se construíam para se obter dos tribunais eclesiásticos que pronunciassem a dissolução de um casamento por causa de consanguinidade. Um tal quadro

O cavaleiro, a mulher e o padre

inicial impõe a essas narrativas descer os escalões de uma filiação. Para cada geração, notemos, a articulação maior é, portanto, um pacto conjugal, legítimo e prolífico: X engendrou Y de Z, sua esposa. O redator, entretanto, tinha o meio de ultrapassar o nível da lembrança pessoal que os procedimentos de divórcio avivavam, de completar aquilo que ele próprio havia visto, ouvido, recolhido de informadores mais idosos, com o que podia ler no pergaminho dos livros e dos documentos. Capaz de um trabalho análogo àquele que estou fazendo, de remexer nos arquivos, de localizar traços apagados, ele se desdobrou para agradar a seus primos, a seus mestres, em subir até as origens da linhagem, até o ancestral fundador, prodigioso. Para preencher seu papel, remodelou sobretudo a memória, e ainda mais livremente porque essa memória era brumosa. Aos mais longínquos de seus avós, que não sobreviviam a não ser por um sepulcro, um epitáfio, um nome mencionado num cartulário, tinha toda a facilidade em atribuir os comportamentos que, à volta dele, se consideravam exemplares, de projetar sobre essas sombras todos os atributos fantasmáticos, exaltados pela ideologia da linhagem. Esta marca, muito profundamente, o que a gesta narrava de personalidades cuja lembrança era menos incerta, pois o patrão que tinha ordenado escrevê-la desejava que fosse usado certo tom para falar de seu pai, de seu avô; esperava ser retratado ele próprio nessas posturas lisonjeiras, conformes a esse código que me esforço para descobrir, o que ele propunha fazer e o que reprovava. A literatura genealógica constitui, portanto, a mais generosa das fontes em que vou buscar minhas informações. Pelo que ensina do presente, não do passado. Revela o que era, quando esses escritos foram compostos, a consciência de si das grandes famílias. Esses textos são raríssimos. E, no entanto, estou persuadido, esse gênero literário florescia no noroeste da França no final do século XII, quando desabrochava uma cultura laica. Os príncipes muito grandes não eram os únicos a favorecer sua florescência. Senhores de menor envergadura os imitavam. O reforço das grandes formações políticas ameaçava a autonomia de seus poderes; para resistir a essas pressões, pensavam que era bom lembrar que suas linhagens também eram antigas e gloriosas: a genealogia era uma arma defensiva. Não se sabe que uso se fazia desses escritos, onde, quando e diante de quem eram lidos. Alguns indícios sugerem que foram constituídos, reconstituídos por ocasião, justamente, de um casamento. Quando uma célula conjugal se constituía, tomava a sucessão, não convinha implantar aí a lembrança vivificada das glórias familiares para o ensino do novo senhor e de sua descendência esperada? É certo que essas obras tinham destino interno, privado, e eis por que a maior parte se perdeu. Algumas foram salvas por acaso, porque longínquos descendentes dessas linhagens, ainda capazes de mecenato, mandaram copiar os manuscritos duzentos ou trezentos anos mais tarde, nos séculos XIV, XV, numa época em que, nas casas nobres, começavam a se constituir bibliotecas que eram bem mantidas.

O mais antigo desses vestígios data de 1155: vem da Turena, país da bela retórica. Esse soberbo texto celebra as virtudes dos senhores de Amboise.[1] O panegírico, entretanto — talvez seja devido a isso que ele melhor sobreviveu —, concerne também a outras pessoas: o autor, um cônego da igreja colegiada de Amboise, não escrevia apenas para os descendentes desses

---

1 Anjou.

O cavaleiro, a mulher e o padre

heróis; dirigia-se ao chefe de uma outra linhagem, a Henrique Plantageneta, conde de Anjou, que acabara de ser coroado rei da Inglaterra. Essa prosa, com efeito, tem uma tonalidade muito particular. É uma deploração, uma queixa. A infelicidade acaba de atingir a família. Ela foi decapitada. Aquele que a dirigia, bom vassalo dos condes de Anjou, os servia na guerra, essa guerra que o rei da França, auxiliado pelo conde de Blois, tinha travado contra o novo marido de Alienor. Caiu numa emboscada, acaba de morrer, no cativeiro. Seus filhos são crianças. Seus castelos foram tomados ou o serão. Do fundo da infelicidade, um apelo foi lançado ao senhor do feudo. Com polidez erudita, o escrito é um requisitório, um ato de fidelidade. Sua função de maior urgência não é a de ensinar aos sucessores do vencido. É a de captar a benevolência de seu patrão, último recurso.

Nessa intenção, o habilíssimo escritor, citando Cícero abundantemente, traça de página em página o elogio da amizade vassálica. Escolheu primeiro descrever Amboise, suas antiguidades: é a posse feudal a raiz dessa longa amizade; a concessão da considerável fortuna obriga, há gerações, a deveres recíprocos duas linhagens, a dos vassalos, a dos senhores. É posta em paralelo, em seguida, a história das duas linhagens, mas respeitando a hierarquia. A gesta dos condes de Anjou precede. É louvado principalmente o valor militar deles, esse vigor viril do qual se espera que o descendente administrará logo a prova, quando ele virá ao socorro. Os atores dessa primeira narração, em consequência, são homens. Nada é dito de suas filhas, nada, ou quase nada, de suas esposas. Todos são bravos, exceto um só, Fulque Réchin: ele se havia mostrado outrora o inimigo encarniçado da casa de Amboise. Por isso, é desacreditado. Prometia, em sua juventude. Ao envelhecer, o desejo das mulheres o tomou, o conduziu à inércia, a engordar, a esse desleixo nos prazeres da cama que se quer, tão frequentemente, condenar, nos documentos dessa época, aos senhores que demoram para morrer. Libidinoso, sua falta foi ter desejado demais Bertranda, víbora ambiciosa que finalmente provocou o rei Filipe a raptá-la. Esse texto parcial é a principal fonte das acusações de rapto e lubricidade de que o capetiano foi objeto até os nossos dias por parte dos historiadores. Depois das proezas dos condes, são descritas as de seus vassalos. Suas linhagens apresentam uma estrutura semelhante, mas sua fundação mais tardia data do final do século X, e esses varões apresentam virtudes diferentes. Menos fogosos, mas muito prudentes, leais, de bom conselho. Um único, ainda, contrasta em relação aos outros, é o último, Sulpício II, vítima de sua desmesura e de sua cupidez: foi pesadamente punido. Não que ele tivesse amado demais as mulheres, mas, em algum momento, esqueceu as obrigações às quais impunha sua homenagem. Pois a honra dos senhores de Amboise era de nunca ter rompido a fé vassálica. Essa constância na amizade lhes conferia, na adversidade, o direito de reclamar ajuda e o conselho do senhor.

Essa amizade nasce da homenagem que, como seu nome indica, une homens. É, portanto, uma virtude masculina, e os guerreiros ocupam o proscênio. A gesta dos senhores de Amboise designa setenta pelo nome. Mas nomeia também 25 mulheres. Algumas são mais do que simples figurantes, e são, justamente, as esposas. O excepcional interesse desse texto é de pôr, no primeiro plano, personagens femininos que não pertencem à fábula, de situá-los na função que preenchem, e de revelar a imagem que os homens então faziam deles. Imagem ideal, é claro. A obra é panegírica. As avós, as damas, essas moças que

O cavaleiro, a mulher e o padre

foram conduzidas, virgens, ao leito do chefe da casa, nunca foram enganosas, adúlteras, nem foram repudiadas. Ajudaram os maridos a elevar a honra da família. Todas, exceto uma, a última, Agnes, esposa do senhor infeliz.[2] Ela vive ainda, mãe de jovens rapazes que são a esperança da linhagem, mas é viúva; talvez ela tenha abandonado a mansão; alguns pensam em despojá-la de seu dote, em expulsá-la. É de sangue muito bom, vem dos Donzy-Saint-Aignan, aparentados com a casa real. Mas não é aí que está o lado ruim? Em 1155, o capetiano e seus amigos são os piores adversários do conde de Anjou e de seus vassalos. Só ela é objeto de crítica: leviana, pusilânime, mais do que isso, suspeita de traição; no momento do grande perigo, com seu marido preso, "sem discernimento [...], sem tomar conselho", ela devolveu duzentos prisioneiros valorosamente capturados pelos peões do castelo de Amboise e que poderiam ter sido trocados pelo senhor. Portanto, não representou como devia seu papel. A maternidade a convidava a substituir o mestre ausente, a tomar as rédeas da senhoria, a mantê-la custasse o que custasse até que, da linhagem, surgisse um homem, um bravo, que a libertasse dessa substituição. Queriam vê-la semelhante a essas heroínas que aparecem de vez em quando nas crônicas, virtuosas, de pé nas muralhas da fortaleza assediada, vociferando, aquecendo os corações dos defensores.

Agnes serve também de contraste. Sua fraqueza torna mais brilhante a virtude de sua sogra, que havia acabado de morrer, Elisabete de Jaligny, uma filha do conde Fulque Réchin e, consequentemente, tia-avó do rei Henrique Plantageneta. "Fortunada", esta, e primeiro por seu sangue, sua raça, pelo que

---

2 P. 128.

recebia de seu pai, mas também pelo que lhe vinha da qualidade de seu esposo, da qualidade de seus filhos. Tudo o que honrou essa mulher emana, vê-se bem, dos homens. Do homem que a engendrou, do homem que a impregnou, dos homens que ela gerou. Além desses méritos emprestados, ela teve que se mostrar ativa, e essa "audácia viril", como diz expressamente o texto, a liberou das fraquezas femininas. Aconteceu, fato memorável, que ela se comportou como um homem. Mal tinha se casado, tinham-na visto partir para o país de sua mãe — com o consentimento de seu marido, evidentemente —, mas sozinha. Tentavam roubar-lhe a herança, ela a defendeu: preservava-a para seus filhos. Foi, em seguida, "virilmente" que ela atravessou as tribulações, à maneira das mulheres fortes da Bíblia. Viril ela permaneceu, ou, antes, tornou-se mais ainda quando, chegando a idade, perdeu o marido. Teve então de enfrentar seu filho mais velho, Sulpício II — degradado, talvez, um pouco, por causa de sua união nefasta com uma esposa fraca demais. Ele pretendia governar seu dote. Ela reagiu, reclamando justiça ao senhor do feudo. O conde de Anjou, bom príncipe, defensor das viúvas, muito contente com a oportunidade de conter um vassalo que tinha se tornado turbulento, forçou, com armas em punho, o senhor de Amboise a respeitar os direitos da mãe. Segura de si, partiu de novo para o Burbonês a fim de instalar seu terceiro filho nos bens que lhe eram próprios e que possuía ali, depois voltou para terminar seus dias na casa que tinha em Amboise, perto do mosteiro Saint-Thomas, como boa viúva, bem devota. Então, dedicou-se a repreender seu filho mais velho, a protegê-lo do orgulho. Velha, "cheia de dias", ela foi a boa conselheira, substituindo o pai defunto, sábia como deve ser um *senior*: "Por que tu te lançaste nesta guerra sem me consultar, a mim? Não

O cavaleiro, a mulher e o padre

poderias encontrar melhor conselho".[3] Antes de morrer, paralítica, pôde ainda tomar sob sua égide o mais velho de seus netos, órfão, despojado de tudo, e cuja mãe era incapaz; cedeu, de sua mão, o que ainda tinha, a herança de Jaligny que a morte do último de seus filhos deixava vacante. Sozinha, de pé no meio dos escombros da fortuna familiar, encruada, encouraçada pela paralisia e por sua coragem, Elisabete, nessa galeria de retratos exemplares, é exceção. Ela dá exemplo para os homens, sobrevivendo aos perigos da maternidade, sobrevivendo a seu esposo. *Virago*, ela é dessas raras mulheres de coragem que os homens dessa época respeitavam, quando, despojadas de sua feminilidade, se tornavam como suas iguais.

As virtudes correntes esperadas da esposa se descobrem em um outro retrato, o de uma antepassada morta uns sessenta anos antes, Denise. Ela repousava no mosteiro de Pontlevoy: cada ano, no dia do aniversário de sua morte, sua memória era lembrada nas liturgias funerárias. Oito palavras latinas bastavam para fazer seu elogio: definiam o que é, aos olhos dos homens, a perfeição do feminino: *pia filia, morigera conjunx, domina clemens, utilis mater*. Filha, esposa, dama e mãe, ao longo de toda sua vida, Denise foi submetida ao homem, pai, esposo, filho, até mesmo ao cunhado, que geriu a casa em que viveu. Até seu casamento, permaneceu *pia*, obedecendo às ordens: aceitou o marido que escolheram para ela. Seu destino era de se tornar *conjunx*. Foi então aquilo que todas as esposas deveriam ser, *morigera*, complacente, dócil. Dama, portanto, *domina*, dotada de um poder, e que não era pequeno, pois seu homem tinha vindo se estabelecer em sua casa, na de seus ancestrais, e obtinha dela a maior parte

---

3 P. 127.

de seu poder. Mas o casamento a tinha colocado sob a dominação desse homem. Era ele que sediava no castelo de Chaumont, no lugar que os ancestrais varões de Denise tinham ocupado. Ela mesma relegada a posição lateral, de pé, perto do trono de justiça, como a Virgem ao lado do Cristo Juiz, intercedendo, "clemente", introduzindo um pouco de mansuetude no ofício senhorial; adjunta, embora todos os direitos do mestre fossem os seus. A maternidade lhe devolvia autoridade? Não. Mãe, ela devia ser "útil". A quem? A outros homens, aos filhos nascidos de suas entranhas.

Tal é o papel atribuído à mulher nessa grande parada que a sociedade da cavalaria, masculina, gosta de ver posta como espetáculo. A mulher é um objeto, de grande preço, cuidadosamente conservado, por tudo aquilo que ele oferece como vantagem. Assim, Denise, viúva, ainda muito jovem, seus filhos bem pequenos. Os homens de seu sangue, cujo casamento dessa herdeira tinham frustrado, preparavam-se para voar sobre essa presa: eles iriam tomá-la para casá-la uma segunda vez, ao bel-prazer deles. A linhagem do marido se agarrou a esse bem muito precioso. Denise foi mantida trancada com suas filhas na sala do castelo. Foi dada a ordem ao guardião da fortaleza para vigiar esse tesouro como a menina de seus olhos. Vigiar o quê? Uma pessoa? O que era aqui tão ciumentamente vigiado, seria outra coisa além de um ventre, matriz, órgão procriador, lugar secreto em que, os sangues misturados, formavam-se futuros guerreiros, herdeiros? Eis por que o verdadeiro trono da mulher é seu leito de parturiente. Uma noite, os homens do senhor de Amboise tomaram uma torre de pedra. Penetrando no térreo pelo porão, tinham conseguido furar o teto e se alçar até a sala: descobriram, ali, nesse lugar muito seguro, a esposa do cavaleiro

O cavaleiro, a mulher e o padre

que guardava o edifício. Ela não havia se levantado de seu parto. Eles mataram o vigia, plantaram a bandeira de seu mestre no topo do edifício, mas tomaram em seguida a jovem mãe delicadamente e, em seu catre, cuidando que ela não pusesse o pé no chão – ela não estava purificada – levaram-na como um santo sacramento até a cabana em que dormia seu marido.[4] E é um leito de parturiente, o da Natividade, que os escultores, pouco antes que a narração examinada por mim fosse escrita, ousaram figurar, triunfal, ao lado da Virgem em majestade, sobre um dos tímpanos do portal real de Chartres. Porque ela deve engendrar, a mulher é um objeto precioso, eu o repito. Entendamos, objeto de troca. Ela é uma peça num jogo, mas são os homens que jogam.

Os jogadores se dividem em dois campos: uns tomam esse peão, outros o cedem. Mas, no seio do segundo grupo, várias equipes seguram o jogo. Na áspera competição, em que as mulheres são o prêmio, percebe-se em meados do século XII que, entre os doadores, entre aqueles que nos castelos combinam seu golpe para ganhar o máximo possível, os pais da moça são enquadrados de um lado por seu senhor e, do outro, por seus vassalos. A história dos senhores de Amboise trata muito especialmente do laço pessoal, criado pela homenagem, desse parentesco de eleição cujos vínculos se mesclam aos do sangue. Ela faz aparecer claramente um dos efeitos do progresso da feudalização: de agora em diante, a maior parte dos bens nobres são concessões feudais; os direitos que as alianças transferem de uma casa para a outra estão quase todos encerrados na rede das obrigações vassálicas. Isso justifica que intervenha, ao longo

---

4 P. 99.

das conversas preliminares, o homem que move o feudo, mas também outros homens – vassalos, feudatários –, que estão diretamente concernidos pelo dote, pela nobreza do filho que, nascido da união projetada, se tornará o senhor deles ou de seus filhos. O possuidor eminente do feudo, de um lado, e, do outro, a gente vassálica reunida nesse feudo e participando de seus lucros pretendem não ficar alheios à escolha do marido, esse cavaleiro do qual um receberá as homenagens e os serviços, a quem os outros prestarão homenagem e de quem receberão os benefícios. Assim, as estratégias se complicam, no incessante comércio do qual as mulheres são o objeto. Eis o que é possível distinguir desse jogo.

A forte presença dos personagens femininos na história da família de Amboise não é surpreendente. Duas razões levavam a conservar, muito viva, a lembrança das antepassadas. Por elas, relações, muito úteis nesse momento de grande perigo, tinham se tecido outrora com as principais autoridades da região. Mas sobretudo os castelos, os poderes, as terras, absolutamente tudo o que sustentava a honra da linhagem tinha sido trazido para eles por casamento. Em um século e meio, em cinco gerações, quatro casamentos sucessivos tinham reunido o enorme conjunto senhorial que punha o senhor de Amboise entre as principais potências da Turena. Pelo primeiro, o ancestral fundador, tronco da linhagem, tinha-se implantado no país. Um de seus filhos, um caçula, Lisois, graças ao segundo casamento, se estabeleceu em um dos três castelos de Amboise, a torre de pedra. Seu irmão mais velho, Sulpício, adquiriu, ao se casar com Denise, o domínio do castelo de Chaumont. A Hugo, seu filho, a mulher, Elisabete, trouxe um soberbo *maritagium*; o resto de Amboise que seu irmão cedia e a herança burbonesa de

O cavaleiro, a mulher e o padre

sua mãe, Jaligny, ao menos o que os homens de sua linhagem não tinham conseguido retomar. Ora, o que se mostra aqui de maneira evidente é o papel de amizade vassálica. Pois gostava-se de lembrar, em 1155, na casa de Amboise, que os ancestrais, um depois do outro, tinham obtido essas esposas miríficas de seu senhor; cada uma havia sido a recompensa de suas bravuras, o preço de suas devoções. Largueza do senhor, mas também poder do senhor. Tinha cada vez imposto sua lei ao homem que, por direito do sangue, tinha a moça em seu poder. Ele tinha substituído esse homem, tinha decidido, escolhido ele próprio o marido, e obrigado o casamenteiro em título a ratificar essa decisão, essa escolha.

A gesta diz pouca coisa do mais antigo desses pactos, contemporâneo da grande mutação à qual me referi, pela qual, durante as décadas enquadrando o ano 1000, as relações de parentesco na alta aristocracia assumiram, pouco a pouco, a forma de linhagens. Pode ser que a imagem da realidade seja confusa na memória familiar. Esta, é um fato, atribui 150 anos mais tarde uma função maior ao casamento na constituição das dinastias senhoriais. Hugo I, o ancestral, era um fiel de Hugo Capeto, seu afilhado também, sem dúvida – ele tem um nome capetiano –, e o nome que deu a seu filho prova que ele era originário da região capetiana, o Orleanês.[5] "Enquanto ele dava um conde aos Manceaux", Hugo Capeto lhe deu a filha do senhor de Lavardin. Era um modesto estabelecimento. Lisois, seu filho, partiu, como Hugo, para a aventura, se ligou ao conde de Anjou, Fulque Nerra. Este buscava, se acreditarmos na lembrança genealógica, como retribuir o serviço desse fiel, que se

---

5 P. 75.

tornou necessário, depois de tantos anos, como ligá-lo solidamente a seu futuro sucessor, Gofredo Martel. Com o brilho de suas vitórias, forçou o possessor da torre de Amboise a ceder sua sobrinha. Lisois a tomou por volta de 1030, com a torre. Vencido por Gofredo Martel e sem dúvida prisioneiro, o senhor de Chaumont precisou, obrigado, entregar a sobrinha ao filho mais velho de Lisois e dotá-la de todos os seus bens. Cabia ao conde Fulque Réchin casar Elisabete, sua filha. Esse direito lhe foi arrancado pelo homem que travava guerra contra ele, seu próprio filho. Este buscava aliados a qualquer custo: deu sua meia-irmã a Hugo II para fazer dele um amigo seguro. Três, pelo menos, dessas quatro esposas, tinham sido, portanto, presas de guerra, partes desse butim que um vencedor compartilhava com seus companheiros de armas. Notemos que, para se assenhorar dessas cativas e dos bens que elas traziam, os beneficiários desses dons, Lisois primeiro, depois Sulpício, tiveram que se instalar na casa da esposa, persuadir com dificuldade uma parentela hostil, se fazerem aceitar, até escolher repousar depois da morte junto a defuntos de linhagem estrangeira. E o autor da gesta dissimula o melhor que pode aquilo que tinha havido, na realidade, de rapto nesses casamentos muito antigos. Em compensação, exalta a imagem do bom senhor, distribuindo herdeiras entre os jovens de seu séquito que o tinham bem servido.

Essa imagem, própria para aquecer o ardor dos caçulas que, nas cortes, grandes e pequenas, faziam o máximo possível para ganhar, por meio de proezas, os favores de um patrão, ocupava, na segunda metade do século XII, uma posição muito destacada no seio da ideologia cavaleiresca. Nós a vemos reaparecer em uma das anedotas que foi acrescentada mais tarde ao texto primitivo da gesta. Ela conta – e sentimos que é inventada, sem correspondência com os indícios espalhados nos documentos – como foi fundada a casa de Château-Renault.[6] Em 1044, o conde Gofredo Martel tinha tomado a Turena; substituía os vencidos, como em Chaumont, por fiéis. Tinha "com ele", diz a lenda, em seu bando, "dois nobres jovens adolescentes [...], um se chamava Renault, como seu pai, o outro Gofredo, como o conde de quem era afilhado". O conde de Anjou armou cavaleiro o primeiro (empregando todos os laços possíveis, aqueles que vinculam os ritos do batismo e os da ordenação de um cavaleiro), depois o devolveu a seu pai (uma das funções da casa principesca aparece aqui bem visível: os jovens guerreiros recebiam aí sua formação ao ofício militar e seus atributos simbólicos; servia também de saída, abrigava esses filhos que enchiam as casas do pai e que nada tinham para si, enquanto ele estivesse vivo; essas cortes foram o crisol em que se forjou a armadura da fidelidade, de submissão quase filial, de benevolência quase paternal sobre a qual se construiu o sistema político que chamamos de feudal). Esse filho, porque era o mais velho, se encontrava estabelecido. Sucedeu rapidamente a seu pai, que partiu para Jerusalém a fim de lhe dar lugar. Seu irmão tinha ciúmes disso, queria também ser ordenado cavaleiro e, sobretudo, receber uma terra. Ora, justamente, Gofredo Martel tinha necessidade de um homem seguro, capaz de edificar um castelo novo nessa região que ele acabara de conquistar. "O jovem" foi, portanto, armado, dotado, e o conde "lhe deu também como esposa a sobrinha de sua mulher [uma das moças das quais ele podia dispor e que, não sendo de seu sangue, não trazia o risco de reclamar um dia alguma coisa de seu patrimônio],

---

6 P.148-50.

moça muito nobre e muito bela [evidentemente]". O recém-
-casado, de um lado, construiu a fortaleza, de outro, ocupou-
-se em engendrar; logo lhe nasceu um filho homem; nascidos
ao mesmo tempo, o filho e o castelo receberam o mesmo nome,
Renault. O exemplo é belo sobre a estreita conexão entre o casamento, o serviço leal, o cuidado dinástico e a casa, forte, no qual
a linhagem se enraíza.

Decerto, a memória e o imaginário ficam inextricavelmente
misturados. A história dos senhores de Amboise revela essencialmente como sonhavam tomar esposa, no tempo do rei Luís VII,
os cavaleiros ainda muito numerosos que a disciplina da linhagem obrigava a permanecerem solteiros. Devemos afastar sem
apelo um tal testemunho, recusar ver o mais antigo ancestral
do qual se lembravam então os cavaleiros como um aventureiro
feliz, dotado de uma esposa pelo chefe de guerra que ele tinha
servido com todo o coração? Lamberto de Wattrelos, cônego,
autor dos *Anais de Cambrai*, escreve, na mesma época, sua genealogia. Para ele, o fundador da casa da qual ele herdou o nome é
um irmão de seu bisavô, que vivera cem anos antes; vassalo do
bispo de Cambrai, conforme toda aparência, tinha sido instalado
ele também por seu senhor e casado por ele. Qual seja a realidade das primeiras épocas feudais, o importante é esta outra
realidade: a cavalaria, no meio do século XII, se glorificava de ter
avôs raptores, e de avós de melhor sangue que um herói vitorioso
tinha generosamente cedido aos auxiliares de seu poder.

Encontro uma das mais belas ilustrações desse sonho,
ao mesmo tempo que do viver matrimonial da época, numa
pequena narração[7] que o monge João de Marmoutier, para divertir

---

7 P.135, 139.

e ensinar Henrique Plantageneta, enxertou, por volta de 1170, na parte do grande texto genealógico que concernia não os senhores de Amboise, mas aos condes de Anjou. *Exemplum*, mostrando ao atual chefe da linhagem o que era preciso fazer e não fazer pela celebração de um ancestral, Ingelgário, o mais distanciado cuja existência era atestada pelos documentos de arquivos. A casa de Anjou, mais poderosa, era também mais antiga do que a de Amboise. Ingelgário vivia no raiar do século X. Perdido na noite dos tempos, o narrador podia bordar à vontade a respeito dele, maquiar esse ser fantasmático, disfarçá-lo, atribuir-lhe discursos, ações. João decidiu vestir o primeiro papel de seu teatro pedagógico como "jovem", como cavaleiro alegre, devendo unicamente sua fortuna às suas virtudes. Partia de uma simples frase. O manuscrito que ele enfeitava tinha tentado explicar os laços que uniam o conde de Anjou ao Gâtinais pelo valor desse ancestral: por ter salvado a honra de certa mulher desse lugar, "tinha se tornado muito caro à parentela [desta] e a quase todos os nobres". A fantasia, muito naturalmente, toma esse personagem feminino como trampolim. Entretanto, o autor é monge: ele não fala de amor, mas de casamento. De início, três personagens: um rei da França, que João chama de Luís, porque ignora seu nome; seu vassalo, o conde de Gâtinais, que morre deixando uma filha única; um servidor do rei, seu camareiro, valoroso ele também, muito belo. A este último, o rei gostaria de dar a herdeira como recompensa. O direito feudal, em 1170, autorizava o senhor dos vassalos defuntos a casar suas órfãs, e Henrique Plantageneta gostava de ouvi-lo lembrar disso. O obstáculo veio, aqui, não do parentesco, mas da moça. O camareiro tinha prestado homenagem ao conde; "não é, protestou ela, nem decente nem justo pôr sobre mim meu homem e meu vassalo". Ora, era necessário seu consentimento: todos os ouvintes de João de Marmoutier o consideravam, agora, necessário. Devidamente ralhada pela rainha, fechada no quarto das damas – que não era o que se diz frequentemente que ele fosse, mas um mundinho fechado, astuto, o campo de um evidente terrorismo interno –, a donzela terminou por ceder. E ainda o rei teve que obter o "conselho", o assentimento dos "amigos", quer dizer, de toda a "família" dos vassalos vinculados ao conde de Gâtinais. Eles concordaram. Não faltava mais nada, a não ser preparar o cerimonial do casamento. Notemos: na Turena, quando essa história foi escrita, a solenidade não comportava mais duas fases, mas três: entre a "confirmação do dom", quer dizer, a troca de palavras de presente,* a promessa que cada um dos esposos proferia pessoalmente, e a "celebração das bodas", a *deductio* alegre do casamento até sua nova casa, que se intercalava a "bênção". O escritor era eclesiástico. Mas ele dedicava sua invenção aos senhores mais corteses da época. Esse mundo muito elevado admitia perfeitamente a intervenção do padre no meio do rito de passagem. A Igreja tinha marcado esse ponto.

Por essa união bem abençoada, o camareiro, ultrapassando agora sua mulher, apesar da antiga submissão vassálica, tomou a senhoria em mãos. Mas não conseguiu, durante dez anos, fecundar a esposa. Doente, foi descoberto certa manhã asfixiado em sua cama. Logo correu o rumor: é ela, ela o matou; onde está o amante? A acusação, como se devia, foi levada pela parentela do morto e, em primeiro lugar, por seu chefe de fila, o segundo na casa, ao senescal. Lançou o grito, a queixa. É o adulador dos romances. A emoção dessas pessoas não pode espantar: tinham

---

* *Verba de praesenti*: troca de palavras em que se dá o consentimento. (N. T.).

entrado ao mesmo tempo que o defunto nessa mansão. Ela não pertencia ao antigo patrão, mas à dama. Viúva, ela ia se casar pela segunda vez, introduzir aqui um novo mestre, que instalaria seus próprios sequazes e obrigaria o bando antigo a partir. Era preciso impedir essa mulher de maleficiar, e, por isso, lhe proibir para sempre o casamento. Seria suficiente acusá-la de infidelidade? Mais seguro seria acrescentar ao crime de adultério, que pertence à esfera privada, doméstica, aquele que depende da justiça pública, o de "morte súbita". A presunção desse crime permite recorrer à corte do rei. Diante dessa assembleia, a acusada propôs limpar seu nome pelo juramento. Esse apelo ao julgamento de Deus teria sido suficiente se tivesse havido apenas fornicação; além disso, havia crime: a prova requerida era o duelo judiciário. O acusador se disse pronto a combater. Conheciam-no. Era famoso na região pela força de seus braços. Quem poderia lhe resistir? A viúva conclamou, chamando em socorro os homens de seu sangue. Todos tiveram medo, tão poderosa era a suspeita que, em tais circunstâncias, pesava sobre a esposa. A mulher abandonada, "viúva", desertada por todos os seus parentes, a prova estava dada: ela era culpada. Então chega Ingelgário. Dezesseis anos, iniciando ainda nas armas. Não era da linhagem da abandonada, mas seu afilhado: o laço de parentesco era espiritual, portanto melhor. O rapaz vivia na casa do conde, tinha servido a ele dia e noite, sabia que estava doente. Certo, portanto, que a morte era natural, seguro dele, combateu, venceu. Davi triunfou sobre Golias. A dama era, com toda a evidência, inocente. No entanto, decidiu terminar seus dias no convento. O que aconteceria com a herança? Quem tomaria o feudo? Seus primos, que não tinham ousado lutar por ela? Ou esse jovem herói "que não era seu próximo pela carne, mas pelo espírito"? O rei, é claro, decidiu deserdar os parentes que falharam. Em sua corte, declarou Ingelgário "filho de mãe": a simples decisão do príncipe – pensemos que Henrique Plantageneta não ouviu isso sem prazer – é capaz de modificar a "natureza"; com efeito, o príncipe, nessa circunstância, intérprete da intenção divina, consagrava a superioridade do espiritual sobre o carnal. Ingelgário, adolescente, solteiro, não conquistou o feudo pela força de seu sexo, copulando com uma herdeira, mas pela força de seu coração, assim como por sua mão pouco hábil e com a ajuda de Deus. Predestinado, o ancestral fundador da casa de Anjou preenchia, já em sua tenra idade, uma das funções reais: defendia o bom direito das viúvas. Esse discurso podia entusiasmar todos os jovens da corte. O *senior* se alegrava assim, nostálgico de sua própria juventude, e muito assegurado de seu poder.

O narrador desconhecido que compôs a primeira versão da dupla genealogia que eu exploro evita indicar como Sulpício II, o mau senhor que tinha acabado de morrer, tomou mulher. Podemos pensar que, navegando entre os dois senhores de seus feudos, o conde de Anjou e o conde de Blois, ele foi casado pelo segundo – o que, nesse apelo ao Plantageneta, não era, a bem dizer, alto demais. Mas, em 1170, quando João de Marmoutier escrevia, e já em 1155, o refluxo das violências impedia os príncipes feudais de raptar, com armas na mão, como haviam feito seus antepassados, as mulheres que ofereciam a seus vassalos. A que Ingelgário recebeu não foi conquistada, e se vê que o rei, quando, nessa narrativa fictícia em que se refletem as condutas ideais, dispõe da mão dessa moça pela primeira vez, não sem dificuldade, não usa força, mas seu poder senhorial. No fim do século XII, quando os mestres dos principados grandes ou pequenos tinham esgotado os recursos de suas casas, quando suas filhas, sobrinhas, bastardas, se encontravam todas estabelecidas, era-lhes preciso, com efeito, negociar, fazer valer suas prerrogativas, pretextar o direito real de proteger a viúva e o órfão, e desse direito também, de natureza paterna, que lhes atribuía sua posição na hierarquia das homenagens, para obter que os parentes de seu defunto vassalo os autorizem a dar às mulheres, virgens ou não, que essa morte deixava "desoladas" um marido de sua escolha. Os parentes resistiam tanto quanto podiam a essa intrusão. Depois de cuidadosa pesquisa, o costume concedeu, nessa mesma época, ao duque de Normandia a "doação" das filhas de seu homem quando estas herdassem o feudo; mas ele o proibia de ceder sem o conselho e a aprovação dos "amigos", dos varões de seu sangue.[8] Era, em verdade, caso de poder respectivo. Caso, sobretudo, de negociação, de dinheiro. "Nas províncias da Gália e da Inglaterra", nota Roberto de Courçon,[9] o príncipe da terra põe a mão no patrimônio dos órfãos; "dá em casamento as moças e as viúvas a menos nobres, contra finanças, vendendo assim a *generositas* dessas jovens".

Feudatários dos condes de Anjou, os senhores de Amboise conseguiram casar livremente suas filhas? Casaram-nas todas e, ao que parece, com o consentimento delas. Na verdade, eram pouco numerosas: as esposas com as quais o senhor os havia gratificado foram moderadamente fecundas. Com a sua, Lisois engendrou cinco crianças, das quais três filhas que chegaram

---

8 Petot, Le Mariage des vassales, *Revue Historique de Droit Français et Étranger*, v.56, n.1, p.29-47, jan.-mar. 1978.

9 Baldwin, cap.II, p.178 *n.*134.

à idade adulta; Sulpício I, três, das quais duas filhas; Hugo II, quatro, das quais uma filha. Seis filhas ao todo. Os senhores não as deram a vassalos, mas a iguais, rivais, mestres dos castelos vizinhos, inimigos potenciais, com o objetivo de conseguir amizade ou, pelo menos, reduzir seu poder de agressão. Com efeito, pelo casamento, repetiam os moralistas da Igreja, quando se extenuavam a justificar a obrigação de exogamia, a "caridade", entende-se, o amor. O que esperavam os doadores de mulheres era, de fato, em primeiro lugar, a paz. Obtiveram-na? Obtiveram-na mais por isso? Esse texto dá a entrever o que, aliás, não aparece quase nunca: o lucro que o chefe de uma grande casa podia ter quando casava uma filha. Sulpício I teve por cunhados senhores poderosos. Um tinha o castelo dos Roches-Corbon; foi um amigo muito fiel; doente, Sulpício escolheu ir morrer na casa dele, e a aliança, estreita, indefectível, durava ainda em 1155: na terceira geração, os primos continuavam a dar apoio uns aos outros, a se consultar, a se socorrer uns aos outros nos combates. Mas, entre Sulpício e os maridos de suas duas outras irmãs, o senhor de La Motte-Foucois e o senhor de Montrichard, o laço de afinidade não impediu o ódio. Podemos até pensar que ele o avivou. Os cunhados, ao se casarem, contavam explorar a fundo os direitos de suas mulheres. Viam, primeiro, nos irmãos destas, não amigos, mas obstáculos à cobiça. Buscavam abatê-los por todos os meios, os piores. O acaso fez que, na guerra, eles tivessem a vitória. Um deles, Foucois, foi morto horrivelmente; prisioneiro, cortaram-lhe a cabeça: por acidente, conta o cronista, o senhor de Amboise não sabia; os peões de seu bando, toscos, cometeram o crime sem a ciência dele. Ele próprio arriscava o mesmo infortúnio. Casada, uma irmã, como se vê, não garantia nada contra o perigo. Podia-se contar pelo menos que da consanguinidade nasceria o amor? Quer dizer, esperar, apostar nos sobrinhos?

Era na segunda geração, com os sangues já misturados, que a aliança trazia frutos, quando os sobrinhos, nutridos na casa de seus tios maternos, aprendiam a amá-la. Com a condição de que a irmã, a mãe dos rapazes, sobrevivesse tempo bastante às suas maternidades, que o cunhado, cedo viúvo, não se casasse, que sua esposa, a madrasta, não se açodasse, como todas tinham tendência a fazer, em deserdar os filhos do primeiro casamento. Por duas vezes, o caso se apresentou: as mulheres, esgotadas, morriam logo. Hugo II – o verdadeiro herói da história, o paradigma das virtudes de linhagem – viu-se entre duas obrigações: precisava cuidar dos filhos de sua irmã defunta e eventualmente combater para defender seus interesses, "temendo que os filhos da segunda esposa tirassem a terra de seus sobrinhos"; entretanto, respeitoso à amizade que devia ao marido de sua irmã, "permaneceu muito tempo sem dizer nada, recusando-se a guerrear contra Archimbaud, porque ele era seu cunhado". Em 1155, mesmo problema: a irmã de Sulpício II deixava, ao morrer, dois menininhos nascidos no castelo de Déols. Na verdade, o risco agora era menor. A mãe deles, Denise – tão útil para a linhagem quanto a antepassada venerada da qual herdara o nome –, "tinha mostrado tanta beleza e virtudes diversas que o viúvo, embora ainda jovem, não desejava outra companheira". Eis o que se esperava das filhas, quando eram plantadas em outra família: que pusessem no mundo vigorosos rebentos, que não morressem cedo demais, ou então que o poder prolongado das seduções que elas deviam a seu sangue fosse suficientemente vivo para continuar, depois da morte, a manter o esposo cativo.

O que ocorria quando o fruto desses casamentos era uma filha, quando a sobrinha, órfã, era a herdeira? Fulque, cunhado de Sulpício I, decapitado, tinha apenas uma filha, Corba, cuja história, lamentável, é contada. De seu avô, herdava um dos três castelos de Amboise; estava, no momento, destruído, mas permanecia o local e, em consequência, o direito de reconstruir a fortaleza, de explorar todos os poderes que irradiavam à sua volta. A morte de seu pai fazia, naturalmente, passar a órfã ao poder de seu mais próximo parente homem: era Sulpício, o irmão de sua mãe. Ele cuidou em não a casar. Mas o conde de Anjou, Fulque Réchin, a espreitava. Seus vassalos de Amboise eram cada vez mais arrogantes; ele trabalhava para enfraquecê-los; La Motte-Foucois era um feudo de seu âmbito; entretanto, os direitos do senhor feudal não primavam ainda – estávamos no fim do século XI – sobre os da parentela. O desaparecimento precoce de Sulpício I, a minoridade de Hugo II, puseram o conde em posição de força. Negociando, ele obteve o acordo do irmão de Sulpício, provisoriamente chefe da casa. Corba foi cedida ao cavaleiro que, familiar de Fulque, conservava para ele o terceiro castelo de Amboise. Era o tempo do concílio de Clermont: a cruzada era pregada. O marido de Corba e seu primo, o jovem Hugo, partiram juntos. Chegou a notícia de que o esposo havia sido morto no assédio de Niceia. "Então, Fulque Réchin uniu em casamento Corba, viúva, a um homem muito velho, Achard de Saintes, que tinha se tornado o guardião do castelo condal."[10] Esse homem recebeu a esposa de seu predecessor no cargo. Naturalmente, mas não gratuitamente: o texto precisa que Achard pagou muito caro. O vendedor era o conde,

---

10 Anjou, p.101.

que não julgou necessário consultar a parentela: Corba era a esposa de seu homem, seu dever era cuidar dela; os homens de seu sangue não tinham de dizer nada a respeito. Aliás, o único rebento dos senhores de Amboise estava na aventura, lá longe, será que voltaria? Hugo voltou, doente, mas vivo. "Achard, aterrorizado, conduziu Corba, sua mulher, para Tours, à casa de seu irmão, intendente do convento de Saint-Martin." Mansão de cônego, abrigo seguro. Mas ela precisava sair todos os dias para suas devoções. A igreja, felizmente, não era longe, e, na nave, as mulheres e os homens se achavam confinados em seus espaços respectivos; durante o caminho, ela estava sob boa guarda. O lugar da oração se mostrava, no entanto, propício às conversas furtivas. Foi lá que a jovem casada trocou palavras com "um serviçal de Amboise"; "ela lhe disse como poderiam raptá-la. Num dia de festa, quando ela assistia às matinas, Auger, o dito serviçal, entrou na igreja: tinha deixado camaradas à porta. Levou Corba a eles, puseram-na num cavalo, levaram-na embora; esconderam-na na casa de um ferreiro que pertencia à domesticidade de Chaumont, onde Auger morava. Um primo, advertido, veio buscá-la e, com muitos cavaleiros e oficiais, conduziu-a a Chaumont. Seu marido, atingido pela doença e pelo pesar de ter perdido a esposa, logo morreu". A linhagem tinha vencido. Corba foi logo casada de novo, com um amigo. Este, em 1101, partiu para a Terra Santa na companhia de Guilherme da Aquitânia, o trovador. Esse príncipe nunca partia para muito longe sem sua esposa. Dava o mau exemplo: Corba foi levada por seu marido. Mas Deus puniu os maus cruzados que não conseguem ficar sem mulher. Foram vencidos na Ásia Menor, um desastre – na origem, talvez, da má reputação do duque Guilherme: 100 mil cativos, diz o texto. E, no lote, Corba, raptada pelos turcos "com muitas mulheres dos francos". Seus parentes da Turena se consolaram: ela não tinha filho. Era o essencial: não havia mais perigo de ver a herança escapulir, um novo marido, talvez mal escolhido, que se instalasse sobre as ruínas adjacentes do castelo de Amboise. Essa história o revela: quem casava sua filha podia esperar, por ela, captar a herança de seu esposo. O sonho. Para que ele se tornasse realidade, seria preciso, na verdade, uma sequência de acasos felizes e a mais estreita vigilância.

Em três gerações, seis meninos — tanto quanto meninas — chegaram à maturidade na casa de Amboise. Não era muito. Era o bastante para provocar a ramificação da linhagem e o desmembramento de seu patrimônio. Esse perigo foi evitado. O tronco genealógico permaneceu liso, desprovido de ramos adventícios. Entretanto, nenhum dos filhos legítimos foi posto na Igreja, nem se tornou monge ou cônego. Mas, desde a origem da dinastia, em cada geração, apenas um dos rapazes foi casado, o mais velho.

Lisois morreu muito velho porque — diz o texto dirigido aos jovens rapazes da família — tinha permanecido casto durante sua adolescência. Tinha dois filhos, compartilhou entre eles seu bem. De maneira desigual: o segundo recebeu posses marginais, pouco seguras. Seu pai, em todo caso, não lhe procurou esposa. Permaneceu solteiro. Sua docilidade lhe valeu aparecer, na narrativa, como herói da amizade fraterna. Igual em virtude a seu irmão Sulpício, tinha permanecido muito fiel ao segundo. E, no entanto, a tentação foi forte. Enquanto Hugo II, ainda criança, era tomado como refém na corte de Anjou, Sulpício caiu doente. Reuniu todos os seus homens na grande sala de Chaumont, os fez jurar conservar a seu filho a honra e a terra. O perigo vinha do tio, talvez ambicioso. Teve de prestar um juramento especial, prometendo "que não diminuiria a honra do menino, que não tomaria sua terra, que não atentaria contra sua vida, nem contra os membros de seu corpo". Não foi perjuro, conduziu-se como bom tutor. Surpreendeu. E quando foi enterrado, sem filho legítimo, junto de seu irmão, Hugo II deveu à abnegação surpreendente desse tio reunir novamente em sua mão toda a herança de seu avô, junto com a imensa fortuna que ele recebia de sua mãe. Hugo era filho único, mas tinha três meninos. Em 1128, seguiu o conde Fulque de Anjou até Jerusalém. Estava em seus sessenta anos; tinha, outrora, tomado a cruz; desejava agora esperar a ressurreição perto do vale de Josafá. Antes de partir para essa viagem sem retorno, dispôs de seus bens como havia feito seu pai. Godofredo Plantageneta tomava então, em mãos, o condado. Hugo o fez aceitar, com boa ou má vontade, a homenagem de seu filho mais velho, Sulpício II. A este "deu toda sua terra e obrigou seus homens a jurá-la a ele". Nova cerimônia solene, no castelo Montrichard dessa vez. Hugo fez sermão a seus filhos. Os vassalos prestaram juramento. O perigo não estava afastado: dessa vez, vinha dos irmãos, frustrados. O senhor de Amboise ousava aplicar o direito do primogênito. Era um pouco cedo. O segundo filho, Hugo, terceiro do nome, reclamou sua parte. Vivia, então, na corte de Godofredo Plantageneta. Este o tinha armado cavaleiro. Ele sustentou sua reivindicação, como sua mãe, Elisabete, iria sustentar, reclamando seu dote a Sulpício II, e pelas mesmas razões: o interesse do senhor de um feudo muito vasto e, por isso, perigoso, era de desmantelá-lo forçando o compartilhamento. Mas Hugo III recebeu igualmente o apoio de uma parte dos cavaleiros do castelo de

Amboise, talvez seus camaradas de infância, homens, em todo caso, que esperavam recompensas, tomando seu partido. Vê-se aqui, claramente, a dupla intervenção, do senhor e dos vassalos, e como os laços de amizade atados pela concessão feudal vinham se misturar aos laços de sangue e complicar a política das linhagens. Hugo II resistiu: ofereceu ao segundo filho o bem que ele administrava em nome de sua esposa, Jaligny. O rapaz teimou, recusou. As terras burbonesas serviram então para compensar o mais jovem dos três filhos. Quanto ao segundo, obrigaram-no primeiro a tomar a cruz — a expedição à Terra Santa tinha a vantagem de descongestionar as linhagens. Quando ele voltou, arranjaram para que desposasse uma herdeira. Sem dúvida, ele a recebeu do rei da França, de quem tinha se tornado amigo — naturalmente, porque seu pai lhe era hostil. "Com essa mulher", seu senhor lhe dava uma pequena senhoria na região de Tours. Encontrava-se assim casado e instalado pelo capetiano, como havia sido, um século e meio antes, seu longínquo antepassado e homônimo, ele também o segundo filho. Permanência. Os três filhos de Hugo II tiveram assim sua própria casa. O patrimônio não havia sofrido. Só tinham sido destacados do conjunto os bens trazidos pela mãe: parecia normal cedê-los em apanágio ao caçula. Mas apenas o mais velho procriou. Por acaso: seus irmãos morreram sem herdeiros, assassinados ambos.

Sulpício II se dedicou logo a casar seu filho mais velho. Agindo, dessa vez, com toda a independência em relação a seus senhores, os condes. Apressava-se, apreendendo a oportunidade de ganhar, por essa aliança, uma outra fortaleza vizinha, Château-Renault, que coubera recentemente a uma filha única. Muito jovem, como era seu prometido. Não foi entregue por

O cavaleiro, a mulher e o padre

sua parentela nem pelo senhor seu pai. O senhor de Amboise a recebeu dos cavaleiros do castelo que assumiram o papel do pai defunto. Uma tal substituição se explica. A guarnição estava ligada a seu chefe por complexas razões de solidariedade: laços de vassalidade, mas também laços de família, atados ainda por casamentos. Em Château-Renault, a companhia vassálica escolheu então, ela própria, o homem que, mais tarde, em nome de sua esposa, a conduziria ao combate. Em outro lugar, nós a vemos, descontente, rejeitar o novo marido: os cavaleiros de Chaumont tinham quase expulsado o cunhado de Denise, então tutor de seu sobrinho. Os de La Haye assassinaram um genro e seu irmão que os importunavam com sua soberba. Entretanto, o pacto de esponsais muito precocemente concluído por Sulpício II foi rompido por causa de consanguinidade. O senhor de Roches-Corbon, fiel primo, mas que não ia até o perjúrio, tinha vindo contar os graus e jurar. Na verdade, era o conde de Blois, senhor do feudo, que, de longe, usando desse meio e pondo em movimento a justiça episcopal, impediu esse casamento que ele não tinha decidido e que o inquietava. Sulpício II teve de devolver a moça. Com efeito, por segurança, ele a tinha imediatamente trancado em casa.

João de Marmoutier havia separado a genealogia dos condes de Anjou da dos senhores de Amboise. Ele a tinha remanejado. Por volta de 1180, escreveu um livro inteiro em honra do último defunto da linhagem: é a *História de Godofredo, duque dos normandos e conde dos angevinos.*[11] A obra foi dedicada ao bispo de Mans: o duque tinha sido enterrado na catedral, sob a placa de esmalte

---

11 P. 172.

que vemos ainda lá; o prelado cuidava do túmulo que ele próprio tinha feito ornar; era o organizador das liturgias funerárias; conservava a lembrança do defunto, e o uso era manter perto do sepulcro dos santos e dos príncipes poderosíssimos, para serem lidos ritualmente de vez em quando, o relato de suas ações e o elogio de suas virtudes. Godofredo não tinha escolhido estabelecer seu túmulo em Ruão: sua casa não se encontrava ali, mas a de sua esposa; poderia ter escolhido Angers; escolheu Le Mans, pois era aqui que tinha começado sua vida de adulto; logo depois de seu casamento, em 1128, ele se tinha instalado na mansão de sua mãe, esperando que seu pai liberasse o palácio angevino. É precisamente esse casamento que João de Marmoutier coloca no início de sua narração. Eis como ele o conta.

Como Eustáquio de Boulogne, Godofredo deveu a seu renome o fato de receber uma esposa. Henrique I, duque da Normandia, rei da Inglaterra, seu único filho tendo desaparecido no naufrágio da *Blanche-Nef*, não tinha mais do que uma herdeira, Matilde, que a morte do imperador, seu marido, deixava livre. Soube — na verdade, buscava havia muito tempo um meio de retomar de algum jeito o condado do Maine — que existia um homem de boa raça, valoroso no combate, que não "degenerava", muito ao contrário. Ele o escolheu. Transações se fizeram com o pai do herói. Palavras foram dadas. "Palavras de futuro." Chegou-se às cerimônias conclusivas. Godofredo não era cavaleiro. Não podia ser, na sua idade. Mas o decoro mandava que um jovem noivo o fosse: ia dirigir uma casa; devia ter a espada em sua mão, essa espada de justiça que Godofredo brandiu para a eternidade em sua efígie funerária. Henrique conseguiu que ele próprio ordenasse seu futuro genro: era um modo

O cavaleiro, a mulher e o padre

de melhor dominá-lo por essa espécie de paternidade, espiritual, mas inteiramente profana, atribuída ao padrinho de cavalaria. Decidiu-se proceder à entrega das armas em Ruão, justo antes dos esponsais, no Pentecostes. Ordenava-se cavaleiro de hábito nesse dia da primavera: o Santo Espírito descia sobre os novos cavaleiros. O jovem chegou na véspera, escoltado por um grupo de jovens, seus companheiros de aprendizagem, que receberiam, com ele, o "sacramento", a insígnia de suas dignidades militares. O esquadrão foi recebido na casa do sogro. Este esperava na sala, sentado. Levantou-se, avançou para o homem que ele havia elegido para engendrar seus netos, apertou-o nos braços, beijou várias vezes seu rosto, depois o fez sentar a seu lado, no mesmo banco, no mesmo nível – como se sentam Godelive e seu marido, a dama e seu amante nas conversas amorosas, a Virgem e seu filho, que se prepara para coroá-la. Vejo nessa gestualidade – cujas analogias com a da homenagem são evidentes, exprimindo, ambas, a submissão na igualdade – um rito de adoção. Godofredo foi recebido, diz a *História*, "como um filho", na casa de sua esposa. Agregado a essa casa por aquele que ainda a dominava – e queria essa integração de modo ostensivo: quem casa uma herdeira pretende assegurar seu poder sobre o homem que ocupará seu lugar, depois dele próprio. Seguiu-se uma espécie de prova, de linguagem: um diálogo, uma *confabulatio* entre o antigo, interrogando, e o jovem, respondendo o melhor que podia, discretamente, demonstrando que, apesar de sua juventude, era hábil não apenas nas armas, mas também nas palavras, e capaz de sapiência, a virtude dos *seniores*: era importante que ele provasse isso, já que, tomando esposa, iria ele próprio se sentar e gerir a senhoria. O casamento ocorreu no domingo que se seguiu à ordenação. Não em Ruão, mas em Mans, perto da casa

313

de Godofredo, na qual, à noite, o casal iria se unir. Os dois noivos foram conduzidos para lá pelo pai da moça. O pai do rapaz os esperava. João de Marmoutier, quando descrevia em detalhe a cerimônia de cavalaria não evocava nenhum rito religioso. Só fala deles quando descreve o casamento. Nenhuma alusão ao leito, ao quarto. Só trata da missa, da bênção nupcial e, precedendo-os, o ato essencial, a cessão da esposa por seu pai. Depois do inquérito conduzido pelo bispo — simples formalidade porque a consanguinidade dos cônjuges era evidente aos olhos de todos —, as palavras de presente foram trocadas na porta da igreja. João introduz aqui a afirmação dogmática — não a encontramos nítida assim em nenhum outro texto da época: "É o consentimento que faz o casamento". O texto era oferecido ao bispo de Mans, mas dirigia-se ao príncipe, a Henrique Plantageneta, filho de Godofredo. Que lhe apresentassem o casamento dessa maneira prova que a sociedade mundana aplicava agora as indicações da Igreja. No plano ritual, pelo menos, o modelo laico e o modelo eclesiástico aparecem de pleno acordo quando João de Marmoutier redigia sua *História*, por volta de 1180, na França do Noroeste.

XIII
Os condes de Guines

Para terminar, desloco, bem levemente, o campo de observação. Atravessando duas décadas, atingindo a época do divórcio de Filipe Augusto, alcançando o norte do reino, a região de Bouvines, a fim de explorar o feixe de informações que me fornece a história paralela de duas linhagens, a dos condes de Guines e a dos senhores de Ardres.[1]

Entre 1201 e 1206, Lamberto terminava de escrevê-la. Era um clérigo que servia no castelo de Ardres, vinculado ao mestre dessa fortaleza por um parentesco subalterno: padre, mas ele próprio casado e não escondendo isso, pai, pelo menos de dois filhos, padres como ele — isso um século depois da grande ofensiva gregoriana contra o concubinato sacerdotal: mede-se aqui, ainda, a distância entre a teoria moral da Igreja e a prática — ele tinha casado, de modo muito honrado, uma de suas filhas num ramo bastardo da família senhorial. Lamberto se gabava de ser "mestre", orgulhoso de uma cultura adquirida nas escolas,

---

1 MGH SS, XXIV.

camarada desses outros graduados que o conde de Guines, pai de seu patrão, alimentava em sua casa, que conversavam com ele, liam, traduziam para ele os livros das bibliotecas eclesiásticas, e particularmente textos, o *Cântico dos cânticos*, Santo Agostinho, servindo de referência aos teólogos do casamento. De fato, sua obra traz o testemunho de um domínio retórico, de um belo conhecimento da poesia antiga, mas também de uma atenção consagrada ao que havia de mais recente na produção literária cortesã. A forma é latina, erudita: o autor, entretanto, considera com um olhar bem laico os fatos que relata, "para a glória dos altos senhores de Guines e de Ardres".[2] Celebrando ao mesmo tempo as duas casas, o pequeno condado, espremido entre Flandres e Boulogne e a senhoria que se tinha fortemente construído, no interior desse condado, em volta de um poderoso castelo. Quando Lamberto escreve, as duas casas estão unidas há uns quarenta anos. O laço se atou por um casamento, o do então conde Balduíno II, e os dois patrimônios logo vão se congregar nas mãos do filho mais velho de Balduíno, Arnulfo. Ele já possui aquele de sua mãe defunta: arrancou-o de seu pai. Estabeleceu-se em Ardres, em 1194, com sua mulher, herdeira de um castelo vizinho: Bourbourg.

Lamberto o diz formalmente: é na ocasião dessas bodas que, para agradar ao conde Balduíno, empreendeu realizar um monumento literário exaltando os antepassados dos dois esposos. Essa tarefa cabia a ele: pertencia à domesticidade de Arnulfo, herói da narrativa; vivia em companhia desse cavaleiro, primo de Arnulfo, que retinha na memória os altos feitos dos ancestrais. Mas, já que seu mestre era o filho do conde de Guines, já que em

---

2 P.563.

sua pessoa misturavam-se os dois sangues, duas ascendências, Lamberto devia honrar paralelamente as duas linhagens. Respeitoso das hierarquias como o era o historiador dos senhores de Amboise, ele começou, naturalmente, por aquela dos Guines, preeminente: eram condes, recebiam a homenagem pelo castelo de Ardres, mas, sobretudo, o masculino sobrepujando o feminino, a ascendência paterna devia vir em primeiro lugar. As duas narrativas são, ambas, construídas numa trama genealógica, estrutura obrigatória: descem de casamento em casamento, articulando-se, não com as datas, muito raras e falsas no mais das vezes, mas na menção dessas cópulas sucessiva. Em cada escalão, se intercala a biografia de um varão, aquele que dirigiu a casa porque ele era o primeiro nascido de um casamento legítimo ou porque havia desposado em casamento legítimo a mais velha das filhas.

Toda lembrança e todo destino desses patrimônios sobre os quais essa memória se assenta repousam sobre a instituição matrimonial. Na origem de cada uma das duas linhagens, como na origem do gênero humano, num passado brumoso, quase fora do tempo, mítico, está uma cópula fundadora. No raiar da linhagem dos condes, dominando, o imaginário ergue uma imagem viril, a do homem que tomou mulher, como Balduíno de Guines tinha outrora tomado a herdeira de Ardres; enquanto é por mulher, mulher que foi dada, passiva, a um homem, que a linhagem dos senhores, dominada, pretende ter nascido. Essa disposição simbólica de ambos os sexos respondia à expectativa de um pequeno potentado, que, embora iletrado, se gabava de sua alta cultura. Ela reflete, no universo mental e em um sistema de valores, a função primordial que o casamento preenchia na realidade social.

Lamberto descreve a morada de seu patrão, o castelo de Ardres; ele o maravilha por sua organização interna, de admirável modernidade; reconstruído na primeira metade do século XII, a construção é em madeira, mas o espaço doméstico se encontra fracionado, multiplicado: é um "inextricável labirinto". Ora – e isto confirma a impressão deixada pela leitura de todos os textos da época –, essa mansão complexa é concebida para abrigar apenas um casal procriador, uma única das células conjugais que constituíam a estrutura fundamental dessa sociedade. Não se vê que lugar tenha sido previsto sob os tetos do castelo para outras cópulas. A disposição dos lugares estabelece apenas o do mestre na permanência e legitimidade. No andar intermediário, o da habitação, a sala única – aquela onde, no castelo de Chaumont, Denise e suas filhas foram encerradas, em que repousava a parturiente na torre de Amboise – é, aqui, compartimentada. No centro, isolado, formando como um cerne, o núcleo de todo o organismo, como matriz apropriada para as fecundações, para as germinações, um quarto: "o grande quarto do senhor e de sua esposa, no qual se deitam juntos".[3] Um leito, apenas um, em que, à noite, o futuro da linhagem se fabrica. O resto dos moradores, numerosos, dorme em outros lugares, em recantos, e aqueles que são casados – como o padre Lamberto – se alojam fora, nas cabanas do pátio, como o guarda do castelo de Amboise. No interior da casa, os outros quartos são reservados aos filhos legítimos do casal senhoril. Num dormitório, espécie de chocadeira, junto ao cômodo em que foram concebidos e vieram ao mundo, encontram-se espremidos os muito jovens e as amas que cuidam deles; no andar superior, o dos vigias, o

---

3 Cap.127.

O cavaleiro, a mulher e o padre

do último abrigo, os adolescentes são alojados; sobreviveram aos perigos da primeira infância; são as esperanças da família. Dois cômodos aqui, separados, um para os rapazes, outro para as moças. Os jovens varões passam por ali "quando querem". Seu lugar, com efeito, não é aqui, mas fora, no espaço duplo das aventuras e das iniciações cavaleirescas: a floresta, a corte – mas uma corte que não é a paterna: eles aprendem a bem se comportar junto ao irmão de suas mães ou do senhor de seus pais. Quanto às moças, elas ficam no quarto, "como devem", vigiadas até seus casamentos. Em todo caso, nenhum local foi previsto para acolher o mais velho dos filhos quando ele tomou mulher: a casa não é feita para dois casais. Enquanto o pai não estiver morto, não se retirou num claustro, não tomou a estrada de Jerusalém, liberando seu quarto, a cama, o herdeiro não pode se casar. Quem lhe fornece esposa deve também arranjar-lhe um outro alojamento, e é frequentemente, em Mans, aqui mesmo, em Ardres, a mansão de sua mãe defunta. Uma tal organização da residência não deixa de ter repercussão nas práticas matrimoniais.

Ela impunha, primeiro, prolongar o intervalo entre os esponsais e as bodas. O acordo entre os parentes se concluía muitas vezes bem cedo: a filha do velhíssimo conde de Namur só tinha um ano quando foi cedida, em 1186, ao filho do conde de Champanha, que a levou para a casa de seu pai. Menininhas, prometidas aos rapazes da linhagem, iam, assim, reunir-se, nos braços das amas, depois no gineceu, àquelas que se encontravam ali desde seus nascimentos. Oferecidas, ao crescerem, às cobiças dos machos, e primeiro às de seu futuro sogro: quantas não foram estupradas, sobretudo quando as duas linhagens tinham mudado de opinião e rompido o pacto. Nem sempre se preocupavam em devolvê-las, nem de reclamá-las, mormente quando eram, como a filha do conde de Namur, providas de uma herança que tentavam um tio, um primo: essa "esposa" desaparecia no esquecimento. Como ela tinha podido numa idade tão jovem manifestar essa adesão voluntária, esse consentimento que a autoridade eclesiástica exigia e que os leigos, nesse meio social, também julgavam, agora, necessária? Noivando as crianças, os chefes das casas desejavam o engendramento durável e, por consequência, jogavam o jogo, multiplicavam os gestos, as fórmulas. Na família de Guines, haviam procedido à *desponsatio* do conde atual, Balduíno II, dez anos antes que Thomas Becket o tivesse ordenado cavaleiro.[4] Tinha, portanto, menos de 10 anos de idade. A noiva era muito mais jovem. Não falava, ainda. Lamberto conta que ela foi trazida para o meio das duas parentelas reunidas para que fosse vista publicamente, solenemente, aceitar aquele que tinham escolhido para ela como esposo. Reconheceram o consentimento do bebê na sua *hilaritas*: ela sorriu, aclamaram-na, ela estava de acordo e, então, tornava-se *sponsa*. O pai de Balduíno sobreviveu cerca de vinte anos à cerimônia. O jovem noivo não esperou tanto tempo para deflorar sua mulher e fecundá-la: ela já lhe tinha dado cinco filhos quando ele herdou o condado. Mas, entrementes, seu sogro havia morrido; sua sogra se tinha casado novamente: o "grande quarto" de Ardres tinha se tornado vago para suas bodas.

Lamberto descreve abundantemente as do filho mais velho de Balduíno, Arnulfo.[5] Ele tinha mordido o freio durante muito tempo. Ordenado cavaleiro em 1181, durante treze anos

---

4 Cap.27.
5 Cap.149.

tinha procurado mulher: o principado de Guines havia crescido em importância, era menos fácil casar o herdeiro; um jogo apertado se travava na região que tornava aleatória a caça das esposas. Depois de longas buscas infrutuosas, uma presa foi enfim descoberta: certa moça cujo irmão jovem, mestre do castelo de Bourbourg, tinha acabado de morrer. Arnulfo se precipitou sobre ela. Já tinha sido prometido a uma das filhas do conde de Saint-Pol: o sangue era bom, as esperanças, poucas. Nenhuma hesitação. Essa primeira *desponsatio* foi rompida; a *História* não diz como: a coisa foi assim tão simples? Eram necessárias dispensas, a filha de Bourbourg era prima em quarto grau de Arnulfo. Não se foi até Roma; no entanto, nesse nível social, o acordo do "ordinário", o bispo de Thérouanne, não era suficiente; foi obtido do arcebispo. O pacto pôde então ser atado por esse empenho dos corações que, os laicos estavam bem de acordo, constitui o casamento. Arnulfo "se uniu e se acoplou em casamento com sua legítima esposa" pela troca dos consentimentos e pela entrega do dote; o castelo de Ardres, que Arnulfo tinha herdado de sua mãe e do qual podia dispor livremente durante a vida de seu pai, constituiu o *sponsalitium*. A narração toma um extremo interesse quando chega à segunda fase, a cerimônia nupcial. Ao inverso de João de Marmoutier, Lamberto não diz quase nada das formalidades religiosas. Conta, entretanto, que, preposto às liturgias na casa dos novos esposos, cabia a ele tocar os sinos. Recusou: Arnulfo estava excomungado – por ter, em suas cavalgadas, arruinado um moinho: ele pertencia a uma viúva, estava na paz de Deus. Ora, em Reims, tinham comprado a absolvição ao mesmo tempo que a dispensa; Lamberto, que o ignorava, incorreu na terrível cólera do conde de Guines; para se redimir, diz ele, escreveu a *História*.

Para agradar a seu mestre. E, por isso, sem dúvida, mostrando as bodas tais como as viam os leigos.

O importante a seus olhos não se passava na igreja, e, sim, chegando a noite, na casa do casal, no quarto. Os dois esposos estão na cama. Lamberto, dois outros padres, seus filhos, e um quarto personagem circulam ao redor do leito, exorcizando-o: aspergem os noivos de água benta, incensam o leito, sacralizam-no, fazem dele uma espécie de altar, invocando para ele a bênção divina. Sua missão é coibir por esses gestos e essas palavras um pouco da maldade que o jogo sexual vai forçosamente espalhar no lugar. No entanto, a ação dos padres tem menos peso do que a do último oficiante, o pai do noivo. Era o pai da esposa que, em pleno dia, ao ar livre, tirando sua filha de sua mão, pondo-a na mão de um outro homem, tinha representado o primeiro papel. Nesse momento noturno, esse papel cabe ao pai do marido, do engendrador, nesse espaço fechado, o da sombra e da gestação, depois que os dois cônjuges foram conduzidos ao interior da moradia, a mulher ao interior da linhagem que a recebe para que, prestando suas entranhas à semeadura, ela assegure sua perpetuação. É evidente que o religioso não está ausente dos ritos que esse leigo realiza: com os olhos voltados para o céu, por uma fórmula tomada dos atos apócrifos do apóstolo Tomás, suplica a Deus que abençoe seu filho e sua nora, já, ele pensa, depois da troca dos consentimentos, "unidos pela lei do santo acoplamento e pelo ritual matrimonial". Que vivam na concórdia, o acorde dos corações; que procriem – depois do espírito vem a carne –, "que suas sementes se propaguem ao longo dos dias e através das idades". É bem por isso que se deitam juntos. Ninguém espera que, durante três noites, eles se obriguem à continência: a esperança é que a esposa seja fecundada nessa mesma noite.

O cavaleiro, a mulher e o padre

Depois da bênção divina ofertada por meio dessas palavras, é a vez de Balduíno dar a sua. Abençoa os esposos, como Abraão abençoa Isaque e, este, Jacó. Patriarca, ele transmite, dessa maneira, os carismas familiares dos quais é o atual detentor. É nessa operação, no sentido mais forte do termo, generosa, geradora, que ele pretende ser mostrado e que, dócil, o padre Lamberto o mostra. Por esse apelo à fertilidade, pelo lugar que lhe confere essa narração de um casamento, aparece em plena luz a concepção laica da relação entre cônjuges, sacralizada na superfície, mas, no fundo, carnal. A carne é reabilitada, reconciliada pela bênção dos padres, e todos, amigos, vizinhos dos dois sexos, se associam ao prazer dos esposos, "por divertimentos e brincadeiras na alegria e na exultação".[6]

A *História dos condes de Guines* não ensina nada ou quase nada sobre a perversidade feminina. Lamberto gaba a pureza das esposas. Afirma que todas entraram virgens no leito nupcial. Os homens que ele serve e dos quais expressa o pensamento tomam grande cuidado em manter suas filhas enclausuradas até o casamento, no quarto de cima, a fim de que não percam o valor. As casas nobres, desde que tenham a possibilidade, utilizam um lugar de confinamento mais seguro ainda: um pequeno convento de monjas. Esse convento, em Bourbourg, se encontra no interior do castelo; o de Guines, fundado por uma condessa em 1117, lhe é adjacente. Esse mosteiro doméstico acolhe as mulheres da família que estão sobrando, as viúvas, as meninas muito jovens para serem desposadas ou que não encontraram quem as quisesse. Essas mulheres rezam. Entretanto, as orações eficazes

---

6 Cap.123.

saem das bocas masculinas. A principal função do convento é, portanto, a vigilância, acessoriamente a educação: as moças são aí "iniciadas aos estudos liberais";[7] portanto, quando saem para se casar, são, de hábito, menos "incultas" que seus esposos — outro fator de certo poder feminino. No castelo de Bourbourg, é uma tia que, sem ter tomado o véu, governa o pequeno grupo, "tanto as servas quanto as monjas". Essas comunidades representam a forma sofisticada, um pouco depurada de seus poderes maléficos pela disciplina religiosa, do gineceu, dessa parte da casa que as mulheres assombravam. São colocadas, como no "quarto das damas", sob a dominação de matronas, por vezes temíveis. Como Gertrudes, esposa de Arnulfo, o Velho, de Ardres. Seu sangue era de altíssima qualidade, mas veemente. Ela mesmo era tanto mais violenta quanto se sentia de melhor extração no casal. Lamberto a mostra cúpida, sobrecarregando de impostos as cabanas camponesas; certa mãe na miséria não podendo fornecer o cordeiro da taxa pascal, a dama se fez dar uma pequena menina; desde que ela cresceu, obteve lucro, fazendo-a ser coberta por um macho: assim, ela obteria novos servos. Uma outra mulher, leviana, como havia tantas nas mansões aristocráticas, uma "bela pequena", diz Lamberto, que havia engravidado, veio, diante da senhora do castelo, acusar um homem dali de tê-la forçado; ela se pôs "em serviço", "pelas mãos", ela se tornou serva, integrando assim a tropa que a castelã geria: a criança que ela carregava pertencia, de agora em diante, a Gertrudes, que, como boa dona de casa, obrigou o pretenso sedutor a casar. Pequena luz sobre o que devia ser o casamento no povo subalterno, do qual não se sabe quase nada.

---

7 Cap.122.

O cavaleiro, a mulher e o padre

O que escreve Lamberto ilustra a assertiva de André Capelão: cada um dos dois sexos é regido por moral distinta. Às moças da aristocracia é imposta a contenção, enquanto o panegírico glorifica os rapazes por sua petulância sexual. O capítulo 88 trata do velho, do conde Balduíno, "de sua prudência e de sua negligência". Afetando imparcialidade, não exibindo apenas as virtudes, mas os defeitos. São, é claro, os defeitos que constituem o orgulho do patrão: "desde o início de sua adolescência até sua velhice, seu corpo foi excitado pela intemperança de uma libido impaciente". As meninas muito jovens, as virgens, lhe agradavam em particular. Pecado? Não: o falso reproche é um elogio. Balduíno fez "melhor do que Davi, do que Sansão e, mesmo, do que Júpiter".[8] Esse raio lançado em todos os lados não foi infecundo. Ao longo da narrativa, Lamberto menciona a existência de cinco bastardos machos, dos quais dois foram cônegos. Ele é discreto, porque, relatando os funerais desse velho impetuoso, em 1206, o cronista da abadia de Andres, necrópole dos condes de Guines, assinala que foram assistidos por 33 filhos ou filhas, "saídos seja de sua esposa, seja de outros lugares". De sua esposa, Balduíno teve apenas dez filhos que lhe sobreviveram; 23 outros choraram sua morte, misturados aos rebentos legítimos.

Essa sociedade masculina não reprova nos homens tais extravasamentos genéticos. Ela os louva, e muito forte, quando esses fogos não vão se apagar no corpo de uma serva ou de uma prostituta. Quando Lamberto fala das companheiras que divertiram por um momento os rapazes da linhagem, ele diz que elas são todas "belas", primeiro. Era uma desculpa; Alain de Lille, em seu manual de confissão convida a perguntar: aquela em

---

8 Cap.89.

que o pecado foi cometido, era bonita? Na afirmativa, convém moderar a penitência.[9] Para Lamberto, essas moças eram também, todas, "nobres". Entendamos que seus pais tinham bom sangue, que eram ou vassalos, ou, mais frequentemente, bastardos da parentela. Moças núbeis, ainda não casadas, menos bem guardadas que as filhas do mestre, vivendo na casa ou em suas proximidades, constituíam ali como uma reserva em que o ardor dos filhos legítimos podia se descarregar. Fora do casamento, vê-se de novo que a consanguinidade não atrapalhava quase o divertimento sexual. Falando de Arnulfo, fundador da linhagem de Ardres, Lamberto lhe atribui dois bastardos nascidos de mães diferentes. Arnulfo, o segundo, em sua juventude, engendrou três filhos quando buscava aventura na Inglaterra, depois, um quarto, de mulher "nobre"; todos os quatro se mostraram, como ele, bons cavaleiros. De sua mulher legítima, teve dois meninos. O mais velho, antes de se casar, o leito não estava vago, teve que pacientar: dois bastardos nasceram: o filho de um deles foi genro de Lamberto. Quanto a seu irmão, ele engravidou primeiro, com um menino, uma filha do cônego Raul, virgem até então. Esse homem da Igreja, um dos bastardos de Arnulfo I, era, em consequência, o tio do pai de seu neto. Cantava o ofício na colegiada instalada perto do castelo de Ardres, que fazia, um pouco, o mesmo papel que o convento das moças: abrigava os machos em excesso, em particular os ilegítimos; apesar do esforço dos clérigos reformadores, esse estabelecimento não se tinha tornado, no século XII, uma cidadela de castidade. Esse mesmo caçula — e tardando em se casar porque era caçula — teve dois filhos de uma "nobre" que ele tinha deflorado a ela também.

---

9 *Liber paenitentialis*, 1, 27.

Esta era filha de um outro cônego e de uma "dama nobre". Duas crianças da mesma mãe: a união não era uma aventura; era um concubinato. O uso, portanto, dessa forma de união, estável, mantida, entretanto, fora da plena legitimidade a fim que os filhos o fossem também e não viessem pretender a herança, não se tinha perdido. Uma dessas bastardas, uma filha, era, diz Lamberto, muito famosa: ela havia dado um filho ao irmão do conde Balduíno de Guines, e um outro a um cônego, este do capítulo episcopal de Thérouanne.

A bastardia se inscreve, nessa época e nesse lugar, nas estruturas da boa sociedade. Tão normais que os bastardos, principalmente aqueles de sexo masculino, não eram dissimulados ou rejeitados de modo nenhum. Tão nobres quanto os outros, eles deviam ao sangue que possuíam algumas prerrogativas. Tinham o direito, "por privilégio de consanguinidade", ao *contubernium*, à casa e à comida na mansão de seus pais.[10] Ela lhes era aberta. Um dos bastardos de Arnulfo, o Velho, tinha apostatado no Oriente. De volta, ele permanecia "sarraceno"; receberam-no, entretanto, como ele teimava em comer carne na sexta-feira, tiveram que expulsá-lo – com a morte na alma. Esses rapazes compartilhavam a existência de seus meios-irmãos legítimos. Talvez porque não tinham a esperança de suceder, eram menos indóceis e pode-se ver neles mais segurança do que entre os mais velhos, nascidos da esposa: não têm ciúmes dos mais velhos; são seus amigos íntimos. Alguns, entretanto, se mostram turbulentos. O outro bastardo de Arnulfo, o Velho, "nobre por seu nascimento e pelas armas", aliou-se a um cavaleiro "poderoso", bastardo como ele, filho do cônego Raul – quer dizer, do irmão de

---

10 Cap.113.

seu avô. Ambos deterioraram, com suas cavalgadas de pilhagem, uma parte do patrimônio ancestral. Um acidente: conservava-se dele a amarga lembrança. De hábito, o bom senhor cuida de sua prole ilegítima tanto quanto da outra. Toma cuidado em educá-la. Ordena cavaleiros os rapazes. Arnulfo II fez cavaleiros todos os seus filhos, "tanto aqueles concebidos nos prazeres de Vênus quanto aqueles saídos do ventre de sua esposa".[11] Balduíno II foi vivamente cumprimentado por ter educado muito bem seus bastardos e casado muito bem suas bastardas.

Entretanto, notemos que, se acreditarmos em Lamberto, os homens das duas linhagens só gozaram dos "prazeres de Vênus" enquanto eram solteiros – cavaleiros "jovens" ou cônegos –, ou, então, viúvos. Enquanto tiveram uma esposa à disposição, nada é contado de suas divagações sexuais. Segundo a moral ensinada pela *História*, o terreno de licença deve-se situar fora de um cercado, a célula conjugal. É aqui que é permitido pôr em dúvida a veracidade da narrativa. André Capelão via os maridos muito mais livres, assim como Gisleberto de Mons, historiador dos condes de Hainaut. Este se espanta do comportamento do mestre atual do condado, de quem não gosta muito: marido de moça muito devota, ele respeitava suas intenções de castidade e não se consolava em outro lugar; "desprezando todas as outras mulheres, ele se pôs a amar só a ela, de um amor fervente [*amor*: o amor desta vez, no seio do casal conjugal, mas desencarnado] e, o que é bem raro entre os homens, se entregou a uma única mulher e se contentou só com ela". Para Gisleberto, muito evidentemente, essa fidelidade não é virtude, é fraqueza, como uma tara da qual se pode zombar num senhor tão elevado.

---

11 Cap.126.

Os maridos tinham aceitado as obrigações que a Igreja impunha: não repudiavam mais suas mulheres. Não lhes era tacitamente concedida mais liberdade? Pelo menos Lamberto, menos cínico do que Gisleberto, ou, sem dúvida, menos livre, mostra apenas maridos ajuizados e amando suas esposas. É o caso de Balduíno II, o vigoroso. Guerreava na Inglaterra quando soube que a gravidez da condessa — a décima, pelo menos — era perigosa. Apressou-se em acorrer, levando consigo bons médicos. Estes declararam perdida a futura mãe e que só restava "consolá-la". Balduíno, conta Lamberto, doente de tristeza, trancou-se dias e dias, não querendo mais deixar a cama.[12] Manifestação ritual de luto? Ou, então, dor verdadeira? Elogio, em todo caso, do esposo. O elogio do pai é mais forte. O bem do casamento está, com efeito, na prole: "Antes de tudo e em tudo, o conde de Guines se alegrava pela gloriosa propagação de seus filhos e empenhava todo seu poder e toda sua afeição para promovê-los". Ele conseguia isso decidindo sobre seus casamentos.

Casar-se judiciosamente, casar judiciosamente seus filhos, não era tão fácil. Tomo o caso do conde Manassés de Guines, que vivia no primeiro terço do século XII. Tinha tido sucesso em seu primeiro casamento: os serviços prestados além-Mancha lhe tinham valido receber uma esposa com bom dote. Mas havia obtido dela apenas filhas. Apenas uma delas se tinha casado e havia procriado apenas uma filha, "corcunda e doentia". A inquietação minava o conde, seus cabelos branqueavam: "Tinha muito medo, com nenhuma semente saída de seu corpo, de ter que mendigar a uma de suas irmãs um herdeiro de uma outra

---

12 Cap.84.

semente, já que seus irmãos tinham morrido todos sem deixar herdeiro".[13] Notemos, primeiro, que se pensa que a semente é transmitida unicamente pelos machos; depois que, prudentemente, o pai tinha afastado seus filhos caçulas a fim de que a herança não fosse dissociada por suas pretensões. Um, cruzado, tinha se tornado conde de Beirute, mas não tivera filhos. O outro, posto no capítulo de Thérouanne, estava destinado a não engendrar filhos legítimos. O perigo da falta de herdeiros o tinha feito abandonar o estado eclesiástico, mas tarde demais: tornado cavaleiro, desapareceu sem ter procriado filhos homens. As irmãs de Manassés se tinham mostrado fecundas, mas fecundadas por "uma outra semente". Obsessão da semente. E robustez das duas colunas mestras da ideologia da linhagem: primazia da sucessão masculina (apesar de uma convivialidade mais contínua, geradora de uma amizade mais calorosa, o filho da irmã não vale o filho do irmão: pode-se amá-lo mais, mas prefere-se o outro como sucessor); primazia da linha direta: todo chefe de casa deseja a "sobrevida" da semente "de seu próprio corpo". E é por isso que ele se extenua a engendrar.

Manassés de Guines não acreditava mais ser possível fecundar o corpo de sua esposa. Outros senhores, mais idosos do que ele, mostravam mais obstinação e não hesitavam, para atingir seus objetivos, a trocar de esposa. Como o conde Henrique de Namur. Já bem maduro, ele havia desposado Laura, a viúva de Raul de Vermandois: ela estava no seu quarto, talvez quinto, esposo; nenhum deles a tinha engravidado. Henrique, ele também, não conseguiu. Mudou, pôs Laura num convento, tomou, em 1168, Agnes, a filha do conde de Gueldre. Seu cunhado,

---

13 Cap.43.

O cavaleiro, a mulher e o padre

o conde de Hainaut, que espreitava a herança, deixou-o fazer isso: Henrique, agora, tinha ultrapassado a idade. De fato, ele conservou Agnes "durante quatro anos, sem nunca se unir a ela no leito e terminou por devolvê-la a seu pai". Alívio na corte de Hainaut. Mas, no outono de 1185, reviravolta teatral: "Agnes, que ele havia enjeitado durante quinze anos, ele a recebeu [era sua mulher, embora o casamento não tenha sido consumado], e ela concebeu imediatamente uma filha que nasceu no mês de julho". Uma menina; era melhor que nada: seu pai a utilizou sem tardar, casando-a, no berço, com o herdeiro do condado de Champanha.

Manassés não decidiu tomar uma outra mulher. Vê se aqui o respeito da indissolubilidade triunfar sobre o desejo de sobreviver em sua própria semente. Vitória da ideologia eclesiástica? Ou do amor conjugal? Como último recurso, o conde, para não "mendigar" um sucessor nas casas em que suas irmãs estavam casadas, tentou usar sua neta, mesmo que ela não fosse atraente. Casou-a. A decisão não veio, evidentemente, da interessada. Nem de seu pai, o senhor de Bourbourg; viúvo, ele se tinha casado novamente, perdendo assim o direito de opinar sobre os bens que deveriam caber à sua filha; pedia-se a ele apenas seu acordo, seu "apoio". A avó interveio: foi ela, sem dúvida, que encontrou o esposo, um inglês; as posses que ela havia trazido casando, serviram, dotando bem a menina, para reforçar suas seduções; ela "aconselhou", diz o texto. Mas quem a casou foi seu marido, pois ele era o chefe da casa, o mais velho dos homens: todo o patrimônio, de glória, de honra, toda a riqueza da linhagem, estavam em sua mão. Tal era a regra. Ela foi respeitada mais tarde, quando Arnulfo, o herói da narração, tomou mulher.[14] Ele já não

---

14 Cap.149.

era jovem, no entanto, submetido: ele se casou "pelo conselho" de seu pai. Quanto à sua mulher, que – é isto que lhe dava o apreço – não tinha nem pai, nem irmão, nem tio, foi cedida por um grupo de homens. Não pelos cavaleiros do castelo de Bourbourg. Por seus parentes: os quatro irmãos de Béthune – dentre os quais Conon, o Poeta –, seus tios maternos: falavam em nome de certa mulher, viúva, irmã deles, com dote e possessão de herança. O filho da irmã mais velha do pai, o varão que dirigia então a linhagem paterna, os acompanhava; tinha sua palavra a dizer, pois os bens que o casamento fazia mudar de mão vinham de seus ancestrais. O direito de casar, está claro, pertencia sempre a um homem, àquele que detinha o poder na casa; quando se tratava de moça, pedia o conselho à sua esposa, já que o dote da jovem noiva era frequentemente retirado dos bens dotalícios de sua mãe ou de sua tia.

Todos os chefes de casas buscavam os mesmos objetivos. O sonho deles era de casar todas as suas filhas. Tinham nascido para isso, "engendradas para procriar, elas próprias rebentos de boa raça".[15] Broto, galhos plantados: pela dispersão dessas mudas femininas, fazer penetrar o sangue dos ancestrais nas outras casas, fazer ligarem-se a si dessa maneira. As filhas serviam às alianças. Casadas, então, e casadas de novo, desde que ficassem viúvas, quando se encontrava quem as quisesse. Perto de Guines, o visconde de Merck conseguiu casar suas nove filhas. O conde Balduíno II também casou as suas, como pôde, modestamente, com cavaleiros vassalos. O senhor de Bourbourg casou apenas três em cinco, a primeira bem, a segunda menos bem, a terceira muito longe, na Renânia; as duas últimas envelheceram

---

15 Cap.66.

O cavaleiro, a mulher e o padre

no convento doméstico, consoladas pela convicção de que a virgindade ocupa o lugar mais alto na escala dos méritos.[16]

Com efeito, no mercado matrimonial, a oferta de mulheres ultrapassava a demanda. Os pais faziam a política dos senhores de Amboise: impediam a maior parte de seus filhos de tomar mulher legítima. O mesmo Henrique de Bourbourg tinha sete filhos; pôs dois na Igreja; três outros foram vítimas dos perigos reais próprios à vida cavaleiresca, um se matou "ainda adolescente", um outro, "já cavaleiro", o terceiro "cegado em um torneio", tinha perdido suas capacidades de comandar a senhoria. O mais velho casou-se duas vezes – em vão: morreu sem filhos. Permanecia o caçula, muito jovem. À morte de seu pai, fizeram-no se casar com a viúva de seu irmão, sem preocupação do impedimento por afinidade: importava conservar boa aliança com a casa de Béthune. Do casal, nasceu um filho, que viveu pouco, e uma filha. Henrique de Bourbourg, com seus doze filhos vivos, poderia acreditar ter assegurado o destino da linhagem. Ora, por restrições demais ao casamento de seus filhos, a herança cairia para uma filha. Tomando a órfã, Arnulfo de Ardres tomou a herança. Isso mostra o que a disciplina da linhagem tinha de perigoso. Mas parecia mais urgente evitar a ramificação da linhagem. Queria-se que a semente sobrevivesse, mas num caule único. Era forçoso limitar os nascimentos. Pela contracepção? Uma observação de Hermann de Tournai sugere que não se ignoravam receitas a respeito:[17] a condessa Clemência de Flandres, "tendo engendrado três filhos em três anos, temendo que, se nascessem outros, eles disputassem Flandres,

---

16 Cap.127.
17 MGH SS, XIV, 282.

agiu segundo as práticas femininas (*arte muliebri*) a fim de não engendrar mais". Usando desses segredos bem guardados pelas mulheres, dessas poções que Bourchard de Worms descreve, em virtude das quais as esposas adúlteras podiam, como nos romances, permanecer estéreis. E a condessa foi punida por isso: Hermann não o suspeitava: todos os filhos da condessa morreram sem filhos homens, o que transferiu a "honra" para o genro de Hainaut. É difícil acreditar, entretanto, que nos casais legítimos tais procedimentos tenham sido de grande uso. Pensemos nos dez filhos adultos de Balduíno de Guines, nos doze de Henrique de Bourbourg. Para restringir o número dos herdeiros possíveis, controlava-se a nupcialidade masculina.

Conviria verificar, reconstituindo o mais possível de genealogias nobiliárias, se é verdade o que ensinam as narrativas que analiso, se essa prática restritiva – casar apenas o mais velho dos filhos – foi também empregada com alguma frequência na aristocracia da França setentrional no século XII (anteriormente, os documentos têm muitas lacunas para que a pesquisa seja convincente) quanto o foi, aparentemente, pelos cavaleiros das imediações de Cluny. Um estudo muito recente mostra a estratégia sinuosa e, no entanto, eficaz.[18] Aswalo, senhor de Seignelay, contemporâneo de Manassés de Guines, tinha tido cinco filhos. Um morreu jovem, outro se tornou arcebispo de Sens. Os três outros foram casados, o que parece contradizer o que eu avanço. Mas consideremos as circunstâncias. O mais velho tomou esposa, como era normal. O segundo se casou, mas depois da morte de seu irmão: era então o tutor de

---

18 Bouchard, The Structure of a Twelfth-Century French Family: The Lords of Seignelay, *Viator*, v.10, p.39-56, 1979.

O cavaleiro, a mulher e o padre

seus sobrinhos, responsável pela linhagem e obrigado a assegurar sua sobrevida, se por infelicidade os rapazes sobre os quais tinha responsabilidade desaparecessem, como era tão frequente, na violência dos torneios e dos jogos militares. O terceiro, ele também não foi casado por seu pai nem por seu irmão: arriscou e, tardiamente, descobriu uma herdeira; estabeleceu-se sobre os bens de sua esposa, nada pediu da herança paterna. O casamento dos dois caçulas foi fecundo. Aswalo teve, por eles, cinco netos. Mas três dentre eles fizeram carreira na Igreja, e muito bela. Os dois rapazes cavaleiros participaram da terceira cruzada em 1189: não voltaram. Um único dos rebentos, por sua vez, formou família: era o filho mais velho do filho mais velho. Teve quatro filhos; um procriou prole legítima, mas os três outros, acompanhando os primos-irmãos de seu pai, morreram como eles na expedição à Terra Santa. Os ramos adventícios murchavam, o acaso teve aqui seu papel. E essa família estava em posição muito boa para colocar seus rapazes nos capítulos das catedrais. Longe de mim a ideia de excluir que o entusiasmo religioso tenha podido conduzir os rapazes dessa linhagem a tomar o caminho de Jerusalém e a tomar profissão na Igreja. Teriam sido eles em número tão grande a escolher essas vias se os dirigentes das casas, atentos a preservar a coesão da honra, não os tivessem vivamente exortado?

Nas casas de Guines e de Ardres, jovens saíram igualmente para, cônegos prolíficos mas não herdeiros legítimos, ocupar cargos eclesiásticos, ou, então, cavaleiros, guerrear proveitosamente na Inglaterra ou na Palestina. Em todo caso, as duas árvores genealógicas que Lamberto estabeleceu são muito expressivas: vários filhos, em quase todas as gerações e, no entanto, nenhum ramo: são semelhantes aos dos senhores de

Amboise. Isto sustenta a ideia que proponho, sugere que a cavalaria da França do Norte, controlando estritamente o casamento dos filhos e, por esse meio, a expansão das famílias, assegurou, como aquela da região de Mâcon, a estabilidade de sua preeminência social. Não se vê que, nas cortes do século XII, as casas nobres se tenham multiplicado. Ao contrário, parece que uma restrição prudente demais tenha provocado sua rarefação e a concentração das fortunas.

Entretanto, mudanças se discernem na política matrimonial que ressoaram ao longo desse século sobre a história das heranças. Desde o ano 1000 – deixo de lado os antepassados mais distantes: Lamberto atribui a eles esposas imaginárias –, os mais velhos de Guines e de Ardres, destinados a dirigir o grupo familiar, tinham todos desposado mulheres de alta classe e que vinham de longe. O conde Balduíno I recebeu uma esposa do conde de Holanda; seu filho Manassés, a filha do camareiro da Inglaterra; Arnulfo, o fundador da senhoria de Ardres, senescal do conde de Boulogne, foi primeiro casado com a herdeira do castelo de Boullonais, depois com a viúva do conde de Saint-Pol – o que lhe valeu, durante a minoridade de suas enteadas, administrar suas fortunas, servindo-se largamente delas, adquirir em particular as relíquias com as quais ele enriqueceu a colegiada de Ardres. Esses homens estavam então a serviço de poderosos príncipes: Balduíno servia o conde de Flandres, Manassés o duque de Normandia, Arnulfo o conde de Boulogne. Segundo toda aparência, como na mesma época os ancestrais dos senhores de Amboise, deveram à diplomacia de seus patrões a obtenção dessas companheiras ricas e longínquas. Passado o ano 1100, o campo e a qualidade das alianças diminuíram. Balduíno II, Arnulfo, o Jovem, desposaram, na proximidade de suas mansões, moças menos nobres. Essa mudança resulta, a meu ver, da independência da qual gozava agora a casa. Seu chefe não podia mais contar com a generosidade de um senhor; ele próprio devia descobrir sua nora. Assegurado de ter ancestrais gloriosos, ele se preocupava, sobretudo, em fortificar sua senhoria, portanto, de reunir terras. Espreitava o que podia ganhar de mais próximo a seu patrimônio. Às mulheres de sangue muito bom, às descendentes de Carlos Magno, numerosas na região, preferia então – as atitudes mentais começavam a se modificar, o desejo de glória cedendo insensivelmente o passo ao gosto de acumular os bens materiais – filhas primogênitas, desprovidas de irmão, cuja herança era de bom tamanho e bem situada. A vantagem valia que se tomasse mulher inferior a si próprio, que se aceitasse decair. O pai de Balduíno se decidiu a isso. Juntou seu filho mais velho com a herdeira, ainda bebê, do senhor de Ardres, que era seu vassalo. Havia gerações, na família, os cônjuges não eram de igual nível; pela primeira vez, a desigualdade mudava de sentido: o esposo era maior em nobreza. Uma tal escolha deve ter surpreendido. Lamberto, em todo caso, se esforça em justificá-la:[19] Balduíno, diz ele, consentiu – na realidade, a decisão não vinha desse rapaz, que tinha uns dez anos, mas de seu pai – em se abaixar (*inclinavit*): "seguindo o exemplo de muitos nobres, duques, imperadores", ele tomou a filha de um de seus feudatários. Mas, justamente, o conde de Guines, que se tornara como um pequeno imperador em seu domínio, aceitava se inclinar para consolidar seus estados: preparava seu herdeiro presuntivo para tomar em mãos o mais belo feudo em movência do condado, exatamente como,

---

19 Cap.67.

alguns anos antes, Luís VI, rei da França, tinha escolhido dar Alienor de Aquitânia como mulher a seu filho.

Na época, por efeito conjugado da forte mortalidade dos rapazes, da degenerescência biológica e dos obstáculos postos diante da fecundação dos machos, as belas presas, as moças capazes – se se conseguia capturá-las – de trazer grandes bens eram raras. A senhoria de Bourbourg caiu nas mãos de mulher. A senhoria de Ardres coube primeiro à irmã de Arnulfo III e de Balduíno, depois à filha única deste último. Três mulheres sucessivamente foram herdeiras da senhoria de Guines: a filha do conde Manassés, sua filha depois dela, enfim, uma das irmãs do conde. Por vezes, caçulas aproveitavam a sorte inesperada, escapando assim ao celibato ao qual os condenava sua ordem de nascimento. O caso, no século XII, não parece frequente, e os cavaleiros aventurosos dos quais se sabe que agarraram assim os cabelos da fortuna eram todos de boa raça, filhos de um senhor poderoso. Não bastava, com efeito, tomar a moça. O esposo devia se impor aos parentes de sua mulher, descontentes de verem um intruso se instalar na terra de seus antepassados. A disputa, como atesta a narrativa, era severa.

Quando Manassés morreu tristemente no castelo de Guines, o marido de sua neta, Alberto, dito o Javali, cavaleiro inglês, logo avisado por seu sogro Henrique de Bourbourg, correu a prestar homenagem ao conde de Flandres pelo considerável feudo que cabia à sua esposa raquítica. Um varão que tinha o sangue dos condes de Guines se levantou diante dele – Arnulfo, um dos sobrinhos de Manassés, filho de sua irmã mais jovem e do castelão de Ghent. Esse caçula buscava subir na vida. Como era costume entre os "jovens", tinha vindo viver junto a seu tio materno e o havia instado para estabelecê-lo. O tio não tinha

O cavaleiro, a mulher e o padre

filhos. Gostava desse rapaz, terminou por ceder, por dar-lhe como feudo uma casa forte, satélite de seu castelo.[20] Arnulfo de Ghent dispunha assim de mansão, portanto de um leito nupcial, podia dotar uma esposa: casou-se. Sua mulher, filha do castelão de Saint-Omer, descendia de Carlos Magno; Lamberto não deixa de indicá-lo: é a avó de seu herói. Com a morte de Manassés, seu tio, seu benfeitor e o senhor de seu feudo, Arnulfo reclamou a sucessão. Tomou armas contra o senhor de Bourbourg, o qual, esperando que seu genro chegasse, defendia ali os direitos de sua filha.

Lamberto diz que essa guerra foi injusta. Ela o era. Entretanto, a convicção de que os direitos dos varões primam sobre o das moças multiplicava semelhantes empresas militares. Hugo de Bourbourg tinha sofrido disso ele próprio: havia acreditado contrair uma união frutuosa desposando uma filha do senhor de Alost, mas o tio paterno da jovem esposa se apropriou do dote "por meio de violência", deixando à sua esposa apenas uma "pequenina porção"; o usurpador abandonou esse magro resto; não tinha sobre ele nenhum direito: a desposada o tinha recebido de sua mãe.[21] A crônica do mosteiro de Ardres contém exemplos de jovens órfãos cujos irmãos de seus pais, como tutores, os despojaram da mesma maneira de suas heranças. O jogo das relações avunculares aparece aqui claramente: se o tio materno naturalmente protege, o tio paterno é um rival, naturalmente inclinado a espoliar.

A guerra fez acorrer todos os aventureiros da região. Alguns se juntaram a Arnulfo de Ghent e, entre eles, o caçula do senhor

---

20 Cap.144.
21 Cap.122.

339

de Ardres, Balduíno, um "jovem", ele também em busca de glória e de lucros. Durante um assédio, foi ferido. Os cavaleiros, protegidos por fortes couraças, o eram raramente. Esse acidente foi considerado um aviso: o céu via com maus olhos o campo que Balduíno havia escolhido. É, pelo menos, o que lhe repetiam os monges da Capelle-Sainte-Marie: eles visavam à colegiada de Ardres, zombavam dos protetores desse estabelecimento, alimentando cuidadosamente o sentimento de pecado dos cavaleiros. Balduíno abandonou Arnulfo, juntou-se a seu adversário. Mas depois de negociações: ofereceu seu braço ao senhor de Bourbourg, que tinha a causa justa, com a condição de que ele lhe desse sua filha, com suas esperanças de bens, que eram o objetivo do combate. Ora, ela não era viúva. Seu marido, Alberto, o Javali, estava em boa forma. Era preciso que ela se separasse dele. Para ganhar um aliado mais útil do que um genro que estava longe demais, Henrique iniciou os procedimentos para o divórcio. Mandou para a Inglaterra uma embaixada mista, composta, notemos, de clérigos e de cavaleiros. Negociaram e se arranjaram. "No dia fixado, conforme as regras da justiça civil e eclesiástica, a união foi dissolvida."[22] Legalmente, solenemente, porque a esposa estava doente e "por outras razões". Quais? Arguiu-se um casamento não consumado? Nenhuma alusão a esse caso de ruptura, enquanto, porém, à volta de Lamberto quando escrevia sua *História*, só se falava do divórcio de Filipe Augusto e de seus pretextos sucessivos.

Por mais doente que estivesse, Balduíno tomou a mulher, agora livre, e se pôs a fazer valer seus direitos. Mas a esposa, de fato nada bem, não suportou essas novas bodas; sucumbiu.

---

22 Cap.60.

O cavaleiro, a mulher e o padre

Nesse dia, Arnulfo de Ghent estava no castelo de Ardres, que ele havia tomado.[23] A um de seus irmãos, havia pouco monge, e agora cavaleiro, ele pediu – belo exemplo de comunicação entre a cultura profana e a dos "letrados" – que lhe explicasse o salmo: "Põe tua esperança no Senhor". O irmão respondeu: "Estás rico". Na mesma hora morria a neta de Manassés, privando Balduíno de Ardres de suas esperanças. Mas um novo obstáculo surgiu na pessoa de um primo que Arnulfo nunca tinha visto. Chegava a galope da Borgonha; era Godofredo, senhor de Semur-en-Brionnais. Reclamava a sucessão por causa de seu nascimento. Sua mãe era uma outra irmã de Manassés – muito bem-casada, ela também, mas à distância; como era mais velha do que a mãe de Arnulfo, Godofredo pretendia que seu direito era melhor. Nenhuma guerra dessa vez, mas conversas. Árbitros reunidos deram uma sentença favorável a Arnulfo. "Já que não existia mais na terra de Guines semente que tivesse saído do corpo de Manassés", a herança cabia aos colaterais; sem dúvida, o direito de primogenitura dava vantagem à mãe de Godofredo, entretanto, ela estava morta e para isso os direitos que se podia exibir de sua parte estavam extintos, para todos os casos, eram precedidos pelos de sua irmã caçula, bem viva. Assim se forjava o direito sucessório: negando que o morto pudesse sobrepujar o vivo, afirmando a primazia da descendência, mesmo feminina, sobre os colaterais.

O castelo de Ardres foi o objeto, pouco mais tarde, de um processo análogo. Balduíno tinha se tornado o mestre, por acaso e não sem desembolso: os rapazes da cozinha haviam matado seu irmão mais velho. O defunto tinha uma esposa que conservava

---

23 Ibid.

em sua casa; era uma criança que brincava com as donzelas da casa; seu tempo se dividia entre as bonecas, os ofícios religiosos e os longos banhos no viveiro de peixes; os cavaleiros do castelo tinham prazer em vê-la nadar aí, com sua camisa branca. Petronilha, jovem viúva, não era núbil, entretanto, casada; a senhoria constituía seu dote. Balduíno tinha, portanto, que se pôr de acordo com o tio da menininha, o conde de Flandres, e este, para aceitar retomar sua sobrinha, ainda intacta, reclamou que queria ser "indenizado por uma compensação dotal". Muito pesada: para pagá-la, Balduíno vendeu a colegiada aos monges da Capelle. Estes rasparam os relicários; o senhor de Ardres recebeu as raspas de ouro e de prata; deu a maior parte aos membros da linhagem de Petronilha, guardando o resto para partir em cruzada. Desapareceu na Terra Santa. Dois de seus sobrinhos reivindicaram então seu bem. A corte de arbitragem o cedeu àquele cuja mãe, mais jovem do que sua irmã, estava viva. Entretanto, o beneficiário teve que pagar a seu competidor uma forte compensação: cem marcos de prata.

As estratégias matrimoniais se modificaram novamente na geração seguinte, a de Balduíno II, e dessa vez consideravelmente: o controle exercido pelos chefes da linhagem sobre a nupcialidade dos rapazes se relaxou; autorizaram os caçulas a fundar um lar. O que fez, nos últimos anos do século, o conde de Guines. Tinha seis filhos. Um deles era clérigo; um outro tinha sido morto "na flor da juventude" – esses jovens brincavam com a morte. O mais velho foi casado. Mas os três outros o foram também. Receberam do pai, como antes seu avô havia recebido de seu tio, a mansão sem a qual não se podia tomar esposa. Uma casa forte, que ascendia sobre uma senhoria

O cavaleiro, a mulher e o padre

satélite, mas pequena e, sobretudo, marginal, constituída por aquisições recentes ou por pântanos aterrados.[24] Nas linhagens da vizinhança se procedia do mesmo modo: na mesma época, o senhor de Fismes casava seus quatro filhos. O que se entrevê – pela prospecção arqueológica e pelo exame dos documentos de arquivos – de uma história do *habitat* cavaleiresco – leva a pensar que a maior parte das casas nobres começavam então a se dispersar. Em torno dos velhos castelos, que pertenciam aos mais velhos, multiplicaram-se moradas modestas, protegidas por fossos, fortificadas, réplicas reduzidas da fortaleza em que a dinastia mergulhava suas raízes.

A ramificação dos velhos troncos provocou a expansão demográfica: nas primeiras décadas do século XIII, o número dos homens de bom nascimento, cavaleiros ou aguardando para sê-lo, cresce rapidamente. Trata-se aí de uma profunda mutação, modificando radicalmente as estruturas da aristocracia, seus comportamentos, seus ritos, sua posição no conjunto do corpo social. Seria preciso compreender por que não pareceu mais tão necessária a estrita disciplina que, durante tanto tempo, pelo menos desde que uma história das famílias cavaleirescas é possível, tinha mantido tantos homens no celibato, na "juventude", inflando esse grupo numeroso e tumultuoso que pesou tanto sobre a evoluçao da economia, do poder e da cultura.[25]

Sob violenta pressão desse corpo, cujos membros aspiravam sair tomando mulher legítima, a barreira cedeu. Mas por quê? Por que os caçulas, ao aproximar-se o ano 1200, obtiveram o

---

24 Cap.72 e 79.

25 Duby, Dans la France du Nord-Ouest au XIIe siècle: Les « jeunes » dans la société aristocratique, *Annales*, v.19, n.5, p.835-46, out. 1964 (e em *Hommes et structures du Moyen Âge*, p.119-28).

que desejavam? Tão preocupados quanto seus pais de sustentar gloriosamente sua situação, de expandir o mais longe possível e com o maior brilho o renome do sangue, os cavaleiros e seus senhores detinham agora os meios de mostrar menos parcimônia, de não tratar de maneira tão diferente seus filhos, apostando tudo em um e mantendo todos os outros em posição mesquinha? Tudo leva a acreditar que eles estavam, com efeito, mais confortáveis, e antes de tudo como consequência de uma concentração das fortunas, resultante da prudência ancestral. Está claro, também, que na região que observo, as fronteiras do Boulonnais e de Flandres, como em toda a França do Norte, o movimento das estruturas fez crescer nas últimas décadas do século XII a riqueza das linhagens aristocráticas e a tornou, ao mesmo tempo, mais móvel. As senhorias rendiam mais porque se fazia trabalhar terras incultas, porque o instrumento fiscal se aperfeiçoava, porque, nos bens produzidos pelos trabalhadores, uma porção sempre mais importante era recolhida pelo dízimo, pela exploração dos moinhos, das forjas, dos fornos para pão, do direito de ban e de justiça. E, com essa arrecadação, aumentava a parte do numerário, dos denários, das moedas de prata. A senhoria, sobretudo, rendia mais porque os súditos se multiplicavam. A época era, com efeito, a de um robusto fluxo de população rústica. Esse fluxo repercutiu, pelo jogo das relações de produção, no nível dos exploradores. Assim se distenderam os freios que, durante cinco ou seis gerações, tinham impedido as famílias nobres de se expandirem.

A flexibilidade vinha também da solidificação das grandes formações políticas. Isso acelerava vigorosamente a circulação das riquezas de alto a baixo na classe dominante: os grandes príncipes tomavam com uma das mãos e distribuíam com a

O cavaleiro, a mulher e o padre

outra. Retirando os restos importantes das sucessões, as multas, vendendo as isenções de serviço, compravam outros serviços, expandiam as cauções, as gratificações, as prebendas – o dinheiro. Descontração: a terra contava menos, a herança não tinha tanta importância. Havia pouco, a manutenção da preeminência aristocrática exigia que apenas uma pequena parte dos jovens varões se fixasse, que os outros vivessem à margem do patrimônio constituído pelas propriedades, na gratuidade, no jogo, na aventura, neutralizados e, no sentido próprio do termo, esterilizados por essa mesma agitação. De agora em diante, o Estado asseguraria essa preservação garantindo os privilégios em nome da teoria das três ordens, enquanto o movimento da moeda introduzia nas relações sociais uma elasticidade que logo penetrou nas práticas matrimoniais.

É preciso ainda tomar em consideração a evolução concomitante do direito. O das posses feudais se fixou ao longo do século XII. Pareceu menos perigoso dividir o bem ancestral, quando se aplicou o costume do parentesco, levando os caçulas a conservar como feudo do mais velho a porção da herança que lhes era atribuída para que fundassem um lar. O procedimento era corrente no final do século XII. Lamberto de Ardres projeta seu uso no passado muito longínquo, em que pôde livremente situar as maneiras ideais de se comportar: conta[26] de um conde de Ponthieu, imaginário, que tinha, por volta do ano 1000, dividido suas terras entre seus quatro filhos; ao mais velho, coube o condado, a casa dos antepassados e seus domínios; os dois seguintes receberam um, Boulogne, o outro, Saint-Pol, mas tiveram que prestar, por esses bens, homenagem ao irmão. Ao filho

---

26 Cap.15.

mais jovem, o pai legou um direito suposto sobre o condado de Guines; como ele não conseguiu fazer valer esse direito, recebeu uma herdeira, a do condado de Saint-Valéry. De fato, as disposições atribuídas a esse pai fantasmático, são exatamente as que havia tomado o conde Balduíno II. Seu irmão caçula se agitava; ele lhe conseguiu a neta do conde de Saint-Pol e, para que pudesse desposá-la, cedeu-lhe, mas como feudo, com a concordância de Arnulfo, seu filho, um bem modesto. Depois, casou seus mais velhos com filhas de seus vassalos. Com a mesma prudência, fez deles seus feudatários; seriam, mais tarde, os feudatários de seu herdeiro, que conservaria dessa maneira em suas mãos a totalidade do patrimônio.

A prática se espalhou nessa época por toda a França setentrional, e tão vivamente que o rei Filipe, temendo que ela minasse os fundamentos do serviço feudal, pensou ser oportuno opor-se à sua extensão. O que se pode saber das disposições testamentais que decidiram então alguns grandes senhores, mostra como o recurso conjunto ao dinheiro e ao laço de vassalagem facilitou o casamento dos varões. Em 1190, Raul I de Coucy se preparava para seguir o rei além-mar. Repartiu seus bens entre seus filhos e suas filhas. Aplicou estritamente o direito do mais velho: a herança que ele havia recebido de seu pai caberia, inteira, a seu primogênito. Aos outros, cavaleiros, deixava alguma coisa: entre eles foram compartilhadas as novas riquezas, as aquisições recentes e as "cidades-novas", os campos que os ceifadores tinham acabado de limpar; poderiam tomar mulher, mas deviam prestar homenagem ao herdeiro principal. De suas filhas já casadas, Raul não diz nada: tinham recebido seus dotes. Para aquela que não o era, foi buscar em suas reservas monetárias: foi constituída uma renda para ela, uma outra atribuída ao último varão destinado ao estado eclesiástico, e, então, para as escolas. O conde de Hainaut, Balduíno V, organizou da mesma maneira sua sucessão: o segundo filho, casado, recebeu a herança de sua mãe sob a forma de um feudo retomado do mais velho; ao último, indócil e correndo de torneio em torneio, uma renda em dinheiro foi legada, mas sob a condição de que ele também fizesse homenagem ao suserano: essa posição muito flexível, um feudo "de bolsa", fácil de confiscar, lhe permitiria encontrar talvez uma esposa.

Ao aproximar-se o século XIII começou então uma fase de distensão. Os chefes de Estado, sem dúvida, não viram com maus olhos se multiplicarem as casas nobres, dispersando assim o feixe de poderes de que as velhas fortalezas formavam o foco, reduzirem-se as distâncias entre seus barões e seus vassalos antecessores e se povoar mais a ordem de cavalaria, que consideravam o apoio mais seguro de seu poder. Sentiam bem que as novas políticas matrimoniais conduziam também essa ordem a se acalmar. Pois elas reabsorviam a "juventude", essa massa turbulenta de guerreiros mantidos diante de seus irmãos mais velhos numa posição quase tão baixa quanto a dos bastardos, pedinchões, prontos a raptar essas mulheres que eram recusadas a eles, e que encontravam compensação à suas frustrações na moral forjada para eles, exaltando a rapina e a independência agressiva. Os cavaleiros entravam, enfim, no quadro que os dirigentes da Igreja designavam para todos os leigos, nas disciplinas do estado conjugal. Para a maior parte deles, a "juventude" não devia ser um estado, uma espécie de *ordo* em que o homem permanecia confinado até a morte, mas um período da existência que tinha fim no dia de suas bodas, quando eles se tornavam, obrigados ao comportamento ajuizado, responsáveis por suas próprias casas.

Todos conservavam, evidentemente, a nostalgia da juventude. Lamberto, em sua narração exemplar, toma o cuidado de fazer também a apologia dela. Sabia agradar ao antigo, o conde Balduíno II, quando o mostra, sempre ardente em sua viuvez, perseguindo, capturando as moças, como um jovem. Junto ao elogio dos pais, submetendo sua casa à autoridade da prudência deles, escolhendo, de longe, para os filhos destinados ao casamento, o melhor partido possível, diante do elogio das filhas, todas piedosas, obedientes, põe o elogio dos rapazes raptores. Chega a exaltar o que a moral dos chefes da casa condenava como um delito, e o que a moral dos "bacharéis" colocava no primeiro posto dos atos valorosos: o rapto. Entretanto, numa sociedade que se tornava cada vez menos brutal, as conveniências obrigavam à sublimação dessa proeza. O jovem cavaleiro não tomava mais uma dama nobre pela força; ganhava seus favores por seu valor, pelo brilho da glória que havia adquirido ao longo dos torneios, ou então em outras competições, as do amor. O torneio — que estava então em grande voga — não servia apenas para o treino militar, nem de escape para a energia dos jovens. Era uma espécie de feira itinerante, de exibição dos maridos possíveis, pavoneando-se sob os olhares das damas e, sobretudo, daqueles que as casavam. Todos os heróis dessa crônica foram mostrados, durante a juventude, como excelentes no torneio, e se um deles, o segundo Arnulfo, senhor de Ardres, obrigado a se casar sozinho porque seu pai estava morto e ele não tinha tio, pôde encontrar mulher na gloriosa casa dos senhores de Alost, foi, diz Lamberto, graças aos ecos de suas proezas esportivas que chegaram até o chefe dessa linhagem, que lhe entregou sua irmã.[27] A ideologia da juventude

---

27 Cap.123; Duby, *Le Dimanche de Bouvines*, p.110-28

O cavaleiro, a mulher e o padre

se mostra mais, no entanto, na descrição das mímicas do amor cortesão. São descritas por duas vezes, em duas articulações principais do discurso: nas duas extremidades da cadeia genealógica, Lamberto erige a figura de um jovem varão, de um cavaleiro andante, sedutor.

Os autores de genealogias principescas estabeleciam de boa vontade, nos fundos da lembrança, um aventureiro vindo não se sabe de onde, que fundara a dinastia com a esposa que ele tinha conquistado. Esse papel é aqui investido, no raiar do século X, por Sicfridus, saído do país viking, o país de Ingeborg e do legendário selvagem.[28] Sua errância o conduziu à região de Guines, uma terra que, outrora, seus ancestrais haviam espoliado. Jovem, bravo, foi acolhido na casa do conde de Flandres e tornou-se o companheiro de armas do herdeiro. Lamberto o imagina – o que é completamente anacrônico – cavaleiro ordenado, possuidor de um feudo, como acontecia que o fossem em um tempo menos antigo, os jovens comensais dos príncipes. Entretanto, foi ao amor que deveu sua fortuna. Ultrapassava todos os outros cavaleiros; a irmã do conde se apaixonou por ele. Como Alienor, ela se deixou atrair pelos "colóquios"; e, "brincando", seu amigo a engravidou. Os jovens praticavam esse jogo no século XII, mas tomavam como parceiras as filhas dos vassalos de seus pais: as consequências eram menos graves. Sicfridus tinha seduzido a filha de seu senhor, ferindo sua honra. Ele era desleal. Dado o golpe, fugiu para Guines. Ali, morreu de amor, "como outro André [Capelão]". Nasceu a criança. Era um menino, mas bastardo. Por felicidade, seu primo, novo conde de Flandres, o levou para a pia batismal, educou-o, tornou-o cavaleiro

---

28 Cap.11-12.

e finalmente lhe concedeu Guines como feudo, a propriedade de seu pai. A linhagem foi assim plantada. Na outra ponta se encontra Arnulfo, o patrão de Lamberto, recém-casado.[29] A respeito dele, o historiador não sonha mais, relata o que viu e aquilo do que se gaba na casa em que serve. Para que o renome pessoal de seu filho mais velho acrescentado ao da linhagem brilhasse aos olhos daqueles que buscavam um esposo para suas filhas, o conde Balduíno organizou, logo depois de sua ordenação como cavaleiro, seguindo o costume, uma turnê de torneios. Enviou-o para se exibir longe, escoltado por dois escudeiros, dois criados, e de um clérigo que controlava o dinheiro: era preciso ser magnífico, mas de maneira razoável. O tempo passou. O pai, um dia, parou de pagar a pensão. Arnulfo teve que viver de expedientes. Continuava nos torneios. Terminou, depois de cinco anos, por atrair o olhar de uma herdeira. Rica, rica demais, de nobreza alta demais também: santa Ida, de quem ela recebeu o nome, era sua trisavó, Godofredo de Bulhão, seu trisavô; como a defunta rainha da França, ela era sobrinha do conde Filipe de Flandres, ela própria condessa de Boulogne por sua mãe. Dois homens já a haviam desposado. Duas vezes viúva, claramente mais velha do que Arnulfo, ela se divertia. Enviava mensagens ao jovem. Chegou mesmo, sob um pretexto qualquer, a ir visitá-lo em sua casa. Negociações se iniciaram com seu tio. Chegou então Reinaldo de Dammartin, que não titubeou: nas barbas de Arnulfo, levou Ida de rédea solta para a Lorena. Arnulfo a perseguiu. Prenderam-no. O bispo de Verdun, conivente, o fez aprisionar: durante sua errância, sem dinheiro, ele havia lançado

---

29 Cap.93-94.

O cavaleiro, a mulher e o padre

mão sobre as taxas que estavam reunindo para a terceira cruzada. Prenderam-no o tempo necessário. Ele foi ludibriado.

Retenhamos a versão que foi dada dessa história em sua casa. Ida tinha amado Arnulfo, ou, então, "por leviandade e esperteza femininas", tinha fingido amá-lo; Arnulfo, de seu lado, tinha amado Ida, ou, então, "por prudência e astúcia masculinas", tinha fingido amá-la. Com efeito, "ele aspirava, ganhados os favores da condessa por esse amor verdadeiro ou simulado, à terra e à dignidade do condado de Boulogne". Não é possível falar mais claro. Lamberto leu os romances corteses, mas o que ele narra do amor situa este, exatamente, no concreto da vida. Lamberto desmistifica o "amor de cavaleiro". Ele o mostra tal como é: profundamente misógino. A mulher é um objeto, desprezível: as palavras que qualificam o comportamento da dama eleita, em verdade "leviana" e "pérfida", são explícitas. Exaltando a alegria, o prazer, apelando para a transgressão à tripla proibição do rapto, do adultério e da fornicação, o amor cortês parece desafiar ao mesmo tempo os poderes daqueles que são responsáveis pelos casamentos, as exortações dos padres e a moral conjugal. Essa contestação é, em verdade, aparente. Na realidade, os homens da Igreja não eram muito exigentes em matéria sexual quando o casamento não estava em causa. Na realidade, as paradas amorosas preludiavam, vê-se bem aqui, as cerimônias nupciais. Nessas reviravoltas se dissimulavam as asperezas da política das linhagens.

No extremo fim do século XII, quando a Igreja moderava o rigor de seus decretos, quando todos os varões, na flexibilização das relações sociais, tinham a esperança de se casar, o acordo se estabelecia entre dois modelos de comportamento: o dos solteiros e o dos homens casados. Tornavam-se complementares.

351

Os jovens eram convidados a dar prova de sua "virtude" fora da casa, a fim que os doadores de esposas fingissem que deixavam que eles próprios capturassem sua esposa. Depois de seu casamento, podiam ainda, por algum tempo, participar dos torneios. Mas, tomando em mão depois de seus pais a senhoria, tornando-se "homens novos" – o que ocorreu, quando ele herdou o condado, a Balduíno de Guines, pai de cinco filhos já e, entretanto, ainda *indissolutus* –, cabia-lhes viver daí para a frente com juízo. Assentado na casa, com a dama junto de si, ligado a ela, como queria Hugo de Saint-Victor, de "modo único e singular no amor compartilhado".[30]

---

30 PL. 176, 987.

Ao longo desses dois séculos, portanto, a imagem adquiriu, pouco a pouco, nitidez. Sob o reino de Filipe Augusto, discerne-se bastante bem como um cavaleiro tomava esposa e como fazia uso dela. Essas maneiras eram muito diferentes, quatro séculos mais tarde, no tempo de Molière, seis séculos mais tarde, nos tempos do abade Fabre do Languedoc? Alguns fragmentos do invólucro ritual flutuam ainda hoje: pedido de casamento, contrato assinado diante do notário, noivado, missa nupcial e os pajens de honra compartilhando o véu da noiva. O que tentei apreender, partindo de textos cada vez menos lacônicos, foi a instalação de estruturas fortes. Elas estão se desfazendo sob nossos olhos.

Digo bem: instalação, e que foi difícil. Notou-se que a imagem, à medida que se clarificava, modificava-se. No dia seguinte ao ano 1000, no momento em que o historiador encontra as primeiras proclamações de uma teoria da sociedade atribuindo a três categoria de homens três funções complementares, descobre, defrontadas, duas concepções do bom casamento: aquela que havia muito tempo guiava a conduta dos guerreiros, e aquela que havia muito tempo os padres tentavam que fosse aceita; percebe que, num primeiro momento, uma e outra se endureceram; por volta do ano 1100, o conflito parece atingir sua plena intensidade; depois, ele se acalma; no início do século XIII, quando a ideologia das três ordens torna-se uma das bases do poder monárquico, o acordo está consolidado. O modelo proposto pela Igreja teria triunfado sobre o outro? O cristianismo transformou a sociedade?

De início, na região, no grupo social que escolhi observar, o cristianismo já penetrava em todos os recantos da vida. Mas era um outro cristianismo. Esses guerreiros temiam a Deus; todos, mesmo os mais violentos, os mais cúpidos, aqueles que eram inflamados pelo desejo de mulheres, mesmo o conde João de Soissons, estou seguro. Todas as pessoas de que falei deram dinheiro a mancheias, dinheiro que serviu para reconstruir as catedrais, e não foi a esperança fabulosa de pilhagens nem o gosto pela viagem que os conduziram a marchar, durante meses, no perigo e na miséria para o túmulo de Cristo. Mas, como os heréticos, muitos confiavam na palavra de Jesus: o Reino não é deste mundo. Para dormir em paz em seus sepulcros, para obter o Paraíso, esperavam dos padres, ao inverso dos heréticos, os gestos salvadores que os lavariam dos pecados; negavam a eles, entretanto, o direito de mudar os costumes, de agir sobre a terra de outro modo que seus ancestrais haviam agido. Ora, no grande impulso de progresso que arrastava tudo, ao interiorizar o religioso, eles aprenderam que os ritos servem pouco quando os atos, quando as intenções, são culposos. Essa sociedade tornava-se lentamente mais permeável à mensagem evangélica. Ao mesmo tempo, a sociedade dos homens de Igreja, ela também,

O cavaleiro, a mulher e o padre

se tornava permeável. Meditando sobre o sentido da encarnação, os servidores de Deus tomavam insensivelmente consciência de que era preciso não se limitar às liturgias, e que atingiriam melhor seu objetivo se não sacudissem rudemente demais a natureza e a realidade social.

O espírito mudou, o corpo não permaneceu imóvel. Durante um século, o de número XI, o do endurecimento, o modo de produção senhorial se instalou com dificuldade nos tumultos, na disputa encarniçada pelo poder. Conservá-lo, estendê-lo, impunha a concentração. O grupo dos guerreiros se cristalizou em linhagens, agarrados à terra, ao direito de comandar, de punir, de explorar o povo camponês. Para resistir às agressões do temporal, a Igreja se cristalizou no rigor de seus princípios. O casamento é um instrumento de controle. Os dirigentes da Igreja o utilizaram para enfrentar os leigos e na esperança de subjugá-los. Os dirigentes das linhagens o utilizaram de outra maneira, para manter seu poder intacto. O momento mais vivo em que o combate cujas práticas matrimoniais estavam em jogo foi também aquele em que se detectam os primeiros efeitos do crescimento rural: as cidades saíam de sua dormência, as estradas se animavam, a moeda se difundia, favorecendo a reunião dos estados. Tudo começava a tomar mobilidade. Tudo se flexibilizava na expansão prodigiosa do século XII. Seu poder assegurado e convenientemente repartido, a classe dominante então se descontraiu. Enquanto se precipitava a evolução do cristianismo na direção do que ele se tornou, quando pus um termo à minha pesquisa, são Francisco de Assis, os padres e os guerreiros, reunidos sob a autoridade do príncipe, terminaram pondo-se de acordo sobre o que deveria ser o casamento a fim de que a ordem estabelecida não fosse perturbada. A sociedade e o cristianismo se tinham modificado juntos. Um dos modelos não foi vencido pelo outro: eles se combinaram.

Entretanto, não errei ao falar de dois modelos e dois campos. Aqui, os jovens se opunham aos velhos; lá, os heréticos se opunham aos rigoristas, separados pelos conciliantes, que, quando veio o tempo da pacificação, venceram. Com estes, os velhos se entendiam. Esse entendimento permitiu o acomodamento entre os dois modelos do bom casamento, e a instalação desse quadro fundamental em que as novas estruturas conjugais se constituíram durante séculos. Mas estas estavam ladeadas por duas formas de controle, complementares: uma, o celibato imposto aos servidores de Deus, próprio a satisfazer os rigoristas, a desarmar os heréticos; a outra, as regras do amor cortês, disciplinando a petulância no que havia sobrado da "juventude". Assim se estabelece, muito sólido, um sistema. Seria necessário, no entanto, não esquecer as mulheres entre todos esses homens que, sozinhos, vociferando, clamavam o que tinham feito, ou o que sonhavam em fazer. Fala-se muito delas. O que se sabe delas?

Referências bibliográficas

BALDWIN, J. *Masters, Princes and Merchants*: The Social Views of Peter the Chanter and his Circle. Princeton: Princeton University Press, 1970.

HELGAUD DE FLEURY: *Vie de Robert le Pieux*. Epitoma vitae régis Rotberti pii. Ed., trad. e anot. R. H. Bautier; G. Labory. Paris: CNRS, 1965.

BENTON, J.-B. *Self and Society in Medieval France*. Nova York: Harper, 1970.

BLOCH, Marc. *La Société féodale*. Paris: Albin Michel, 1968. [Ed. port.: *A sociedade feudal*. Lisboa: Edições 70, 1982.]

BONNASSIE, Pierre. *La Catalogne du milieu du Xe à la fin du XIIe siècle*. 2v. Toulouse: Université de Toulouse; Le Mirail, 1975-1976.

BOUCHARD, C. The Structure of a Twelfth-Century French Family: The Lords of Seignelay. *Viator*, v.10, p.39-56, 1979.

DE NOGENT, Guibert. *Histoire de sa vie (1053-1124)*. Ed. Georges Bourgin. Paris: A. Picard et Fils, 1907.

BURTON HICKS, S. The Impact of William Clito upon the Continental Policies of Henry I of England. *Viator*, v.10, p.1-22, 1979.

Adalberon de Laon: Poème au roi Robert. Ed. e trad. Claude Carozzi. Paris: Les Belles Lettres, [1193] 1979. (Les Classiques de l'Histoire de France au Moyen Âge, n.32.)

CHIOVARO, F. Discretio pastoralis et scientia canônica au XIe siècle. *Studia moralia*, v.15, p.445-68, 1977.

DAUDET, P. *Études sur l'histoire de la juridiction matrimoniale*: L'établissement de la compétence de l'Église en matière de divorce et de consanguinité (France, X^e-XIIe siècles). Paris: Librairie du Recueil Sirey, 1941.

DOUGLAS, Mary. *Purity and Danger*. Londres: Routledge and Kegan Paul, 1966. [Ed. bras.: *Pureza e perigo*. São Paulo: Perspectiva, 2010.]

DUBY, G. *Les Trois ordres ou l'Imaginaire du féodalisme*. Paris: Gallimard, 1978. [Ed. port.: *Três ordens ou o imaginário do feudalismo*. Lisboa: Estampa, 2002.]

_____. *Hommes et structures du Moyen Âge*. Paris: La Haye, Mouton, 1973. [Ed. port.: *Senhores e camponeses*: homens e estruturas da Idade Média. Lisboa: Teorema, 1989.]

_____. *Le Dimanche de Bouvines*. Paris: Gallimard, 1973. [Ed. bras.: *O domingo de Bouvines*. São Paulo: Paz e Terra, 1993.]

_____. Lignage, noblesse et chevalerie dans la région mâconnaise: Une révison. *Annales*, v.27, n.4-5, p.803-23, 1972.

_____. Dans la France du Nord-Ouest au XIIe siècle: Les "jeunes" dans la société aristocratique. *Annales*, v.19, n.5, p.835-46, out. 1964.

DUMÉZIL, G. *Mariages indo-européens*. Paris: Payot, 1979.

FLINT, I. J. The *Historia Regum Brittaniae* of Geoffrey of Monmouth: Parody and Its Purpose: A Suggestion. *Speculum*, v.54, n.3, p.447-68, 1979.

FOURNIER, P. Le Décret de Burchard de Worms: ses caracteres, son influence. *Revue d'Histoire Ecclésiastique*, v.XII, p.692-3, 1911.

FRANSEN, G. *Les Collections canoniques*. Turnhout: Brepols, 1973.

FRIEDBERG, E. (ed.). *Corpus juris canonici*. 2v. Leipzig: Bernhard Tauchnitz, 1879-1881.

GUENÉE, B. Les Généalogies entre l'histoire et la politique: la fierté d'être Capétien, en France, au Moyen Âge. *Annales*, v.33, n.3, p.450-77, 1978.

Cartulaire de l'église collégiale Notre-Dame de Beaujeu. Ed. M.-C. Guigue. Lyon: [s.n.], 1864.

HALPHEN, Louis (ed.). *Recueil d'annales angevines et vendômoises*. Paris: A. Picard, 1903.

_____; POUPARDIN, René (eds.). *Chroniques des comtes d'Anjou et des seigneurs d'Amboise*. Paris: Picard, 1913.

JAFFÉ, P. et al. (eds.). *Regesta pontificarum romanorum*. 2v. Leipzig: Veit et Comp., 1885-1888.

KANTOR, J. A Psycho-Historical Source: The *Memoirs* of Abbot Guibert of Nogent. *Journal of Medieval History*, v.2, n.4, p.281-303, dez. 1976.

LABANDE-MAILFERT, Y. L'Iconographie des laïcs dans la société aux XIe et XIIe siècles. In: *I laici nella "Società christiana" dei secoli XI e XII*. Milão: Università Cattolica del Sacro Cuore, 1968.

LABONTE, Y. *Le Mariage selon Yves de Chartres*. Bruges: Desclée de Brouwer, 1965.

LE CHAPELAIN, A. *Traité de l'amour courtois*. Trad. C. Buridant. Paris: Klincksiek, 1974.

LEGOHÉREL, H. Le Parage en Touraine-Anjou au Moyen Age. *Revue Historique de Droit Français et Étranger*, v.43, p.222-46, 1965.

LORCIN, M.-T. *Façons de sentir et de penser*: les fabliaux français. Paris: Champion, 1979.

LOT, F. *Études sur le règne de Hugues Capet et la fin du Xe siècle*. Paris: Librairie Émile Bouillon, 1903.

MABILLE, É. (ed.). *Cartulaire de Marmoutier pour le Dunois*. Paris: Hachette; BnF, 1874.

Cartulaire de l'abbaye du Ronceray d'Angers (1028-1184). Ed. Paul Marchegay. Paris: Picard, 1900.

MÉNARD, Phillippe. *Les Lais de Marie de France*: Contes d'amour et d'aventure du Moyen Âge. Paris: Presses Universitaires de France, 1979. (Coleção Littératures Modernes, n.19.)

MOLIN, J.-B.; MUTEMBÉ, P. *Le Rituel du mariage en France du XIIe au XVIe siècle*. Paris: Beauchesne, 1974.

MOLINIER, A. (ed.). *Vita Ludovici*. Paris: [s.n.], 1887.

NOOMEN, W. (ed.). *Jeu d'Adam*: ordo representacionis Ade. Paris: H. Champiom, 1971. (Coleção Classiques Français du Moyen Âge, n.99.)

OSCHINSKY, H. *Der Ritter unterwegs und die Pflege der Gastfreundschaft im alten Frankreich*. Halle, 1900. [dissert. não publ.]

Lettre inédite de Robert d'Arbrissel à la comtesse Ermengarde. Ed. Jules de Pétigny. In: *Bibliothèque de l'École de Chartes*. t.15. Paris: Droz, 1854.

PÉTIGNY, Jules de. Robert d'Arbrissel et Geoffroi de Vendôme. In: *Bibliothèque de l'École de Chartes*. t.15. Paris: Droz, 1854.

PETOT, P. Le Mariage des vassales. *Revue Historique de Droit Français et Étranger*, v.56, n.1, p.29-47, jan.-mar. 1978.

POIRION, D. Edyppus et l'énigme du roman médiéval. *Senefiance Aix--en-Provence*, n.9, p.285-98, 1980.

RICHER DE REIMS. *Histoires de son temps*. 2v. Paris: Jules Renouard, 1845.

SCHIMMELPFENNING, Bernhard. Zölibat und Lage der "Priestersöhne" vom 11. bis 14. Jahrhundert. *Historische Zeitschrift*, v.227, n.1, p.1-44, 1978.

SEARLE, E. Seigneurial Control of Women's Marriage. *Past and Present*, v.82, n.1, p.3-43, 1979.

TAVIANI, H. Le Mariage dans l'héresie de l'an mil. *Annales*, v.32, n.6, p.1074-89, 1977.

THOMSON, R. M.; WINTERBOTTOM, M. (eds. e trads.). William of Malmesbury: Gesta Regum Anglorum. 2v. In: GREENWAY, Diana E.; HARVEY, B. F.; LAPIDGE, M. *Oxford Medieval Texts*. Oxford: The Clarendon Press, 1998.

TOUBERT, P. Le Théorie du mariage chez les moralistes carolingiens. In: *Il matrimonio nella società altomedievale*. 2v. Spoleto: Presso la Sede del Centro, 1977.

_____. *Les Structures du Latium médiéval*. 2v. Roma: École Française, 1973.

VITAL, Orderic. *Historia ecclesiastica*. 5t. Paris: Renouard, 1838-1855.

VOGEL, C. *Le Péché et la pénitence au Moyen Âge*. Paris: Cerf, 1969.

WERNER, K. F. Die Legitimität der Kapetinger und die Entstehung des *Reditus regni Francorum ad stirpem Karoli*. *Die Welt als Geschichte*, v.12, p.203-25, 1952.

WOLLASCH, J. Parenté noble et monachisme réformateur: observations sur les "conversions" à la vie monastique aux XIe et XIIe siècles. *Revue Historique*, v.264, n.1, p.3-24, jul.-set. 1980.

SOBRE O LIVRO

Formato: 13,7 x 21 cm
Mancha: 23,5 x 39 paicas
Tipologia: Venetian 301 BT 12,5/16
Papel: Pólen Soft 80 g/m² (miolo)
Cartão Supremo 250 g/m² (capa)

1ª edição Editora Unesp: 2022

EQUIPE DE REALIZAÇÃO

Edição de texto
Tulio Kawata (Copidesque)
Richard Sanches (Revisão)

Capa
Marcelo Girard

Editoração eletrônica
Sergio Gzeschnik

Assistência editorial
Alberto Bononi
Gabriel Joppert

Rua Xavier Curado, 388 • Ipiranga - SP • 04210 100
Tel.: (11) 2063 7000 • Fax: (11) 2061 8709
rettec@rettec.com.br • www.rettec.com.br